中国社会科学院登峰战略“中国周边外交”重点学科建设项目

国际分工与全球价值链的政治经济学分析

International Division of Labor and the Political Economy Analysis of Global Value Chains

秦 升 ◎ 著

中国社会科学出版社

图书在版编目(CIP)数据

国际分工与全球价值链的政治经济学分析/秦升著.—北京:中国社会科学出版社,2024.4

ISBN 978-7-5227-3431-6

Ⅰ.①国… Ⅱ.①秦… Ⅲ.①制造工业—国际分工—政治经济学—研究—中国 Ⅳ.①F426.4

中国国家版本馆 CIP 数据核字(2024)第 073764 号

出 版 人 赵剑英
责任编辑 赵 丽
责任校对 刘 念
责任印制 王 超

出 版 中国社会科学出版社
社 址 北京鼓楼西大街甲 158 号
邮 编 100720
网 址 http://www.csspw.cn
发 行 部 010-84083685
门 市 部 010-84029450
经 销 新华书店及其他书店

印 刷 北京明恒达印务有限公司
装 订 廊坊市广阳区广增装订厂
版 次 2024 年 4 月第 1 版
印 次 2024 年 4 月第 1 次印刷

开 本 710×1000 1/16
印 张 15
插 页 2
字 数 216 千字
定 价 78.00 元

目　　录

导　论

一　研究背景

全球价值链是20世纪90年代以来全球政治经济活动中十分重要的现象之一。进入21世纪，以2008年全球金融危机和2020年新冠疫情为两个重要时间节点，全球价值链在理论研究和政策实践过程中都发生了巨大的变化。

一方面，全球价值链的微观基础发生了改变，跨国公司作为全球价值链的塑造者和推动者正在成为国际政治博弈的牺牲品，特别是跨国公司的海外投资、海外研发遭遇明显瓶颈。此外，全球价值链发展重度依赖的技术创新进入低谷期，类似电力、互联网的下一代革命性通用技术尚未出现，国际分工链条的延伸速度开始减缓。另一方面，全球价值链的宏观环境也发生了变化，国家、国际组织、国际制度作为曾经保障全球价值链高效运转的基础性力量正在成为限制性力量，以美国为首的发达国家奉行“去风险”的供应链政策，以WTO为代表的多边贸易机制对部分国家的“经济安全化”措施无能为力，安全逻辑正在超越经济逻辑，政策和制度的积极效应正在演变为消极效应，全球价值链的发展受到多方掣肘。全球价值链的变化是连续性的还是断裂式的，如何理解其背后的动力机制是本书考察的主要内容。

冷战结束以后，贸易全球化、投资全球化、生产全球化成为国际经济领域的主要趋势，外商直接投资和跨境外包成为跨国公司全球扩张和创造超额利润的新方式，西方发达国家主导的国际货币基金组织、世界银行、世界贸易组织等国际组织为跨国投资、跨国贸易和跨国生产提供了强有力的制度保障，信息通信技术的不断突破和创新使得标准化生产、模块化生产和大规模产品内分工成为可能，在一系列积极因素的推动下，全球价值链进入飞速发展的轨道。技术创新的红利、制度完善的红利、人口增长的红利在全球化过程中不断释放，这一时期无论发达国家还是发展中国家，无论南方国家还是北方国家，数十亿人口嵌入全球价值链的发展进程，以中国为代表的部分发展中国家凭借其比较优势在现代国际分工体系中占有一席之地并分享了巨大的全球化红利，也有少数发展中国家由于竞争力下降而被边缘化。

国际分工在这个阶段是一个按照资源禀赋确定的既有安排。以中国为例，加入 WTO 之后，在以中国为节点的国际分工链条上，中国通过初级原材料进口带动资源出口型国家的产业发展，中国对大宗商品的需求水平直接影响资源出口型国家的经济表现；通过大量的中间产品进口为周边国家和地区创造贸易顺差；通过资本品、奢侈品和服务贸易进口为发达国家创造大量就业机会；同时通过劳动密集型产业融入国际分工，在国内培育了大量加工部门和出口部门出口制成品以获得贸易顺差。中国在国际分工中的角色似乎是为国际市场量身定做的，中国以廉价劳动力为核心的资源禀赋正好契合了始于 20 世纪 90 年代全球化的发展潮流，中国也乐于扮演这样的角色。直到金融危机爆发之前，中国经历了人类历史上绝无仅有的高速增长阶段。

这一时期跨国投资与生产、产业梯度发展、产品内分工和贸易成为现代国际分工体系的重要特点，对全球价值链的研究重点集中在全球价值链的形成机制与动力机制、跨国公司和 FDI 对全球价值链的推动作用、全球价值链的治理、企业在全球价值链中的升级路径等方面，大多数研究聚焦于微观企业层次，鲜有涉及政策因素的。

2008 年全球金融危机对全球价值链形成了巨大冲击，作为全球价值链最重要终端市场的欧美发达国家出现了市场萎缩、消费下降、投资不足的不利局面。全球需求的下降减缓了全球贸易活动，对全球价值链中依赖出口的国家和地区形成负面影响。数以千万计的全球价值链节点受到破坏，跨国公司节点企业的资金短缺和倒闭造成了供应链中断和生产线减少。市场规模的萎缩限制了企业的专业化生产和规模化生产，进而限制了分工的深化和价值链的延伸。金融危机促使企业思考建立在全球价值链基础上的紧密经济联系可能带来的负面影响，跨国公司开始重新审视其全球布局和风险管理策略，通过更多的本地化生产减少对全球市场波动的依赖。

中国的特殊性也在这一时期显现出来。在金融危机爆发后的2009年，中国的进出口总额同比下降了13.9%，但仍然达到了2.2万亿美元。2010年2月，根据中国海关总署和德国联邦统计局的统计数据，中德两国2009年的出口总额分别为12016亿美元和11213亿美元，中国的年出口额在历史上首次超越德国，跃居全球首位。根据中国国家统计局和日本内阁府的统计数据，2010年第二季度中日两国的GDP分别为13369亿美元以及12883亿美元，中国的GDP在历史上首次超过日本成为世界第二大经济体。中国不仅抵御住了金融危机的冲击，而且后来居上，超德赶日，中国凭借超大规模的国内市场和完整的产业链体系展现了超强的经济韧性。

中国的分工地位是否获得了显著的提升？这一时期，由于中国对美国的巨额贸易顺差不断引起美国政府的不满，加上中国企业和产业向全球价值链高端迈进的诉求日益强烈，增加值测算、产业升级和技术创新成为学者研究全球价值链的重要主题。对增加值的测算一度明确了中国主要以劳动密集型产业参与全球分工的真实处境，中国在全球价值链的分工地位并未获得显著提升，之后的研究重点集中在如何破除“低端锁定”、技术溢出如何实现、产业政策如何优化等方面。中国的全球价值链研究首次从借鉴和引用国外理论成果过渡到形成适用于中国国情和发展阶段的全球价值链理论，国家价值链、全球创新链、国内大循环等新的理论层出不穷。

在新冠疫情之后，全球政治经济形势发生了巨大的转折。一方面，生产的空间分离作为全球价值链赖以生存的前提条件受到疫情的重创，产品内分工的脆弱性被无限放大，地理空间成为重大障碍，经济活动的连续性遭到毁灭性打击，与金融危机期间来自需求端的影响相比，供给端的冲击使企业和国家更加难以承受。国家和企业对基于空间分布的区域价值链和本土价值链的重视达到前所未有的高度。

另一方面，随着中国企业创新能力的提升以及华为等高科技跨国公司的海外扩张，中国在高技术领域与其他发达国家的差距正在缩小，在全球价值链中的话语权不断增加。2020 年，面对新冠疫情的严重冲击，中国经济逆势增长 2.2%，是主要经济体中唯一保持正增长的国家。中国强大的经济影响力和技术发展潜力直接导致了美国对其自身经济霸权和技术霸权地位的担忧。从特朗普政府时期的《美国国家安全战略》到拜登时期的《2022 美国竞争法案》，遏制中国成为美国全球战略的重中之重，这一战略堪比冷战时期的“遏制”战略，美国僵化的冷战思维使中美关系再也回不到过去。

随着美国将中国视为战略竞争对手，中美战略博弈以前所未有的方式展开，中国和美国作为全球经济体系，特别是全球价值链中曾经的中坚力量开始逆向而行，中国继续奉行扩大开放、扩大进口以及维护多边贸易体制的政策导向，美国的对外经济政策被民粹主义、民族主义、保护主义所裹挟。欧美的跨国公司面临着两难的窘境：退出中国就等于放弃规模巨大的超级市场，放弃全球首屈一指的产业基础设施，放弃丰富高质的人力资源；留在中国则意味着面临着地缘政治风险，经济技术合作随时可能中断。中国的跨国公司也进入发展的分水岭，随着中国大量高科技企业被美国政府列入“黑名单”，企业的技术创新和全球扩张面临着重重阻碍。分工与市场规模的相互促进机制被打破，国际分工的深化和广化遭遇重大挫折，全球价值链赖以运行的基础正在遭到严重破坏。

首先，全球价值链所推动的技术扩散和创新在全球范围内面临着倒退的风险，直接投资和技术合作受到限制，知识的溢出受到抑制，关键技术产品的供应链不再稳定，出口管制成为全球经济活动中越来越显著的现象。其次，全球价值链的制度基础也被削弱，由于美国主动放弃多边贸易机制，频繁使用“长臂管辖”干扰他国的经济合作和技术创新，世界贸易组织的功能处在瘫痪的尴尬境地，多个重要议题的谈判陷入僵局。与此同时，区域化的贸易安排以及双边贸易安排不断侵蚀着多边贸易体系的基础，区域价值链以及双边价值链的不断壮大、重要经济体之间的以邻为壑直接冲击了全球价值链的主导地位。最后，从“小院高墙”到“近岸外包”，从“友岸制造”到印太经济框架，美国采取了强力介入国内产业发展进程、强力干预他国经济技术发展路径的“新华盛顿共识”，并通过打造“小多边主义”取代放松管制、贸易自由化、实行小政府的“华盛顿共识”。由于美国的霸权地位，其经济政策和外交政策的影响力是全球性的，理解美国政策转向的深层机理以及做好应对美国政策转向的准备对中国未来的发展至关重要。

对全球价值链的研究开始从纯粹的经济学分析转向政治经济学分析。国家与市场的关系，安全与经济的关系，技术与政治的关系更多地进入全球价值链的研究视野，全球价值链面临着重大重构成为学者的共识。但是，全球价值链重构的路径如何，中国在其中发挥怎样的作用，中国与世界的经济联系如何演变，发达国家与发展中国家的经济关系如何演变，发展中国家之间的经济关系如何演变，中美在全球价值链体系中的博弈走向何方等根本性问题依然处于争论之中。

二 理论溯源

新的时代催生新的理论，但理论的发展并不是孤立的和割裂的，从全球价值链理论发展伊始对经济要素的关注到 21 世纪 20 年代对国际政治的关注，是否存在一个理论视角能够对全球价值链长达 40 年的发展演变给予更加一般性的解释？本书尝试从国际分工的理论视野出发探索全球价值链变迁的动力机制。在过去30年中，研究全球价值链的文章和著作数量迅速增长，新的文献层出不穷。与之形成对比的是，国际分工的深化和广化作为全球价值链的根基，分工理论的建构有着更加悠久的历史和更加丰富的内涵，对于研究更具启发性。由于本书将分工理论贯穿于全球价值链研究的始终，非常有必要对分工理论进行简要回顾，以明确分工理论在全球价值链研究过程中的基础性作用。

价值理论和利益的国际分配是把分工和全球价值链联系起来的桥梁。需要指出的是，无论是在学术界还是在政策界，全球价值链、全球供应链、全球产业链、全球生产网络、全球价值链分工、全球产业链分工等概念经常混合使用，甚至全球价值链概念的提出者和理论的创立者Gary Gereffi（1994）在理论发展初期还使用了全球商品链的概念。当我们将全球价值链等概念作为一个全球化现象或者研究背景来阐述时，上述概念并不存在较大的区别，其总体上是对现代国际分工以及经济全球化特点的一个较为宽泛的描述。但是，当我们将这些概念作为研究对象处理时，其中的区别则不容忽视。

全球价值链最早借用了来自管理学领域研究企业的价值链概念："每一个企业都是在设计、生产、销售、发送和辅助其产品的过程中进行种种活动的集合体。所有这些活动可以用一个价值链来表明。" Michael Porter（1985）认为，企业竞争优势来源于企业价值链，理论的主要关注点集中于企业内部。Bruce Kogut（1985）拓展了价值链理论，其重要贡献包括两方面：一方面，将企业层次的价值链理论扩展到全球层次，即将微观的企业价值链垂直分离与宏观的全球空间分配相结合；另一方面，他进一步提出了价值增值链的概念，为全球价值链的真正提出奠定了重要基础。从全球价值链理论发展的脉络来看，价值增值活动是价值链概念的核心。对于全球价值链而言，理论所涉及的治理、权力和动力机制研究都是围绕价值增值过程进行的。

全球供应链同样借用了来自管理学领域的供应链概念。供应链是企业执行采购原材料，将它们转换为中间产品和成品，并且将成品销售到用户的功能网链（艾伦·哈里森，2010）。全球供应链主要关注的是原材料、零部件、设备等的流动，以及这些流动过程中的计划、协调、控制和管理，强调的是从供应商到制造商再到分销商的一系列流程，以及这一流程的优化，目的是降低成本、提高效率并实现风险分散。因此，流程管理、生产和销售的协调是供应链概念的核心，这与价值链强调的价值增值并不完全相同。

全球产业链是一个更为宏观的概念，指在全球范围内为实现某种商品或服务的价值而进行生产、销售、回收直至处理过程的跨企业网络，包括了所有参与生产制造、提供服务和进行销售活动的企业，以及在此过程中价值和利润的分配。全球产业链既包括产品的物理制造，与产品相关的研发、设计、营销、品牌管理、分销和服务等活动，也包括产业的跨国对接和协调，大到国家的宏观经济，小到企业的微观发展，甚至区域和全球性的产业组织、产业协会等都是全球产业链涉及的研究主体。

这些差别并不意味着可以严格地将相关概念进行区分，全球价值链、全球供应链以及全球产业链等概念都建立在现代国际分工的基础上，你中有我、我中有你，只是各自的侧重点不同，特别是对于本书的研究而言，理论的出发点并不相同。从理论溯源的角度来看，利益—价值的累积是探索国际分工和全球价值链关系的关键概念。从概念界定的角度出发，根据以往学者的论述和本书研究的需要，笔者将利益界定为在国际贸易和生产中所获取的国际收益以及这种收益所带来的国民财富、国民福利和企业利润。由此带来本书的核心主题：国家之间通过分工所产生的国际利益（财富）如何分配①，这种分配如何体现在全球价值链中，这种分配的结果如何影响一个国家的国民财富和国民福利的变化，一个国家采取何种政策措施来影响这种国际分配。这一系列问题贯

① 部分马克思主义政治经济学家在研究当中，从剩余价值的创造视角出发，把国际利益称为国际剩余。

穿着本书的全部研究进程，是分析国际分工、国际关系以及全球价值链发展动力相互关系的重要主线。

（一）马克思、恩格斯和列宁对国际分工和国际收益分配的研究

全球化始终是研究国际分工的一个重要背景，全球化进程是马克思主义政治经济学家 200 年来理论研究的重要土壤。有学者认为，从 1870 年到第一次世界大战开始的一段时期是第一次全球化的“黄金时代”（Zinkina & Christian，2019）。也有学者认为，从 19 世纪 50 年代开始，全球范围内的运输成本暴跌，信息流通速度加快，各国关税普遍下降，包含最惠国待遇的自由贸易协定和合约港口爆发式增长，加上全球性的金融中介的蓬勃发展和移民在世界范围内的大规模流动，全球化已经形成（Meissner，2015）。始于 19 世纪的全球化大发展为马克思、恩格斯研究国际分工和国际剩余提供了丰富的材料。马克思在《资本论》中写道：“一种和机器生产中心相适应的新的国际分工产生了，它使地球的一部分转变为主要从事农业的生产地区，以服务于另一部分主要从事工业的生产地区。”马克思把国际分工的产生作为一个重要前提对国家之间的利益分配进行研究，他从剩余价值的角度予以论述：

> 两个国家可以根据利润规律进行交换，两国都获利，但一国总是吃亏。利润可以低于剩余价值，也就是说，资本可以通过交换获得利润，然而并没有在严格的意义上实现价值增殖，因此，不仅单个资本家之间，而且国家之间可以不断进行交换，甚至反复进行规模越来越大的交换，然而双方的赢利无须因此而相等。一国可以不断攫取另一国的一部分剩余劳动而在交换中不付任何代价……

这段话也成为后来马克思主义经济学家从剩余价值出发论述国家间利益分配不均的基础，它为“解决国际不等价交换问题提供了一把钥匙”（张宇，2002）。

恩格斯在《英国工人阶级的状况》德文版中也提出了分工的问题：

“这个世界市场当时还是由一些以农业为主或纯粹从事农业的国家组成的，这些国家都围绕着一个巨大的工业中心——英国”“英国是农业世界的伟大的工业中心，是工业太阳”。19 世纪中叶，已经没有哪一个宗主国可以与英国抗衡（Hobsbawm，1996）。针对以宗主国—殖民地经济为主要形式的全球化，列宁在《帝国主义是资本主义的最高阶段》中指出：

> 资本主义已成为极少数“先进”国对世界上大多数居民施行殖民压迫和金融扼制的世界体系……在二十世纪初，帝国主义已经结束了极少数国家对世界的分割，其中每个国家现在都剥削着（指吸取超额利润）“全世界”的一部分……

即世界被划分成了两个部分：一边是处于绝对领导地位的帝国主义国家，另一边是受帝国主义国家支配的殖民地和附属国家。马克思、恩格斯和列宁对于资本主义分工和资本主义世界经济的论述为后来的世界体系理论和“中心—外围”理论的发展奠定了重要的基础，明确了国际分工从第一次全球化时期就已经成为国家间利益分配的决定性因素，也创立了关于国际分工研究的政治经济学基础，为我们研究现代国际分工和全球价值链的关系提供了宝贵的研究方法和研究思路。

（二）“中心—外围”结构与世界体系理论

马克思、恩格斯和列宁对工业中心、剩余剥削、宗主国—殖民地经济的系统论述是马克思主义政治经济学家研究 20 世纪全球化进程和国际分工的重要理论来源。阿根廷经济学家普雷维什在他著名的《拉美的经济发展及其主要问题》（1951）中首次提出了“中心—外围”的概念。他认为，传统国际分工将世界分为两部分，一个部分是由西方发达国家所构成的工业中心，另一个部分是为工业中心提供粮食、原材料和初级产品的外围。由于技术进步产生于中心，发达国家倾向于把技术进步所带来的生产率提升集中于中心，生产力的提升带来工业化的巨大发展，工业化又不断提升产品制造工艺、推动分工的深化，进一步刺激了中心的工业发展。这种工业的内部循环和自我发展将“外围”国家排除在外，在整个资本主义的发展历程中大多数发展中国家被排除出工业化进程。普雷维什还重点指出，生产工业制成品与生产初级产品国家之间远远没有古典经济学家所宣称的互利结果，更没有产生经济的趋同效应。相反，由于“中心”和“外围”在技术进步及其传播机制领域存在巨大差异，两者存在极不对称的发展关系。“从历史上说，技术进步的传播一直是不平等的，这有助于使世界经济因为收入增长结果的不同而划分成中心和从事初级产品生产的外围”（普雷维什，1981）。

普雷维什指出，在“中心—外围”关系形成以前，世界经济中的大多数国家发展水平没有出现较大的差距，然而，随着资本主义世界生产技术的提高和生产关系发生改变，以及这种生产关系在全世界的深刻影响，特别是19世纪所形成的工业品—初级产品国际分工模式不断加剧着“中心”和“外围”的对立。在新的国际分工模式下，首先发生技术革命的国家发展成为世界经济体系的“中心”，并且其中心地位在技术进步的过程中不断自我强化。与此同时，在生产、技术和组织等方面落后的国家成为这一全球体系的“外围”，并在贸易条件的持续恶化下与“中心”国家之间的差距不断扩大。

贸易条件恶化被认为是“中心—外围”之间利益分配不平等的主要表现，原因主要包括三个方面：其一，技术进步的收益在“中心—外围”之间的不平等分配，实质上是“中心”国家通过持续获取超额利润剥削“外围”国家；其二，贸易周期运动对“中心”和“外围”的不同影响进一步恶化了“外围”国家的经济发展环境；其三，初级产品与工业制成品在需求收入弹性上存在巨大差别，“外围”国家抗击经济风险的能力远低于“中心”国家。在“中心—外围”理论的基础上，普雷维什进一步提出了发展中国家的政策选项：通过进口替代实现工业化是改变贸易条件恶化趋势的重要手段。普雷维什的“中心—外围”理论和“贸易条件恶化”论是研究旧国际分工下国家间利益分配机制的里程碑，也引发了发达国家和发展中国家经济学家的很多争论，焦点之一是在经济发展的众多因素中，国内制度因素重要还是国际环境更加重要。

受到“中心—外围”理论的直接影响，埃及经济学家萨米尔·阿明提出了“欠发达”理论，对价值分配问题的阐述更加直接：“发达国家（中心）的组成部分和欠发达（外围）的组成部分之间的关系最终表现为价值的转移运动，这就是世界规模的积累问题的本质。”作为“欠发达”理论的代表性人物，阿明（1973）认为，资本主义发达国家与发展中国家之间不平等的国际分工是两者不平等经济关系的基础；资本主义发达国家与发展中国家在国际贸易中产生的不平等交换是这种不平等经济关系的外在表现。由于国际贸易的不平等交换，发展中国家经济出现“三重畸形”，包括“出口畸形”（出口品类的单一化）、“第三部类（生产奢侈品部类）畸形”及“积累过程的外向性”（剩余价值外流），上述因素导致了发展中国家经济发展水平持续恶化。在“不发达”理论的基础上，阿明提出政策建议：发展中国家的唯一选项是与发达国家或者说发达国家主导的资本主义体系隔绝，同时展开社会主义革命，从而实现国家在经济上的独立，打破被发达国家剥削的经济关系，摆脱依附发达国家的命运。

随着冷战的结束，20 世纪 90 年代迎来了新一轮的全球化，阿明（1997）进一步指出，当代资本主义显著的特征之一是生产过程的全球化。发达国家仍然是全球化的中心，拥有资本、生产技术、营销网络并攫取绝大部分利润，其他国家则只是充当全球化生产的劳动力。因此，全球化将资本主义逻辑无情地扩张到世界的每一个角落。第三世界国家追求工业化并不能阻止全球化进程，只是加速其被“中心”的金融、技术、文化和军事力量所统治。对于新一轮全球化，阿明认为，它只会加深发展中国家对发达资本主义国家的依附。

美国经济学家、社会学家伊曼纽尔·沃勒斯坦同样受到“中心—外围”理论的启发，在 20 世纪 70 年代提出世界体系理论并不断发展。

世界体系理论“以世界整体的发展与变化为视角，运用系统分析的方法，从整体发展过程审视了世界资本主义体系，分析了发达与不发达的关系问题”（董国辉，2002）。沃勒斯坦（1974）认为：

> 一个世界经济的分工包括一种职业任务上的等级制度，在其中需要高水平技艺和较大资本额的任务保留给较高等级的地区，因为一个资本主义的世界经济本质上是对积累的资本的酬报，这也包括人的资本，他们要比未训练的劳动力得到更高比例的酬报。这些职业技艺在地理上的分配不均造成了一个自给自足的强烈倾向，市场经济的力量加强了而不是减弱了这些情况。

国际分工依然是世界体系理论的逻辑起点，沃勒斯坦还强调了资本可自由流动而劳动力不可自由流动是国际上不等价交换的根源。国家间资本积累的不平等不断地产生并深化世界生产的“中心—外围”结构：“中心”区在国际分工中从事着产生高额垄断利润的经济活动，“外围”区则从事着利润微薄的经济活动。跨国公司利用劳动力报酬的差距把劳动密集型工业转移到外围地区，使其无法实现技术进步和工业发展，同时中心地区继续发展具有潜力的工业。产业转移的结果是明确的，“中心”国家通过过度剥削“外围”地区的劳动力从而创造超额利润，资本的迅速积累又为“中心”国家的技术进步和社会发展提供着支撑，原有的不平等局面进一步恶化。

沃勒斯坦还观察到了国际分工在20世纪末的新变化，他认为，仅仅使用“中心”和“外围”概念已无法很好地解释当代世界体系的发展，除了普雷维什所提出的“中心”与“外围”以外，还存在着一种介于二者之间的国家——“半外围”国家。这些国家在资本主义的世界体系中，既受制于中心国家，又能部分地控制外围国家，它是“一个世界经济体系中不可缺少的结构性要素”。这三种国家包括获取高利润和高工资、拥有高技术的“中心”国，生产低利润、拥有低技术、获取低工资且产品种类不丰富的“外围”国，以及兼具被剥削与剥削者角色的“半外围”国家。“中心”国可能下降到“半外围”国，“半外围”国可能上升到“中心”国，这种规律也同样适用于“半外围”国和“外围”国，它们的地位是动态变化的，这种新的理论架构“避免了依附理论所具有的静态的和宿命论倾向”（张宇，2004）。沃勒斯坦对于国家特点及其相互关系的分析进一步发展了国际分工理论，更加贴合国际政治经济现实，其核心思想也体现在本书的分析当中。

与沃勒斯坦同时期的瑞典经济学家冈纳·缪尔达尔（1957）提出了发展的累积因果循环论，认为在社会经济发展的动态过程中，包括技术进步、社会、经济、政治和文化等在内的因素是相互联系、相互影响、互为因果的。上述因素互动的结果，并不是古典经济学家或者新古典经济学家所宣称的均衡或趋于均衡，而是处于非均衡的循环当中，并最终导致经济发展呈现出累积增长的正反馈效应，也可能出现累积下降的负反馈趋势。缪尔达尔指出，在自由市场竞争的大环境下，一个国家如果在生产效率以及收入上都占据优势，那么该国将向好发展；相反，如果一个国家本身不具备较高的生产率和收入水平，那么该国可能长期处在落后的发展轨道上并自我强化。

缪尔达尔进一步使用“回流效应”和“扩散效应”论述上述动态过程。他认为，在国际贸易中资本流动呈现出两个效应：“回流效应”和“扩散效应”。其中，“扩散效应”有利于落后国家，能够为落后国家带来资本和技术；“回流效应”则有利于领先国家，能够将利润带回本国并投资于技术进步。在自由市场和自由贸易的背景下，“扩散效应”总是小于“回流效应”，领先国家和落后国家之间的差距也因此不断扩大，而不是不断缩小。此外，由于资本总是流向收益更高且更加安全的地方，领先国家恰恰具备这样的优势，落后国家则完全相反，因此，仅仅通过资本转移和移民来消除国家之间的经济不平等是不现实的。尽管缪尔达尔没有明确提出分工问题，但是其分析的起点依然是分工，落脚点则是国家之间的利益分配趋势。

（三）中国学者对国际分工和价值分配问题的研究

中国学者对国际分工和价值分配问题的研究大致分为三个阶段。第一个阶段的研究是延续采用马克思主义政治经济学方法。中国学者在运用马克思主义政治经济学方法研究国际分工和价值分配问题上有天然的优势，因为普遍受到马克思主义政治经济学的正规训练，有继承和发展马克思主义研究方法的学术倾向。

一些学者沿着“中心—外围”理论的研究路线，探索新的全球化体系在利益分配领域的变化，如郭寿玉（1994）以马克思对世界资本主义体系的划分为基础提出了“当代国际贸易中的隐蔽剥削”，她认为，“中心”区（资本主义发达国家）对“外围”区（发展中国家）的“隐蔽剥削”主要包括四个途径：技术商品资本化、国际价值交换中的不等量劳动交换、以垄断价格出售高附加值产品以及跨国公司的“划拨价格”。“中心”区伸向“外围”区的产业资本关系网、借贷资本关系网的剥削后果，是中心区所拥有的价值量不断超过其自身所生产出来的价值量，“外围”区所拥有的价值量则长期低于其自身所生产出来的价值量，呈现出“中心”与“外围”各自拥有的价值量与各自创造的价值量日益背离的趋势。

牛晋芳（2001）论述了新自由主义的结构调整和社会脱节的关系，指出“中心”国家与“外围”国家在面对技术进步时无法产生同样的获利效应。在外围地带，引进新技术扰乱了它们重要的经济部门的组织性，使之混乱无序，并产生无法自我消化的剩余劳动力。一方面，收入分配不平等日益严重；另一方面，由于低工资的原因，工人对产品缺乏旺盛需求。与此同时，大批的劳动后备军使资本家在对待工人诉求方面占据绝对优势，工人在与资本家博弈过程中的空间非常有限。因此，经济所创造出的剩余财富多半被用于奢侈消费或被转移到国外。这种形势同“中心”国家的工业化截然不同，后者以广泛传播的“技术进步的成果”为基础，通过建立起大众性市场和大规模的经济体系实现了实际工资的增加。

针对20世纪末的全球化是否改变了世界经济的两极化结构，董国辉（2002）认为，经济全球化的加速发展并没有消除“中心”国家与“外围”国家之间在经济结构和生产结构上的差异性，由于“中心”国家在资金、技术、人才、管理以及金融等方面的绝对优势，成为全球化的最大受益者；而“外围”国家则由于在制定国际经济和贸易规则上的附属地位，以及在市场经济体制下的“弱势”地位，它们能够从经济全球化进程中获得的利益十分有限。特别是在技术发展方面，“中心”国家与“外围”国家始终都会存在一个梯度差距。而且，经济全球化的加速发展，意味着中心国家的技术进步将呈现出日益加速的态势，先进技术的升级换代周期日益缩短。这样就使在技术进步过程中本来就已经落后的外围国家与中心国家的差距日益扩大。

在充分吸收伊曼纽尔、罗默、沃勒斯坦等人理论的基础上，聂志红（2008）从马克思的国际价值理论出发，认为国家间交换不平等的实质是不按照国际生产价格所决定的国际价格进行交换，只要存在国际垄断因素，就有不平等交换的结果。国际不平等交换产生的基础是劳动生产率的差异，实现机制是市场垄断定价，根源在于各国原始资本占有数量的不同，其结果之一是造成工资的国别差异，当前的国际经济规则及由此形成的国际垄断同盟是不平等交换的制度保障，而路径依赖的存在强化了不平等的制度保障。不平等交换是生产力国际非均衡发展的表现，是资本主义发展的历史结果，是不平等国际经济制度的产物。

还有学者运用“中心—外围”和“经济剩余”等经济范畴分析国际分工格局，指出国际产品内分工格局中的资本主义国家掌握着核心技术，占据着全球价值链的高附加值环节；而不发达国家只能被动地切入全球价值链的低附加值环节，利润分享不平衡，“外围”国家必须积极进行技术创新，摆脱依附型发展，更公平地分享利用国际产品内分工优势创造的经济剩余（朱燕，2017、2018）。

第二个阶段的研究是以国际分工的新特点和新趋势为重点。中国作为发展中国家的代表，中国学者对于中国的经济发展前景、发展中国家的经济地位以及后发国家的技术进步有着强烈的研究兴趣，相当一部分学者开始研究产品内分工的机制和影响、中国在国际分工中的地位问题。这些研究从新一轮全球化的发展趋势出发，对国际分工和国际利益分配的研究进一步深化，也为本书的研究提供了养料。

发端于20世纪90年代的全球化因为其覆盖范围之广泛，对全球经济结构影响之深刻而一度让学术界和政策界认为，此次全球化完全不同于以往任何一次全球化，产业转移的程度、市场规模的扩张和技术溢出的效应达到了工业革命以来的最高水平，发达国家与发展中国家你中有我、我中有你，发展中国家也可以出口高技术产品，古典经济学和新古典经济学所预测的发展趋同即将成为现实。很多学者对"趋同"的理论观点提出了质疑。

首先，来自产品内分工的研究突破为学者研究新国际分工提供了崭新的视野。卢峰（2004）首次对国际分工从产品到工序的特点进行了分析，认为产品生产过程中包含的不同工序和区段被拆散，分别在不同国家进行，形成了以工序、区段、环节为对象的分工体系。这一分工领域的革命性变化直接导致了关于国际贸易理论的重大转型。

针对产品内分工对国际利益分配的影响，张二震、马野清和方勇（2004）敏锐地发现，国际分工和贸易中产生的利益不再取决于企业产权和产品的产地，而取决于参与国际分工要素的数量和质量。即决定一国在国际分工交换中获利多少的，不再是进口什么、出口什么，而是参与了什么层次的国际分工，以什么样的要素、什么层次的要素参与了国际分工，对整个价值链的控制能力有多少。朱奎（2006）从资本有机构成和劳动生产率的研究视角出发，认为发达国家凭借其经济实力在商品定价方面享有优势，因此国际贸易中存在着普遍的非等价交换的不平等问题。就价值规律的作用而言，发达国家与发展中国家按照国际价值进行的交换是等价的交换，但发达国家拥有较高的资本有机构成和劳动生产率，在国际价值的形成中一直处于有利地位，进而在等价交换中，发展中国家的价值也大量转移到了发达国家。

至此，国际分工与全球价值链之间的联结关系日益明确。曹明福（2007）通过比较英、美、日作为“世界工厂”与中国的巨大不同指出，中国在全球生产和贸易方面面临着诸多获利局限：以前的世界工厂多得益于技术革命、对海外原材料市场的控制以及国内的产业保护，获取了高额的利润完成了资本积累；而如今中国作为“世界工厂”的优势却是低成本的劳动力、落后产业的转移、不加保护地融入全球化，中国的商品进出口也呈现出“中国购买的产品都涨价，中国销售的产品都跌价”的尴尬局面。此外，中国还面临着外资利润外流、转移定价以及迫使中国产业结构畸形发展的不利因素。

唐海燕等（2009）在深入分析中国的贸易数据之后指出，中国在产品内分工体系中的专业化层次较低，主要扮演“加工车间”的角色，尽管高技术产业和高技术产品发展迅猛，但竞争力集中在低附加值的劳动密集型生产阶段，从中获取的分工利益极为有限。贾根良等（2009，2014）也提出了中国“高技术不高”的悖论，认为中国急速增长的高技术产品出口实际上是一种统计“幻觉”，新国际分工使具有高技术的核心部件与最终产品的生产在国家层次上发生分离：发达国家从事高创新率、高附加值和高进入壁垒的核心部件生产，发展中国家从事惯例化的、低附加值和几乎没有进入壁垒的劳动密集型生产环节，中国在国际分工中的地位由于产品内分工的出现而被严重高估了。不仅如此，中国还面临陷入“国际分工”陷阱的重大风险。

第三个阶段的研究是以国际分工—国际关系为重点的国际政治经济学分析。第三阶段的研究主题和全球化转向，特别是美国的对外贸易政策转向和对华遏制战略密切相关。全球价值链作为一个分析框架本身就与国际问题、世界政治密切相关（王水雄，2021）。2012 年以来，中国国内生产总值（GDP）稳居世界第二位，占世界经济总量的比重逐年上升。2021 年，中国 GDP 达 17.7 万亿美元，占世界的比重达到

18.5%，比2012年提高7.2个百分点。中国经济总量与美国的差距明显缩小，且远远高于日本等世界主要经济体。2021年，中国GDP相当于美国的77.1%，比2012年提高24.6个百分点，是日本的3.6倍、印度的5.6倍。2013—2021年，中国经济年均增长6.6%，大大高于2.6%的同期世界平均增速，也高于3.7%的发展中经济体平均增速，经济增长率居世界主要经济体前列。

中国GDP达到美国的70%被很多学者和政府官员认为是一个重要信号，即中国正处于赶超美国的关键阶段。事实上，近年来，中国企业和产业不断从价值链低端向高端迈进，国际分工地位日益提升，技术创新能力日益增强，中国企业和产业的比较优势正在转化为竞争优势。从"中心—外围"理论对分工的划分来看，中国的国际地位正在稳稳地迈向世界中心。作为资本主义发达国家核心的美国将中国的发展趋势视为对其自身霸权地位的严重威胁，其经济政策从重视市场效率转向重视产业安全（贺俊，2020），随后采取了包括技术民族主义（李峥，2021）、贸易保护主义、"小院高墙"在内的一系列政策措施限制中国分工地位的提升。

如何理解美国对华政策的变化，李滨等（2019）认为，由于新技术产业具有国际分工再组织的作用，目前在国际分工生产体系中占据优势地位的发达国家不断强化对知识产权的保护，维护对核心技术的垄断，这既是维护既定国际分工体系的需要，更是维护既定国际利益分配和国际关系权力格局的需要。而在国际分工体系中实现从中低端向高端的转型升级是中国实现现代化强国梦，完成中华民族伟大复兴的最重要的物质基础，这直接导致了中美两国的战略目标无法调和。

雷少华（2019）也指出，当今世界的大国竞争已经不仅是军备竞赛和GDP数值的较量，还是持续创新与快速应用的产业链之间的竞争。在一个先进技术占据主导地位的世界中，竞争的本质变化导致安全的内涵发生了巨大改变：从如何防止战争逐渐转向如何确保产业安全。全球化重塑了全球产业结构，大国竞争的本质也转向了产业政策竞争。这是美国将中国列为战略竞争对手的主要原因。针对美国的对华政策转向和全球化进程面临的阻碍，在政策选项上，贾根良（2020）认为，国内大循环的重要性比以往任何时候都更加重要，提出了包括国内经济一体化、大力发展国内区际分工和区际贸易、保护货币主权、构建新一代国家创新体系——核心技术创新的“新型举国体制”、以中国为龙头建立一种与美元体系相平行的国际经济新秩序、实施“外围包围中心”的“不对称全球化”新战略等一系列政策措施。

随着中美战略博弈的日益加剧，学者们越来越多地使用国际关系中的权力概念研究全球价值链的最新变化。庞珣等（2021）进一步阐释了全球价值链的权力结构，他认为，全球价值链的增加值深层结构产生了结构性权力，其分布情况和变化趋势从经济层面映射出国际格局的重要特征和演进态势，中国的迅速崛起和德国的稳固领先凸显了美国霸权的持续衰落。国际格局的总体式样和变化可以概括为“中心—边缘”的高度等级分化和“东升西降”的格局走势，结构性权力有成为国家间对抗新武器的重大风险。

余南平（2022）认为，全球价值链的生产与分工推动了迥异于“国家全产业链”时代的国际关系和权力结构的形成，全球价值链网络结构变化动态地以网络适应度来形塑国际权力，大国将为争夺全球价值链枢纽与链接而博弈和竞争。刘洪钟（2023）通过构建技术、制造能力和市场“三位一体”的全球价值链权力模型，从理论层面考察了全球价值链中权力的来源和权力竞争的本质。

从马克思、恩格斯等马克思主义理论奠基人对国际分工的研究开始，到中国几代学者围绕国际分工的发展变化做出的理论贡献，国际分工力量在经历了200年的发展之后，重新回到了政治经济学的研究路径，国际分工与国际关系的跨学科分析正在成为全球价值链理论新的时代特征。

本书以现代国际分工的发展变迁为基础分析全球价值链运行的动态机制，从政治经济学的视角解释在长期的经济增长和国际贸易投资中引起国家间利益分配机制的技术根源和制度根源，理清分工演化的本质和大国战略竞争的现实，探索“一带一路”倡议重构全球价值链的可能路径。本书主要从微观的技术角度和宏观的国际环境两个方面进行论证。

首先，试图解释中国产业升级缓慢的技术和政策因素，以及这些因素与跨国公司以及发达国家所主导的现代国际分工之间的关系。从全球价值链治理特点和发展变化出发，探索中国在现代国际分工中的分工地位以及现代国际分工对中国技术创新和产业升级所产生的影响，并以中国的高技术发展困境为例来说明。

其次，从对经济史的考察出发，探索国际环境和分工模式在国家间利益分配过程中的影响，通过考察不同殖民地经济的发展路径，分析了报酬递增—报酬递减的两极分工模式的产生、发展和演变，指出隐藏在全球价值链体系背后的政治经济学逻辑，以及改变现有利益分配机制的迫切性。

最后，在中国参与国际分工越来越深入、中国与西方发达国家争夺价值链高端的态势越来越激烈的今天，亟须认清中国所面临的国际经济环境，站在维护国家长远发展利益的战略高度审视国际环境对中国经济发展的影响。随着“一带一路”倡议的提出，中国有能力和决心利用这一全球性发展平台推动国际分工朝着更加合理、更加公平的方向发展。本书将结合全球价值链的政策实践和理论发展，在借鉴已有研究成果的基础上尝试进一步拓展国际分工的研究视野。

三　研究架构

本书主体共分四个部分：

第一部分对本书主题所涉及的相关文献和投资规则的最新变化加以梳理，并进行了案例研究。贸易与分工的联系非常久远，是研究现代国际分工的重要基础，第一章主要回顾国际贸易与分工理论、“比较优势”与“竞争优势”的争论、保护主义思想和重商主义政策的发展史、现代国际分工理论等内容。第二章通过比较宗主国—殖民地经济与全球价值链，研究报酬递增—报酬递减两极分工模式在新一轮全球化中的表现。由于投资对国际分工的影响不断增加，第三章讨论了国际投资规则的最新变化以及该变化对跨国公司全球扩张以及国家间经济关系的影响。

第二部分研究现代国际分工视角下全球价值链的治理机制。第四章回顾了全球价值链治理机制研究的发展历程，深入剖析全球价值链的分解过程和治理模式，从微观视角探索了经济利益的权力分配过程。第五章将“模块化”生产作为切入口，研究全球价值链对中国国家创新体系所产生的技术制约和政策制约，并结合案例，指出强有力的政府在促进技术创新和核心企业的成长中所发挥的重要作用。第六章以中国“高技术不高”的案例具体分析全球价值链对中国“技术—经济”范式所产生的影响，包括高技术出口的“统计幻觉”，并重新定义了全球价值链体系中的“高技术”。第七章提出了全球价值链裂变的概念，指出生产性服务业改变了原有的国际分工结构和分工水平并成为新的价值创造源泉，全球价值链横向裂变为全球制造链和全球服务链两条并行不悖的价值增值过程。

第三部分研究美国对外贸易政策转向对全球价值链以及中国发展的不利影响以及“一带一路”倡议对全球价值链的重构路径。第八章分析美国贸易政策转向保护主义的内部原因和外部影响，指出美国贸易政策转向与其全球战略的关系以及对全球价值链发展产生的巨大冲击。第九章分析当前全球价值链体系的发展现状以及存在的问题，重点研究了“一带一路”通过基础、结构、动力和趋势对全球价值链重构的理论依据和现实依据。其中，从单极化向多极化的转变、从以跨国公司为核心的动力机制向以国家和企业双重驱动机制的转变、利益分配体系的转变共同构成“一带一路”倡议下的全球价值链的巨大变革。

第四部分为结语。现代国际分工已经对各国的生产生活、国际利益的分配产生了根本性的影响，面对经济全球化的发展方向日益模糊、世界经济增长前景更加不确定、大国博弈日趋激烈的时代背景，深刻理解现代国际分工以及全球价值链对各国发展带来的影响机制至关重要。对中国而言，运用现代国际分工的发展规律重塑全球经济治理体系刻不容缓。

第一章　贸易与国际分工

第一节　自由贸易理论与分工

Adam Smith（1776）的绝对优势理论和 David Ricardo（1817）的比较优势理论作为倡导自由贸易的理论基石至今仍显示出其巨大的影响力，对于分工的研究始终贯穿于贸易理论之中。Adam Smith 以生产技术和劳动生产率为基础论述了不同国家产品价格的差异和进行贸易的原因。David Ricardo 认为，各国贸易的基础是技术上的相对差别而不是生产技术和劳动生产率的绝对差别，因为只要存在技术上的相对差别，产品的生产成本和价格就会体现出相对差别，各国在不同产品上就具备了比较优势，国际分工和对外贸易就有利可图。不同于绝对优势，比较优势提供了一种新的政策实践：任何国家的消费者在没有贸易限制的情况下能消费更多的产品，即使一个生产任何产品都缺乏绝对优势的国家也适用这一规律。斯密的另一个贡献在于他首次将“分工”的价值展现出来，“在他看来，分工是导致经济进步的唯一原因”（Schumpeter，1954），“分工依赖于市场的大小”（Smith，1776）。

Alfred Marshall（1890）将分工与专业化的研究推进一步，提出了代表性企业和外部经济两个重要概念，但却把分工、创新和技术变迁作为外生条件，没有纳入经济分析的核心框架中。从此，经济学研究开始了大分流：资源配置成为“主流”经济学的研究主线，经济组织、生产效率和制度的研究则成为另一条研究路线。杨小凯（2003）对此的解释是，早期经济学研究由于缺乏丰富的数学工具，制约了经济学家对分工问题的分析。在此后很长一段时间里，经济学的重点转向了边际分析，分工问题逐渐被忽视。

进入20世纪20年代，《国际贸易对收入分配的影响》（Heckscher，1919）以及《区际贸易与国际贸易》（Ohlin，1933）两本重要著作的发表，李嘉图的比较优势理论得到了进一步的发展。Heckscher-Ohlin理论（H-O模型）认为，在国际贸易中一国的比较优势是由其要素密集度决定的，一国应进口该国相对稀缺和昂贵的产品，出口该国相对充足和便宜的产品。沿着H-O模型的思路，Paul Samuelson（1948）建立了要素价格均等化理论，认为国际贸易必然将使不同国家间同质生产要素的相对和绝对收益相等，即H-O-S模型。在政策层面，Samuelson指出，只要不同国家之间的商品自由贸易得到保障，即使生产要素不具备在国际上流动的条件，各国相同生产要素的相对价格也会趋于相等。

要素均等化学说的提出使得新古典理论达到了一个顶峰，也成为各国推动自由贸易的新动力。Leontief Paradox的出现直接挑战了H-O理论对经济的预测，Leontief（1953）发现，美国作为资本丰裕的国家在1947年反而出口劳动密集型产品，进口资本密集型产品，这一悖论挑战了当时占主导地位的经济学理论观点，引发了学者对国际贸易理论的重新思考。在新古典贸易理论的基础上，Raymond Vernon（1966）建立了产品生命周期理论，该理论有助于解释商品价格和生产率的周期性波动，让人们更好地理解经济的周期性变动。在政策建议上，该理论也为政府和企业制定对冲措施，减轻经济周期性波动对经济体的影响提供了思路。然而，产品生命周期理论大幅简化了现实复杂性，忽视了其他因素对经济波动的影响，所以无法准确预测商品价格和生产率的具体周期性波动。此外，Raymond Vernon简单化地因为技术差距而将不同国家划分为创新国家、一般发达国家和发展中国家，否定了一个国家产业发展的潜在能力，充满着静态思维。

到了20世纪70年代末，经济规模对经济发展的促进作用日益成为显著的现象，新古典贸易理论却无法解释这一崭新的经济现象，新贸易理论应运而生。通过改变市场结构、规模报酬、成本形态、需求属性等方面的假设（Martin & Sunley，1996），实现了对新古典理论要素禀赋和比较优势的超越，主要学者包括 Herbert J. Grubel、Avinash K. Dixit、Joseph E. Stiglitz、Wilfred J. Ethier、Gene M. Grossman、Paul Krugman 及 Elhanan Helpman 等。Dixit-Stiglitz Model（D－S 模型）以及 Spence-Dixit-Stiglitz（S－D－S 模型）是新贸易理论的基础模型，通过对垄断竞争、差别化产品和多样化偏好等因素的相互作用来分析国际贸易。此外，还有一些模型也产生了较大的影响，包括 Rodney E. Falvey（1981）建立的基于垂直产品差异的 Neo-Heckscher-Ohlin Theory，Paul Krugman（1979）提出的基于水平产品差异的 Neo-Chamberlin Model。

新贸易理论的主要观点包括：一是规模经济和产品差异化是国际贸易的重要驱动力。规模经济使得企业在生产同类产品时能够降低成本，而产品差异化则使得国家能够出口特定类型的产品。二是强调全球分工和专业化的重要性，即各国应该根据其自身的优势和特点进行生产和贸易，以实现资源的最优配置和效益。三是市场结构和竞争对国际贸易格局有重要影响，具有垄断和寡头市场结构的企业能够通过产品差异化和规模经济获得竞争优势。四是新贸易理论强调政府政策和产业政策对国际贸易的影响，认为政府应该通过产业政策来促进国内产业的发展和国际竞争力。

新贸易理论更加切合经济现实，特别是其对分工、专业化以及产业政策的分析大大弥补了传统贸易理论的缺陷，极大地丰富和扩展了贸易理论的内涵和外延，但在本质上并没有脱离比较优势的思想。此外，以报酬递增为基础的新贸易理论认为，由于国际分工格局的形成在一定程度上取决于历史等偶然性因素，而非技术或资源禀赋的差异，因此一国完全可以利用政府的力量在国际分工中选择具有技术和交易优势的产业，从而得到较好的谈判地位和贸易条件，进而提高本国的整体福利。这个论断为政府介入和制定战略性贸易政策提供了理论依据，也对欧美等国普遍存在的保护主义政策给出了解释。

20 世纪 90 年代，杨小凯（1991，1996）将新兴古典经济学的研究与新贸易理论相结合提出了内生贸易模型，为国内贸易和国际贸易研究发展了一个统一的理论框架。与此同时，在正统经济学之外，Michael Porter（1990）论述了与比较优势理论相对应的国家竞争优势理论，该理论以“钻石模型”为基础。波特认为，国家竞争优势形成的根本点在于主导产业是否具有竞争优势，而主导产业是否具有竞争优势又取决于资源要素、需求因素、支柱产业及产业配套状况等多个层面的因素。其中，资源禀赋是无法改变的，但其他三个因素有赖于创新的制度、组织和理念，是可以再造的。波特的“钻石模型”对于战后国际贸易新格局的形成（特别是日本和德国的崛起）有着较强的解释力。

尽管亚当·斯密是公认的最早系统地研究分工问题的经济学家，但威廉·配第似乎比斯密更早地注意到了分工对经济效率的影响，通过分析荷兰造船工人的造船过程，如分为几个小组同时进行船体加工，而不是顺序加工，说明了分工对效率的提升作用。亚当·斯密则通过对制针业的研究指出：劳动者的技巧因专业化而提高；分工避免了工作转移所带来的时间损失；分工是简化劳动和缩减劳动的机械发明的基础。

马克思在对资本主义的研究中也非常重视分工的作用。马克思把分工分为两类：首先是不同劳动部门间的分工，即“社会分工”；其次是“工厂内分工”，也就是企业内部围绕生产某种商品发生的分工。马克思还初步论述了这两种分工的交互作用及其与社会发展、技术水平之间的关系。马克思认为，“一个民族的生产力发展的水平，最明显地表现于该民族分工发展的程度”，对分工在社会进步中的作用给予极大的肯定。之后，由于马歇尔将分工外生化，古典经济学对分工的研究就此进入了长时间的停滞。从 19 世纪到 20 世纪初，分工理论更多地成为社会学家而非经济学家的研究主题，如迪尔凯姆、赫伯特·斯宾塞等，而在以萨缪尔森为代表的主流经济学家的研究中鲜见对分工的论述。

分工与专业化理论被重新挖掘始于 Allyn Young 于 1928 年的一次演

说，杨格沿着斯密的思想路线和马歇尔的分析逻辑，提出了“迂回生产”和“社会报酬递增”的概念，他认为，斯密的分工理论是“在所有经济学文献中所能发现的十分辉煌和颇有成果的概括之一”。在 Allyn Young 研究的基础上，诞生了一大批关于分工和报酬递增的文献，一部分运用超边际分析的数学方法将分工与专业化内生的新兴古典经济学，包括将斯密的绝对优势理论通过数学语言进行表达，证明了分工深化对交易效率的提升、交易效率对市场大小的决定作用以及市场大小决定分工水平。

以杨小凯为代表的新兴古典经济学派通过复杂的数学工具把 Adam Smith 和 Allyn Young 的分工思想以及 Ronald Coase 的交易理论融合在一起，用专业化、分工、交易效率、两难冲突等概念，将分工这一被新古典经济学抛弃的古典经济学灵魂在一个现代躯体中复活（杨小凯、张永生，2001），提出分工经济和交易成本的两难冲突决定了分工水平，建立起了内生分工与专业化理论。另一部分关于分工和报酬递增的研究则集中于发展经济学的文献和著作中。Rosenstein-Rodan（1943）发表了《东南欧国家的工业化问题》，在论述资本形成的“大推进”（Big Push）理论时，他提出在增加资本形成的过程中只有达到足够的规模才能为工业化带来足够的动力。分工和报酬递增理论是本书重要的思想来源之一，正是基于以上学者的探索，我们得以将分工与利益分配问题相结合，通过比较报酬递增与报酬递减的经济活动在国际分工中所发挥的不同作用，进而论述全球价值链演变的动力机制。

第二节 “比较优势”与“竞争优势”的争论

比较优势理论对分工和自由贸易政策实践的影响是巨大的，直到今天仍然是学者们争论的焦点。比较优势的核心思想是：世界上的每个国家都从事其生产效率相对较高的产品和产业，然后通过国际贸易进行交换，换取其他产品。这种建立在各国比较优势基础上的国际分工不仅仅使世界上每一个国家的生产效率大大提高，而且使世界作为一个整体的福利，以及每个国家作为个体的福利都将因为这种国际分工和国际贸易而提高。比较优势理论从产生到现在的200年时间里，通过众多学者的继承和发展诞生了大量关于国际贸易的分析模型和研究成果，不仅仅在学术上，比较优势理论还对现实经济政策产生了巨大影响，特别是它的重要推论——自由贸易将营造一个每个国家都赢、全世界都赢的多赢局面的思想“至今仍是世界经济秩序赖以存在的基础”（Reinert，2004）。

然而，在经济发展的过程中，学者们对比较优势理论的质疑也不断涌现出来。特别是随着对发达国家经济史越来越深入的考察，以及“竞争优势”“发展优势”“创新优势”等新理论的提出，都对比较优势理论形成了直接的挑战。Michael Porter（1990）指出，长期以来，在国际竞争分析中处于主流和控制地位的比较优势理论认为，国家竞争力主要来源于劳动力、自然资源、金融资本等物质禀赋的投入，但这些要素在全球化快速发展的今天，其作用日趋减少，“一国的竞争力不可能由其国土的大小和军队的强弱来决定，因为这些因素与生产率大小没有直接的关系”，取而代之的是国家应该创造一个良好的经营环境和支持性制度，以确保投入要素能够高效地使用和升级换代。

中国目前以劳动密集型产业融入现代国际分工，把丰富的劳动力资源以及较低的人力成本作为比较优势是否符合中国的国家利益，对中国短期和长期的经济发展有何影响成为争论的焦点。林毅夫（1999，2003，2007）作为坚定的比较优势支持者认为，按照比较优势理论实现中国经济的发展是符合中国国情的，也符合中国在世界分工中的地位。他通过对比“比较优势”和“竞争优势”的异同得出结论，比较优势是竞争优势的基础与必要性条件，“要有竞争优势……前提是在经济发展的每一个阶段充分利用中国的比较优势来发展经济”。

许坚（2002）认为，在“短中期内，中国不具备成为研发中心和服务中心的基础和条件”，中国在全球竞争体系中最具优势的竞争要素仍然是劳动力，“从本质上看，竞争优势仍是比较优势，是超越了传统涵义上的比较优势”。华民（2010）认为：

> 中国在生产要素上的不对称性，决定了中国不具有大规模从事研发、设计和中间品生产的能力，相反，为了实现充分就业，以便让所有国民都能分享经济增长的成果，除了利用加工贸易等具有比较优势的产业，我们别无选择。这不是愿意还是不愿意的事情，而是能不能做到的事情。

洪银兴（1997）则认为，以劳动生产率差异为基础的比较成本学说以及以生产要素供给为基础的资源禀赋说，两者存在比较利益是有前提条件的，即各国在供给条件、生产条件上不可改变，而且资源、生产要素不能在国际上流动。只有满足上述条件，具有比较优势的资源和产品才可能具有垄断优势。然而，全球经济一体化的发展已经改变了上述假设。成文利、萨克斯和杨小凯（2000）运用超边际分析证明了从比较优势理论到 H-O 模型，再到要素均等化定理（H-O-S）的推导都存在极为严格的参数假定，一旦偏离这些假定，要素密度就会发生逆转并导致定理失效，“国际贸易的最终结果由嗜好、相对资源量、相对生产条件及各市场之间价格交互作用的无数反馈链条决定……只考虑贸易量及模式、相对资源禀赋而无视嗜好及不同行业之间生产技术差别”（杨小凯、张永生，2001）的外生比较优势无法对现实形成有力的解释。

相较于其他学者，周会斌（2004）的论述略显折中，他认为，中国在贸易战略上应该秉持循序渐进的思路，从比较优势向竞争优势过渡，按比较优势选择和扶植有竞争力的产业，在比较优势基础上培育竞争优势。李义平（2006）指出，以自然资源和成本为比较优势只能对“产业发展粗糙”的阶段起作用，而且这些产业多数门槛较低，又会吸引很多进入者，除了优势不断消失之外，大量的资本、资源也被消耗掉，更是失去了发展竞争优势的机会。郭炳南和黄太洋（2010）提出了比较优势线性演化和非线性演化并重的产业升级之路，通过促进生产要素的高级化和比较优势的动态演化实现升级。黄树东（2009）认为，衡量比较优势福利的是数量的增长，而非质量上的增长，以比较优势原则为基础的国际分工似乎预示着："让今天先进的国家从事先进的产业，让今天落后的国家从事落后的产业……这将打断甚至延缓发展中国家的现代化进程，从国家博弈的角度看，比较优势就是要通过逆向选择的国际分工将竞争对手挤出局"，因为基于比较优势的分工"要落后国家在低水平低层次上发挥优势，要为了海外市场的需要将大量资源配置到底层的产业中去"。

张夏准（2008）指出，比较优势的理论根基 H-O-S 模型严重地依赖于生产资源可以在不同经济活动间自由流动的假设，然而，现实中不存在"完全要素流动"，生产要素的固定属性使其用途无法发生轻易改变，比如人口是不可能自由跨国流动的，以比较优势为基础的自由贸易很难被应用于经济现实。埃里克·赖纳特（2004）对比较优势理论过于理想化，不尊重经济现实的假设予以批驳："李嘉图贸易理论（比较优势理论）排除了导致'工业租金'产生的所有因素……当我们分析国际关系时，这种隐形的知识被自动排除了，于是我们进入了一个假定一切导致不平衡增长的因素都不存在的李嘉图式世界"；并指出，在同发达的国家进行自由贸易之前，一个国家必须在知识密集的经济活动中创造竞争优势（而不是依靠比较优势）。

对于比较优势是否具有很强的解释力以及能否应用到发展中国家的政策中去，学者们有很多争论。樊纲（2023）指出，落后国家的"初级要素丰裕比较优势"较为脆弱，发生衰减甚至消失的速度很快，难以产生"趋同"所需要的持久的较高增长，而发达国家凭借其"优质要素丰裕比较优势"，反倒可以持续增长。部分学者根据英国、美国、日本和韩国等现代发达国家崛起的经济史，指出大多数从不发达走向发达的国家都没有固守其自身的比较优势，反而因为它们果断地选择了新的发展方向，而确立了它们自己新的竞争优势才走向国富民强。这些学者包括受英国和美国崛起经济史启发的梅俊杰（2008），受美国经济崛起史启发的韩德强（1999）、左大培（2000）、迈克尔·赫德森（2010），贾根良（2008，2010），研究日本崛起经济史的（高柏，1997）以及受美国、韩国和芬兰崛起经济史启发的张夏准（2007）。

关于比较优势和竞争优势的对比和争论给本书研究以极大的启发，在指导思想上是依靠比较优势还是建立竞争优势，将深刻地影响一个国家的对外贸易政策和产业政策，从而改变其产业的发展路径以及在国际贸易和国际竞争中的地位。发达国家的经济史为我们考察比较优势和竞争优势的作用提供了借鉴，也为我们探索国家间利益分配不均的原因提供了一个很好的角度。

第三节　贸易保护主义的政策回潮及其理论回顾

进入21世纪第三个十年，贸易保护的政策回潮正在成为世界经济的一个热点议题。美国作为霸权国家，其贸易政策的转变对全球经济的影响是巨大的。特朗普在执政之后，采取了一系列贸易保护政策。首先，美国政府宣布退出《跨太平洋伙伴关系协定》（TPP），这一协定旨在促进亚太地区的自由贸易和经济一体化，特朗普认为，TPP对美国的制造业和就业市场产生了不利影响，并坚持采取双边贸易协定和单边主义的方式进行贸易谈判。其次，特朗普政府废除了诞生于1994年的《北美自由贸易协定》（NAFTA），通过谈判要求加拿大和墨西哥接受更有利于美国的条款，这一举动一度引发了美国、加拿大和墨西哥之间的贸易紧张局势，最终三国于2018年11月签署新的《美墨加协定》，该协定对北美地区的贸易关系产生了重大影响。最后，特朗普政府对中国发起了301调查，指控中国采取不公平的贸易行为，包括知识产权侵权和强制技术转让，并对中国、日本、欧洲等国进口商品加征关税，特别是钢铁和铝产品。在拜登执政以后，美国不仅没有取消加征关税等一系列贸易保护措施，反而通过供应链联盟、“小院高墙”、小多边主义等系列措施继续分裂全球价值链，表明美国的贸易保护措施并非短期行为，而是一个长期战略。要理解美国的贸易保护主义，需要对贸易保护主义的历史演进进行深入的考察。

贸易保护主义作为重要的对外贸易政策，在一个国家对外经济交往过程中具有特殊作用，但在国际贸易理论史上却没有太多的论述，原因之一是以古典主义经济学为主导的经济学理论最终的政策建议几乎都导向了自由贸易。西方主流经济学总是强调，来自政府的干预措施越少越好，只有大家都进行自由贸易，各个参与自由贸易的国家才能获得福利水平和经济发展的最优化。然而，并不是所有的经济理论和经济学家都赞同“世界主义”（李斯特，1841）的经济学。在主流经济学之外、斯密之前，贸易保护主义就已经存在，而且成为众多国家从落后到领先的必经之路，如今美国重拾贸易保护主义值得学者深思。

一　早期的重商主义思想

对于重商主义的研究可以分作两类，一类是主流的经济学家和教科书所沿袭的从斯密就开始的对重商主义以批判为主的研究；另一类则是演化发展经济学通过对经济史的重新考察而对重商主义历史作用的再评价。下面将对这两种研究脉络进行回顾并做比较。

重商主义作为国际贸易理论中最早期的保护主义思想，是整个欧洲从15—17世纪进入工业化社会之前占据主导地位的对外经济政策，也是资本原始积累时期代表商业资本利益的经济学说和政策体系。通过划分货币财富在创造机制上的不同，大致可以归纳为两个阶段：15世纪到16世纪中期的早期重商主义阶段，以及16世纪末至17世纪的晚期重商主义阶段。代表人物和代表作主要有：英国托马斯·孟（1664）的《英国得自对外贸易的财富》、Charles Davenant（1695）的《战费筹措论》（*An Essay on Ways and Means of Supplying the War*）、Josiah Child（1668）的《关于贸易和利率的简要观察》（*Brief Observations Concerning Trade and the Interest of Money*），以及法国的Colbert、德国的Philipp von

Hörnigk、意大利的 Ferdinando Galiani 和 Della Moneta 等。

早期重商主义的观点包括：金银是唯一的财富，如果商品只在一国内部交换，并不能增加国内的财富，只有通过对外贸易才能获得财富（金银）。在与国外的贸易当中，主张国家采取干预措施，如使用行政、法律等手段扩大国内商品出口、减少国外商品进口甚至不进口，唯有此才能换回金银从而增加国内财富，避免和减少国内金银的流失。晚期重商主义认为，早期重商主义者所提倡的禁止金银输出的主张是对贸易的阻碍，认为不应将金银的输入输出作为唯一标准，提出了“货币产生贸易，贸易增多货币”（托马斯·孟，1664）的思想，从政策选项来说，就是注重维持贸易顺差来保持财富增加。晚期重商主义者认识到了货币只有在流通中才能增殖，一国财富的增加可以通过对外贸易顺差获得。因此，晚期重商主义的观点也被称为“贸易差额论”。

重商主义者认为金银（货币）是财富的唯一形态，经济活动的目的归结到一点就是获取金银，一个国家金银的储备量才是该国的富裕程度和国力的象征。而要获得金银，除了开采金银矿藏外，唯有发展对外贸易、获取贸易顺差来增加财富。重商主义所提出的“贸易差额”论，是国际贸易理论史上首次对国际贸易收支问题进行的论述。弗朗西斯·培根对重商主义总结道：“应使有利可图的贸易的基础置于国内产品的出口在价值上多于国外产品的进口之上，这样我们才能断定王国的资财在增加，因为贸易差额必须用货币或金块支付。”一个国家实现大量贸易顺差的途径就是要不断增加国内的产出，充分利用国内的自然资源和人力资源，从根本上说，一国要保持大量贸易顺差就必须不断地增加国内总产出，通过高效的生产充分利用本国的物质资源和人力资源。由于当时的欧洲处于金属货币时代，国家之间的贸易差额必须用金银货币来支付，实现顺差的国家，其财富自然就会增加，反之，其财富就会减少。这也是重商主义在 15—17 世纪盛行的原因，从英国到法国，从意大利到德国，这些国家无不采用重商主义作为国家发展的指导战略。

重商主义成为贸易保护主义的源头主要基于以下原因：首先，强调国家权力在经济生活中的重要性。国家干预经济的活动包括禁止金银外流，对货币实行严格的管制；通过军队和立法垄断对外贸易，特别是在欧洲国家开始对外殖民之后这一政策更加明显。其次，实施限入奖出的贸易政策，如对外国制成品和奢侈品进口课以重税或者直接禁止进口，而对原材料或者半成品在给予进口免税优惠的同时禁止其出口，对本国制成品出口给予津贴，降低或免除对一些商品的出口关税，实行出口退税，等等。最后，运用保护性关税保护本国工业的发展，支持、鼓励原材料加工和工业品制造以增强本国产品在国外市场上的竞争力，达到增加制成品出口，实现贸易顺差的目的。

重商主义的历史成就在于它代表了当时处于上升阶段的商业资本的利益，促进了一国资本的原始积累，推动了资本主义生产方式的建立与发展；它的狭隘之处在于把价值的代表物——金银货币认为是唯一的财富，对社会经济现象的研究仅局限于流通领域，没有正确认识国际贸易产生的原因及其对积累社会财富的作用。上述对于重商主义的论述基本上源于新古典经济学和政治经济学的评价，而且这种“标准化重商主义”也几乎成为所有经济思想史研究的范本。对于重商主义的理解也都沿袭了斯密“只注重商业的贸易学说”的观点。事实上，重商主义不仅仅关注了商业，还包括非常广泛的关于生产力提高，关于国家治理等诸多有益的遗产。

重商主义诞生于英国工业革命前夕，贯穿于英国从一个边陲岛国向“日不落帝国”转变的整个过程，重商主义的产生源自一个落后国家利用国家力量打破既有经济格局、追赶领先国家实现国富民强的民族自觉。重商主义思想深深地植根于文艺复兴的政治经济学传统，而不仅仅是斯密（1776）所宣称的“贸易学说”。值得提及的是，重商主义的创立者多是政治家（托马斯·孟、科尔贝尔等）和商人（柴尔德、达文南特等），他们对于国家、制度、生产、贸易的深刻认识直接来自鲜活的现实，他们的实践经验和历史责任感成为思考经济现象和制定对外政策的基础。重商主义的遗产被美国学派、德国历史学派、日本的发展主义（高柏，1997）所继承，作为一种思想，其影响力已经维持了超过300年的时间，“以生产为核心的重商主义政策是一个国家从贫困到富裕的必由之路，它是从1485年的英格兰到20世纪80年代的韩国所奉行的经济政策。我们认为，作为一般性的发展型国家的基本原则的‘重商主义’政策工具在长时间内基本上没有变化”（Reinert，2005）。

首先，重商主义是一种现实主义经济学说，它的目标是解决真实经济世界中落后国家如何致富的问题。16世纪的英国经济受制于低地国家，“德国、尼德兰和意大利商人分享了伦敦半数以上的呢绒出口”（陈曦文，1995），由于生产效率低下，出口以原材料为主，出口产品缺乏竞争力，这一时期英国经济危机四伏，在英国重商主义代表人物托马斯·孟的70年生命里，“贸易状况良好者只有36年，其余年份或者萧条，或者更糟”（梅俊杰，2008）。在危机中，英国开启了一场经济思想和经济政策的革命，英国人认识到，在经济发展滞后于欧陆各国的前提下，自由的通商和贸易只能使英国越来越贫穷，唯有鼓励国内生产、扩大原材料利用率、限制进口制成品才能恢复国内的产业发展，才能扩大就业。这种积极的指导思想使英国摆脱了对高档丝织品、毛织品和棉织品的进口依赖，壮大了它自己的棉纺织工业，为工业革命积累了资本和技术能力。重商主义是基于现实需要而产生的，它所带来的不仅仅是金银的入超，更是生产力的提高和产业发展的高级化。

其次，重商主义是一种用国家力量和制度力量来争取国家利益的经济学说。“重商主义制度包括了所有立法的、行政的和管理的工具，那些依然是农业性质的社会借此将其自己改造成贸易和工业社会，以便让其自己不仅富裕、强大，还要保持这种富强状态。”（Reinert，1999）重商主义者从一开始就认识到了制度与国家的重要性，即通过制度建设保障国家利益，运用国家力量推动制度建设。正如Gustav von Schmoller（1896）所说：“该体系的本质不在于某种关于货币的或者贸易平衡的信条，不在于壁垒……而在于社会及其组织、国家及其制度体系的整体性转变。”这种“整体性转变”直接把国家利益放在了首位，把推动国内的工业发展放到了首位，杜绝了商人利益侵蚀国家利益的可能性，实现了技术进步的制度保障，形成了一个制度保障、技术进步、财富增加的良性循环机制。

最后，重商主义是一种动态和情景特定的经济学说，掌握了重商主义精髓的国家一定是致力于从事高质量的报酬递增经济活动的国家，它不会满足于其自己的比较优势，而是不断寻找和开拓它自己的竞争优势。同时，重商主义强调“情景特定”，即国家的政策制定必须以其自身的产业发展水平为基础，以提高产业未来的发展潜力为目标。除了英国之外，德国的“官方学派”、法国的“柯尔贝尔主义”都堪称重商主义的典范。法国政府通过直接控制经济部门，建立殖民贸易公司、开办新式工厂，成功地扩展了法国的工业和贸易能力。英国“自 1485 年起的 300 年时间里，依赖于对那些具有报酬递增性质的经济行为的培育、促进和保护”（Reinert，2004），超越了比它自己资本雄厚、技术先进、资源丰富的对手，从一个没有金银矿的国家变成了世界上最富裕的国家。此时的英国踢掉了“重商主义”的梯子，换上了一个残缺的替代品：自由贸易。英国人知道，只要沿着自由贸易的阶梯，没人能爬得上来。

二　保护主义在美国

国际社会对特朗普执政以来的贸易保护主义政策感到惊愕，事实上，贸易保护主义在美国有着极为深远的历史渊源。在美国建国初期，从汉密尔顿到亨利·克莱再到亨利·凯里，他们都察觉到，在工业发展远远落后于英国的时候，本国产品根本无法与英国的廉价工业品竞争。为了保护本国工业发展，必须抵制英国工业品的倾销，实行贸易保护政策。正是在这种情况下，代表美国国家利益的贸易保护理论和政策应运而生。

亚历山大·汉密尔顿是美国独立运动时期的政治家、经济学家，美国独立后的首任财政部长。美国独立之前，英国严格地控制了美国工业的发展。重商主义经济学家、东印度公司的高级董事 Josiah Child 和重商主义经济学家 Charles Davenant 认为，北美殖民地是所有海外殖民地中危害最大的殖民地，因为它们正在建立其自己的工业；英国时任首相皮特更是坚决地表示，在殖民地一个马蹄钉也不准制造。特别是北美稍具优势的造船业刚刚兴起，英国就开始加重殖民地的税赋负担，压制殖民地的工业发展。美国独立之后，英国廉价工业品输入和美国农产品输出似乎在短时间内营造了一个和平共处的景象，但却加重了美国对英国的依附并严重阻碍了美国工业的进步。

当时摆在美国面前有两种选择：一是实行保护贸易政策，独立自主地发展它自己的工业，特别是制造业，以彻底摆脱大英帝国的经济控制；二是实行自由贸易政策，成为英、法等欧洲国家的粮食、原料产地和制成品销售地。汉密尔顿作为北方工业资产阶级利益的代表，于 1791 年 12 月向国会递交了《关于制造业的报告》。在这份报告里，他系统阐述了保护和发展制造业的必要性和有利条件，认为发展工业可促进机器的使用，工业产品创造的价值比农业高得多，不仅能够增加财政收入，机器的广泛应用还可促进社会分工，提高劳动生产率，培养技术人才。他还指出，只有工业迅速发展才能为农产品和原材料提供销售市场，而这一切都必须通过实行高关税政策才能维持弱小工业的发展。尽管汉密尔顿的理论在 30 多年之后才开始主导美国的对外贸易政策，而且历经反复，但是他的这份报告为美国的保护主义奠定了坚实的理论基础。

亨利·克莱是一位美国企业家、政治家和演说家，是美国建国初期推动保护主义政策的重要学者。克莱创造了“美国制度”一词，用来描述他作为政治家的施政纲领，包括保护性关税、内部改善以及国民银行三个要素（Hudson，2010），其中的保护主义反映了他作为宾夕法尼亚企业家维护工业利益的经济诉求。“美国制度”的三个纲领也是美国保护主义学者们共同反对李嘉图和马尔萨斯以报酬递减为核心的经济学说的旗帜，同时用来批驳当时民主党所提出的关于自由贸易和限制联邦政府活动的选举纲领。作为高关税政策的坚定支持者，克莱认为，关税会导致最佳的民主，它将会为人类从贫瘠步入丰裕提供更多的机会。克莱强烈的工业保护主义以及脱离英国经济依附的意愿直接导致了他和John Calhoun领导下的众议院与英国政府之间的敌对情绪，最终引发了1812年战争。战争爆发的结果是所有关税都翻了一倍，美国的经济孤立主义迫使美国工业迅速成长直到《根特条约》签订。克莱所激发的这场战争意义重大，它使美国人充分认识到了“孤立”对于落后的美国工业发展所起到的作用，也为之后美国制定贸易保护政策提供了历史经验。

亨利·凯里作为林肯政府的首席经济顾问和美国学派的重要经济学家，他的贡献体现在扩展了基础更加广泛的经济发展学说，包含成熟的分析体系，首次从另一个侧面——自由放任主义在英国以及欧陆国家工业化过程中的消极作用——论述了贸易保护主义的必要性。同克莱相似，凯里也从他自己的角度颠覆了李嘉图的耕种理论和马尔萨斯的人口理论。作为经济顾问，凯里以其坚实的理论功底向政府游说保护主义政策为美国带来的长远利益，作为经济学家，凯里的思想影响了包括著有《资本与劳动的进步规律》（1852）的帕申·史密斯，著有《将环境、资源和制度应用于美国人民的政治经济学原理》（1856）的弗朗西斯·鲍恩以及著有《当今的问题：经济与社会》（1871）的威廉·埃尔德等在内的众多学者、商人和政治家，他们对于保护主义思想的不断发展和完善保证了美国保护主义政策的延续性。

美国的贸易保护政策并不是孤立的，与此同时，在大西洋的另一端也有一个国家正在奋力追赶英国，这就是德国。19世纪初的德国工业普遍落后于英、法两国，在欧洲大陆无法与英法工业品相竞争。李斯特的贸易保护理论，真实地反映了当时处于落后状态的德国工业资本保护本国工业发展、拒绝分裂、一致对外的经济目标。

弗里德里希·李斯特是德国资产阶级经济学家和社会活动家，是德国贸易保护主义的创始人，他的理论是建立在批判自由贸易理论，特别是斯密"世界主义"经济学的基础之上，李斯特深受汉密尔顿以及同时代美国贸易保护主义经济学家和政治家的影响，但在某种程度上又进入了比汉密尔顿更为广阔和深刻的政治经济学领域，并形成了一个科学的体系。

首先，李斯特较为系统地提出了幼稚工业保护理论，强调国家在推动国民财富增长上不可替代的作用。在其代表作《政治经济学的国民体系》（1841）中，他指出，"斯密体系总是排除国家权力的作用……然而统计数据和历史证明：司法、行政的干预越大，经济的发展就越迅速"，对于为自由贸易政策服务的"比较优势（成本）"理论，李斯特予以驳斥：因为德国的生产力发展水平还很低，如果实行自由贸易政策，德国的幼稚工业就很可能在强大的英、法工业竞争下失去发展的机会，只有利用保护国内工业的对外政策才能发展德国的生产力。尽管在保护国内工业的初期，工业制成品价格、成本可能提高，但是，经过一段时间的保护，工业生产力的提高会自然降低成本和价格，最终显示出优势。从根本上说，幼稚产业保护的实质是"通过国家力量引入能够产生经济发展良性循环的报酬递增产业来使个人和公众都从中受益"（Reinert，2005）。

其次，李斯特拒绝以静态假设和没有根据的普遍性为特征的英国自由放任经济学，认同关注社会和历史维度的"政治经济学"。

> 我的研究结果表明政治经济学的组成部分是：（1）个体经济；（2）国家经济；（3）人类经济。亚当·斯密……宣扬社会中个人与他人如何创造、增加和消费财富，以及人类的勤奋和财富如何影响个人的勤奋和财富。他完全忘记他的书名和许诺要研究的"国民财富"。

他认为，贸易政策的制定依据应该是国家所处的发展阶段，不是一成不变的。他把国民经济的发展分为五个阶段：原始未开化阶段、畜牧业阶段、农业阶段、农工业阶段、农工商阶段，并论述了各个阶段的特点和需要采用的贸易政策。

李斯特认为，当时的英国处于农工商阶段，法国处于农工业与农工商阶段之间，德国和美国处于农工业阶段，所以德国需要实行保护贸易政策，但不是全盘保护，保护的具体措施包括：一是刚刚建立的尚不具备竞争力的工业，如果没有外来的强有力竞争则不需要保护；二是有发展前途的幼稚工业，经过一段时间的保护，产业发展到成熟阶段就不再保护；三是保护时间的最高期限为 30 年，在保护期内，被保护的幼稚工业还扶植不起来，就停止给予保护；四是农业不需要保护，随着工业的发展，农业自然会得到发展；五是保护期结束后，该行业要给予消费者回报。

再次，李斯特并不是把贸易保护主义作为一种永恒的信仰，而是作为一种过渡的手段和工具，即在理论上认可自由贸易，并把它作为最终的结果。产业保护和重商主义的最终目的是使产业强大到可以参与国际竞争，“实现平等经济主体之间全球性的自由贸易”（Reinert，2005）。

最后，李斯特对国内市场的极端重视直接影响了德国的产业政策和对外贸易政策，“在这个世界上，存在着大量生产力的过剩；在这样的情形下，国内市场无疑是最为重要的……”特别是他促成了德国关税同盟的确立，19 世纪 70 年代以后，德国市场四分五裂的局面消失了，代之而起的是一个充分竞争的国内大市场。从此，工业部门生产率迅速提高，在产品价格下降的同时，国民收入和国民消费大幅增长。在李斯特思想的影响下，德国的国民财富实现了真正意义上的提高，而德国也和美国一样日渐成为英国的强大对手。

李斯特的理论直接来源于美国学派的思想和实践，而又深深地扎根于重商主义的“生产”哲学。他关于民族国家的作用，国内市场的重要性，幼稚产业的保护以及对特定的历史、环境的关注，对于后来的经济学理论和政策实践产生了深远的影响，包括德国历史学派、拉美经济学家所提出的进口替代工业化理论、日本的发展主义，都在不同程度上继承、借鉴和吸收了李斯特的思想精髓。

回到当前全球化遭遇的重大挫折，特别是在如何理解美国的单边贸易保护主义方面，分工为我们提供了独特的视角。早期贸易保护主义的政策目标在于发展国内产业，特别是能够带来高额回报的工业制造业，通过提升分工地位以最大程度地获取国际贸易中的收益。而当前以美国为首的发达国家推动贸易保护的目标则在于保持既有的、有利于其自身的分工结构，维持国际贸易和分工过程中有利于其自身的收益安排，通过“规锁”锁定中国经济增长空间和水平（张宇燕等，2018），避免以中国为代表的发展中国家通过提升分工地位改变美国在国际收益分配领域的优势地位。无论是始于欧洲的贸易保护主义还是美国贸易政策的转向，其核心目标不曾改变，都是为了维持分工的优势地位，前者是为了其自身在经济上的追赶，后者是为了阻止其他国家改变分工结构，威胁其自身在国际贸易中的收益。

第四节　现代国际分工的发展演变

现代国际分工是近四十年来全球经济一体化不断加速的核心动力，以产品内分工为主导的现代国际分工直接导致了产品内贸易。与旧国际分工的产业间贸易相比，产品内贸易使得交易产品种类和产品交易数量直线上升，引发了全球贸易的倍增效应。国际分工的演进历史就是在市场规模不断扩大的过程中，随着跨国交易效率的提升，迂回生产向全球延伸的历史，也是分工参与者以及价值链中各个生产环节专业化程度不断加深的历史（戴翔等，2019）。现代国际分工也在产业结构、国民福利和经济发展等诸多方面对所有加入其中的国家和地区都产生了深刻的影响。此外，现代国际分工还支撑着跨国公司的迅速成长，使资本的全球流动进入了历史上最繁荣的时期。目前，全球范围内约有 6 万家跨国公司，控制着 50 多万家子公司，占据了全球贸易份额的约 50%。然而，由于旧国际分工的研究主要基于产业间和产业内贸易的理论框架，把“产品”作为分工和贸易对象进行研究，忽视了跨国公司、外商直接投资、外包、模块化生产等新的生产和贸易形式，大大制约了对现代国际分工的解释力。对于“模块化”和产品内分工的研究大大推动了现代国际分工的理论发展。

从 20 世纪 60、70 年代开始，国际贸易展现出了一个新趋势，即发展中国家制成品出口开始大幅度上升，而这类产品的出口与跨国公司所推动的产业转移关系密切。Gerald Helleiner（1973）在《发展中国家制成品出口与跨国公司》中总结了跨国公司生产外包所引发的产业转移以及这种转移对发展中国家制成品出口的影响。尽管没有提出“现代国际分工”的概念，但他敏锐地关注到了跨国公司所推动的跨国生产活动，以及这种活动对传统贸易方式的变革，初步论述了现代国际分工的产生和发展。与 Gerald Helleiner 相似，Joseph Finger（1975）同样注意到发达国家生产的部件会出口至发展中国家，这种中间产品经过组装后再次出口，提出了“海外组装操作”的概念。

1978 年，Folker Frobel 的《现代国际分工》出版，标志着对现代国际分工系统性研究的开始。Folker Frobel 指出，20 世纪 60 年代以来的国际分工与旧的国际分工相比，出现了新的变化。在旧国际分工当中，少数发达国家从事工业生产，出口制成品，多数欠发达国家为工业化国家生产粮食并提供工业原材料。在现代国际分工当中，由于跨国公司将一些成熟产业和劳动密集型生产部门从发达国家转移到欠发达国家，生产全球化和贸易全球化共同成为新国际分工的重要特点。福禄贝尔还指出，地理空间对经济活动的制约随着技术进步和组织管理水平的提升不断变小。此外，大量来自欠发达地区的廉价劳动力给跨国公司转移成熟产业带来了重大机遇。

Henrik Marcussen（1982）比较了旧国际分工和现代国际分工，认为 20 世纪 70 年代的两次石油危机是重要的时间分界点，危机之前美欧等发达国家用工业制成品换取欠发达国家的原材料，危机之后欠发达国家用制成品换取发达国家的资本品。与 Folker Frobel 相似，Henrik Marcussen同样认为，跨国公司的全球扩张对现代国际分工的形成至关重要。与以上研究思路相似的还有Diane Perrons的《爱尔兰在现代国际分工中的角色：一个区域分析框架》（1981）以及Lestie Sklair的《自由加工区域、发展与现代国际分工》（1985），两者都通过实证分析总结了现代国际分工的发展变化。对跨国公司的研究成为分工研究的重要组成部分，如Avinash Dixit和Grossman Gene（1982）建立了一个将生产体系各个工序区段分配到不同国家的模型，研究跨国公司的“垂直一体化生产”，并以契约和所有权为基础分析了现代国际分工演化变迁的微观基础，详细论述了企业内分工模式在现代国际分工中的重要地位。

在对外贸易和生产剩余的国际分配方面，研究欠发达问题的学者通常认为，继承于殖民地时期的旧国际分工具有剥削性质，这种分工阻碍了发展中国家的发展，剥夺了发展中国家的国民福利。对此，一些学者指出，马克思主义经济学家的剥削理论和“中心—外围”范式在现代国际分工的大背景下正在失去解释力。比如，现代国际分工与旧国际分工的重大差别之一是资本主义国家对落后国家的剥削被两者的经济互补所取代，现代国际分工为发展中国家带来了更多的发展机会，使其能够利用资本、技术等外国要素弥补其自身的不足，通过国内外要素的组合实现更高效率的经济社会发展。

跨国公司的崛起引发了学者对于跨国公司利益和国家利益冲突的研究。Myung-Oc Woo（1993）在对韩国汽车业进行案例研究之后发现，由于跨国公司在现代国际分工中的主导者地位，其所主导的企业内贸易实质上是为了跨国公司的利益服务，在有些情况下会不惜牺牲国内市场和国内需求来满足它们自己的生产布局需要，国家和地方政府表面上是参与国际分工，实际上是服从于跨国公司的企业内分工。

中国学者也敏锐地察觉到了国际分工的新变化和跨国公司的重要作用，冼国民（1994）重申了跨国公司作为重要力量改变国际分工的事实，他认为，在传统国际分工中，各国企业按照比较优势通过世界市场进行国际贸易，分工是在分散的市场竞争机制中实现的。跨国公司改变了传统国际分工的性质及其协调机制，跨国公司的层级管理体制取代了世界市场竞争机制，跨国公司有计划、有目的的管理决定了国际分工的发展方向。孟庆民、李国平和杨开忠（2000）认为，20世纪60年代以来的现代国际分工是一种关系网络体系的全球化发展，企业间、企业内，部门间、部门内，区域间、区域内，国家间、国家内的网络在时间、空间两个维度同时展开。跨国公司作为现代国际分工的主角，其推动力是市场需求、契约转让、生产一体化、生产组织的改革以及对外直接投资和跨国生产。此外，现代国际分工在全球布局上有着明显差异，发达国家之间、发达与欠发达国家之间分工格局的差异，分工中区域分工优势的升级转换也存在不同的规律。企业、地方政府以及国家在现代国际分工中都面临着新的挑战，这种挑战直接表现为为了各种利益的需要而激烈地参与现代国际分工的竞争。

20世纪90年代以来，模块化生产越来越占据现代国际分工的首要位置，其特点是企业将其活动外包给专业化的其他厂商，专注于它们自己更有优势的部分，跨国公司开始把垂直生产链条上的一些生产过程分离出去，这对“垂直一体化”模式形成了直接挑战。然而，产品内分工与产品内贸易作为现代国际分工“更新的”推动力在相当长一段时间里没有受到学者的重视，主要原因是仍然把产品作为基本分工对象、以产品的不可再分性作为暗含前提研究国际分工，先验地排除了对工序国际分工的重视，也就没有把当代产品内分工的现象纳入观察和分析的视野（卢峰，2004）。随着全球经济一体化的进程不断加快，客观上要求对以模块化生产为基础的产品内分工和产品内贸易做出理论解释。

Ronald Jones 和 Henryk Kierzkowski（1990）首次提出了生产过程片段化的概念，即把生产过程分段到不同的空间区位，他们认为，比较优势和规模报酬递增共同推动了生产过程的片段化。Sven Arndt（1997）通过比较全球外包、离岸外包、转包、产品内专业化的产别研究了国际分工的新趋势。Timothy Sturgeon（1997）是第一个将“模块化”纳入现代国际分工研究的学者，他把现代国际分工称为“模块化网络”。Gary Gereffi（1999）等学者构建了一个新的概念“全球商品链”来描述现代国际分工的特点，把它定义为一系列企业围绕着最终产品的生产，建立起劳动和生产过程的组织间网络，该网络把居民、企业、国家融合到世界经济循环中。“全球商品链”作为全球价值链的前身，深刻地论述了现代国际分工中参与分工的各个层次以及商品链对宏观主体、中观主体和微观主体所带来的影响。

林毅夫（1999）同样分析了生产的区位变化特点，并以IT等高科技产品的生产制造为例，指出中国通过加入劳动密集型区段的生产和出口符合比较优势的发展战略。刘志彪和刘晓昶（2001）认为，垂直专业化或国际外包化生产正在成为国际分工的主要形式，表现为一种商品的生产过程延伸为多个连续的生产阶段，每一个国家只在某个连续的特殊阶段进行专业化生产。尽管作者没有明确地提出产品内分工，但从定义上已接近“产品内分工”的实质：跨国公司主动把在本国缺乏竞争力的零部件生产配置到其他国家或地区，它们自己只保留核心部件的生产，利用管理、品牌、市场、研究开发以及系统集成等方面的优势，进行全球采购、生产和营销。

Boy Luthje（2002）提出了“订单制造”的概念，即大型公司把部分（或全部）零件设计、工艺、营销渠道、存储、售后服务等环节以合同方式外包给其他企业，产品和服务是发包公司的品牌，承包企业一般没有品牌。信息通信产业的多数跨国生产活动都采用了“订单制造”的方式。吴敬琏（2003）指出，全球经济不断深化的特点之一，就是跨国公司把产品生产的不同生产环节分散到世界各地，形成产业转移。赵文丁（2003）注意到了经济全球化下国际分工正在经历的深刻变革：传统的垂直型分工正转变为混合型分工，且呈现出产业间、产业内与产品内分工并存的多层次新格局，传统产业转移逐渐演变为产业链条、产品工序的分解，各个国家、地区国际分工地位的提升表现在其所在产业链条增值能力的提升上。赵文丁敏锐地发现了分工和价值链增值能力之间的重要关联。

Francis Hutchinson（2004）认为，Folker Frobel 提出的现代国际分工对现实的解释力正在下降，特别是亚洲“四小龙”在 20 世纪 80 年代的崛起否定了“中心国家集聚高技术生产，外围国家集聚低技术生产，而且外围国家越来越被逼到外围”的论断，他指出了现代国际分工的最新态势：发展中国家的资源禀赋呈现出动态发展的特点，出口结构不断从低级向高级迈进，在现代国际分工中的地位不断提高。

产品内分工必然推动产品内贸易，两者的研究呈现出结合之势，具体表现为两种思路：其一是新贸易理论和跨国公司理论的结合，试图考察分工在微观和宏观层面的不同影响；其二是对企业内贸易、外包和代工等国际贸易发展的新趋势展开分析（Feenstra，1998；Helpman，2004），这两种思路尝试以产品内贸易为研究的出发点，对相关理论进行整合。2004 年，随着《产品内分工：一个分析框架》在《经济学季刊》上发表，在以往学者研究的基础和实证数据的支持下，卢锋（2004）系统、全面地对产品内分工进行了论述。这篇文章是产品内分工理论的一个里程碑，它为其他学者研究相关理论提供了一个基础框架。卢锋首先划分了分工的发展阶段，比较了产品内分工和其他分工之间的异同，对中国经济的高速增长从产品内分工的角度给出了解释，指出工序国际分工的利益源泉和决定性因素等，建立起以产品内分工为中心的分析框架。

随后，大量的学者开始以产品内分工为基础，探索其对国际贸易、国际分工和产业发展的影响。如庄尚文（2005）探讨了网络经济与产品内分工的相互作用、模块化生产的特征。平新乔（2005）指出，中国对外贸易之所以迅速扩张、贸易依存度不断增加，是因为与全球范围内的垂直专门化（产品内分工）的关系密切，由于发达国家将初级产品生产、中间品提供以及组装过程外包给劳动力成本低廉的中国，自 20 世纪 90 年代初以来，来料加工成为中国的产业特色。金芳（2006）提出“三维”产品内国际分工理论，改变了以往贸易、投资或管理理论的单一视角，试图运用空间区位、所有权、交易机制的三维框架分析当代产品内国际分工。由于中国的国际收支状况，特别是中国持续的贸易顺差受到广泛关注，产品内分工的研究开始聚焦于贸易平衡问题，包括徐毅（2007）、陈继勇和刘威（2008）、赵蓓文（2008）、张海燕和宋玉华（2009）、林继红和孟静（2012）等学者的研究都涉及了贸易相关问题。

进入21世纪第二个十年，对增加值贸易的研究进入了高潮。王直等（2015）认为，全球价值链革命造成中间品贸易在国际贸易中迅猛增长，传统的贸易总量统计严重误导了对世界贸易格局的理解，通过建立一套新的核算体系将中间产品贸易纳入进来，对传统贸易统计方法进行了修正。戴翔等（2016）指出，中国外贸增速变化与中国嵌入全球价值链的分工方式及其升级有关，中国应抓住国际分工演进新趋势所带来的新机遇，在融入、扎根乃至主导全球价值链中，利用全球资源和全球智慧，加快推动从贸易大国向贸易强国的转变，最终在全球价值链中实现更加公平的利益分配。丁涛等（2017）基于新李斯特经济学的视角从国家利益导向、生产力与生产关系、知识结构三个方面对全球价值链做出了新的理论解释，揭露了资本主义发达国家的伪善和资本主义世界体系的不平等，指出需要重新认识全球价值链，并构建有利于发展中国家的更加公平的新型全球价值链。张二震等（2020）认为，全球价值链的利益分配存在失衡，只有实现更加公平的利益分配才能够实现真正的经济增长，并且阐述了全球价值链实现共赢的重要性。

以上研究为探讨各个国家在现代国际分工中如何分配国际收益提供了良好的视角，也为本书将国际分工与全球价值链理论紧密联系起来提供了借鉴。本书试图将微观分析和宏观把握相结合，以分析现代国际分工为出发点，把全球价值链研究和对发达国家、发展中国家的经济史、政策史的考察结合在一起，论述国家间分工模式和利益分配机制的演变过程以及中国在其中的地位和受到的影响，力求对国际政治经济环境的演化动力做出更有效的解释。

第二章　投资与国际分工

第一节　国际投资的起源与发展

国际投资的缘起与发展与国际分工的演变密切相关。由于不同时期制定投资规则的目标不尽相同，其规则演变大概分为四个阶段，不同阶段投资的内涵、外延，投资规则发展的外部环境和内在机制都存在巨大差异。

第一个阶段从18世纪开始持续到20世纪初，资本主义的巨大发展和世界殖民体系的形成推动了第一次经济全球化。从结构上看，宗主国—殖民地贸易是第一次全球化的主要推动力，国际贸易的绝大部分属于部门间贸易，主要是初级产品和工业制成品的交换。由于殖民体系和军事统治的存在，殖民地完全受控于宗主国，宗主国不需要规则和协定来保护它们自己在殖民地的经济利益，这一时期的投资规则主要存在于宗主国之间。

美国作为较早脱离殖民统治的国家之一，在经济上需要尽快打开海外市场，扩大本国的国际贸易，融入经济全球化，在政治上寻求欧洲大国的支持和认可，因而推动了以建立双边经贸关系为目标的一系列“友好通商航海协定”（Coyle，2013）。美国在18世纪签署的通商友好协定包括《美法友好通商协定》（1782）、《美国—荷兰友好通商协定》（1782）、《美国—瑞典友好通商协定》（1783）、《美国—普鲁士友好通商协定》（1785）、《美国—摩洛哥和平友好条约》（1785）、《美国—英国友好通商航海协定》(1794)等。美国所发起的“友好通商航海协定”(TFCN)成为保护贸易、投资等经济利益的早期规则,提升国际地位以及扩大对外贸易是美国制定此类协定的出发点。在以宗主国—殖民地为主体的全球化阶段,由于投资尚未成为一个显著的经济活动,TFCN 的核心是保护缔约国在对方国家的财产和经济利益(Vandevelde,2005)。

以 TFCN 为代表的规则体系在内容上涵盖了包括贸易和投资保护、最惠国待遇、国民待遇、关税征收等在内的一系列条款,但由于协定的非强制性特点,在保护各国海外经济利益方面并不具有强制约束力,因而发挥的作用有限,设定 TFCN 的主要目标仍是在国家之间建立经贸联系。所以,当 TFCN 无法实现其目标时,资本主义国家通常会采用外交手段或是军事手段来实现对财产和贸易的保护。随着全球范围内殖民主义的推进,部分友好通商协定演变为资本主义国家和半殖民地国家之间的不平等条约,包括日本与美国签订的《日美友好通商协定》(1858)、日本与欧洲国家签订的“安政五约”、中国与欧美列强签订的通商协定等,这些协定在港口开放、关税税率、关税制定权、商品和货币流通、治外法权等领域形成了事实上的不平等,完全偏离了 TFCN 保护缔约国经济利益的初衷,成为资本主义国家压榨殖民地的一种手段。

从 20 世纪初到冷战结束为投资规则构建的第二阶段。受到两次世界大战以及冷战的负面影响,资本主义阵营和社会主义阵营的分割严重阻碍了经济全球化的有效推进。对于投资规则的探索和制定虽未停止但进展缓慢。一方面,亚非拉国家迎来了民族独立的浪潮,新成立的民族国家不仅大量没收了原宗主国的投资和产业,殖民地的历史使其对于新的外来投资是否会演变为新的殖民主义存在担忧。以拉美为代表的发展中国家开始执行进口替代战略发展它们自己的工业体系,试图摆脱对资本主义国家的依赖,依靠本国资源而不是外来投资发展经济,这种存在于亚非拉国家的普遍的产业政策进一步延缓了全球资本的流动速度。

另一方面,冷战所造成的两大阵营使得世界经济被人为分割,两大阵营的经济发展理念、发展道路和发展制度相互独立，不断压缩国际经济交流和经济全球化的空间。更为重要的是，急需发展资金和技术的发展中社会主义国家由于计划经济和意识形态的原因而设置了大量不利于投资的政策条款。因而，从全球层面来看，由于对外来投资的恐惧心理和经济发展理念的局限，全球范围内投资规模的增长受到较大影响。

与全球范围内的资本流通受限不同，第二次世界大战以后发达国家内部开始了大规模的以援助、技术转移等形式为主的投资行为，发达国家率先开始了对贸易和投资规则的积极探索。首先，打破贸易保护主义、实现经济复苏和自由贸易的共识推动了《关税及贸易总协定》（GATT）的签署并开启了削减关税和其他贸易壁垒的全球性谈判。在经历了两次世界大战的消耗以及长期贸易保护主义对经济的破坏之后，美国为了巩固其自身战后的发展果实，主导国际规则的制定权，在联合国和其他发达国家共同呼吁进行世界范围内的关税减让谈判，以促进国际贸易和恢复经济发展，并提交了《国际贸易组织宪章》（又名《哈瓦那宪章》）草案。然而，由于法案涉及的内容空前广泛、法律议题空前复杂，包括美国在内的各国国内政府对相关条款的设置存在巨大争议，最终导致宪章流产。

初步的失败并没有阻止美国推动缔结新的贸易协定的努力，在经过多轮谈判之后，美国等 23 个国家于 1947 年 10 月 30 日在日内瓦签订了《关税及贸易总协定》，并通过《临时议定书》的签署来延长关贸总协定的有效期，直到 1994 年世界贸易组织（WTO）正式成立。尽管在《国际贸易组织宪章》中对于投资规则有所涉及，但是由于该宪章的终止以及随后关贸总协定七轮谈判的忽视，投资规则在多边框架下的构建异常缓慢，直到关贸总协定的乌拉圭回合，投资规则才被纳入谈判议程（Jurgen，2002）。

其次，发达国家出于保护其自身在发展中国家的经济利益之需，大力推动了双边投资协定（BIT）的发展。前文指出，刚刚走出民族独立浪潮的亚非拉国家普遍对西方资本抱有敌意，与此同时，发达国家也对处于解放运动中的民族国家有一种天然的恐惧，因为这些国家在独立初期经常性地动用国家权力在不给予补偿的前提下将外国投资收归国有或直接没收。为了应对这种威胁，发达国家倡导并推动了一系列的双边投资协定。德国由于在两次世界大战之后失去了大量的海外投资，对于政治风险尤为重视，成为第一个签署双边投资协定的发达资本主义国家。1959 年，德国率先与巴基斯坦和多米尼加共和国签订了双边投资协定。

随后，越来越多的资本主义发达国家开始与发展中国家签署双边投资协定以保护它们自己的海外利益，包括法国—乍得（1960）、瑞士—突尼斯（1961）、荷兰—突尼斯（1963）、意大利—几内亚（1964）、瑞典—科特迪瓦（1965）、丹麦—马达加斯加（1965）、挪威—马达加斯加（1966）、英国—埃及（1975）、奥地利—罗马尼亚（1976）、日本—埃及（1977）等双边投资协定均在这一时期签署（Vandevelde，2005）。这一时期，发达国家通常是双边投资协定的主要起草方，发达国家和发展中国家是双边投资协定的主要缔约方。显然，由于发展中国家的经济实力根本无法进行对外投资，双边投资协定的签署仍然以保护发达国家利益为主。投资规则的构建在双边层次获得了巨大的进展。

不少学者对发达国家向发展中国家的投资进行了研究，Vernon（1966）用产品生命周期理论解释了企业对外直接投资过程中的梯度转移和国际分工的关系，认为当产品进入标准化阶段时，发展中国家的低成本优势成为投资的最佳区位。小岛清（2003）用比较优势投资理论解释了发达国家与发展中国家以垂直分工为基础的投资，显示出发达国家在国际分工中的优势地位。这一时期实践和理论的不断发展为 20 世纪末的国际投资大爆发奠定了基础。

从 20 世纪 90 年代初至 2008 年金融危机爆发是国际投资规则构建的第三个阶段，其背景是跨国公司国际投资活动的频繁、信息技术革命以及经济全球化的飞速发展，多边投资协定在这一时期迎来重大突破。随着冷战的结束以及世界贸易组织的成立，全球经济发展的枷锁被打开，WTO 所倡导的自由贸易使国际分工的成本和风险不断降低，不同经济体依托其自身的要素禀赋参与全球化，各国开放程度的加大为生产和服务外包以及外国直接投资提供了良好的制度环境以及便利的政策条件。信息技术革命加速了国际分工的深化和广化，成为经济全球化的强心剂，跨国公司成为新一轮全球化的主角，产业和企业内贸易成为新的贸易形式。从产业间到产业内，从产品间到产品内，从国家间到企业内，这三大转变反映了国际分工越来越深化也越来越复杂的全新格局，对外直接投资的迅速增长成为全球价值链发展的重要推动力。

来自发达国家的跨国公司作为全球化以及全球价值链的主导力量，对于在全球范围内降低投资壁垒、增强在东道国的投资保护以及加大对投资的政策支持产生了强大的需求。由于全球范围内投资金额和投资种类的整体攀升以及由此导致的企业间、企业与国家间的摩擦与纠纷增多，客观上要求各国政府在投资规则的制定上达成共识。以关贸总协定（世界贸易组织）为基础的贸易投资谈判在经过数十年的努力之后结出硕果，WTO 成员签署了多个全球性的、具有划时代意义的多边贸易投资协定，或者将新的投资条款加入现有贸易协定中。

从数量上看，这一时期投资规则的构建处于高度活跃的状态，在 20 世纪 90 年代中期达到顶峰；从形态上看，多边投资协定、区域投资协定、双边投资协定以及涵盖投资规则的协定都实现了较大发展。1996 年投资协定以及包括投资规则的协定签署数量超过 220 个，直至今日，该年度的记录仍未被打破，凸显了各国对投资的需求极为旺盛。投资协定通常包含直接投资的定义、直接投资准入条件、东道国给予直接投资的待遇以及投资者与东道国争端解决机制等内容，这些内容为直接投资进入东道国提供了便利和自由。投资规则保障的主体也由传统的国家转变为保护跨国公司在东道国的经济利益。投资规则的构建与关税壁垒的降低相辅相成，分别从投资和贸易两个方向共同推动着经济全球化的巨大发展。

从金融危机爆发至今是国际投资规则构建的第四阶段。2008 年既是金融危机爆发之年，也是国际投资规则发展的重要转折点。多哈回合作为世界贸易组织于 2001 年发起的新一轮多边贸易谈判，在经历了 6

个回合谈判之后于2008年宣告失败。与此同时，金融危机在世界范围内的爆发对全球贸易和投资造成严重打击，进一步迟滞了多边贸易和投资规则的构建。自关贸总协定签署以来的半个世纪里，欧美发达国家在全球贸易和投资自由化的过程中一直扮演着领导者角色，特别是不遗余力地推动多边框架下的规则构建并从中获益。然而，从2008年开始，美国的国际贸易政策开始转向，作为关贸总协定（WTO）的主要缔造者、领导者和推动者，美国的政策转向对多边框架下的贸易和投资规则发展产生了极为负面的影响。

由于以WTO为基础的多边框架迟迟无法取得进展，早在2004年，美国就制定了双边投资协定范本，希望利用美国的大国优势和高标准从双边入手在投资规则构建上占据先机。随后，美国贸易政策的重点开始从多边转向区域和双边层次，奥巴马执政时期开启的《跨太平洋伙伴关系协定》（TPP）和《跨大西洋贸易与投资伙伴协议》（TTIP）是这种转型的开始。2012年，美国进一步提高标准，更新了双边投资协定的范本，为在全球范围内引领下一阶段的投资规则奠定基础。

特朗普当选总统以后不仅退出奥巴马政府倾全力打造的TPP协定，而且在随后的对外贸易政策中公然违背WTO原则，肆无忌惮地推崇贸易保护主义，通过加征关税迫使多个贸易伙伴重新进入双边贸易谈判或区域自贸协定谈判，将保守主义贸易政策推向极端。

特朗普政府对待多边框架的消极态度并非在特朗普时期形成的，而是之前贸易政策的延续。美国对待多边主义的态度变化除了多边框架效率低下以外，更为重要的原因是在现有规则下，发达国家受益面越来越窄，发展中国家则利用多边规则获得越来越大的发展，甚至实现了群体性崛起，这是美国所不愿看到的。美国所关注的汇率、政府采购、投资准入壁垒、电子商务、国有企业等因素在当前的多边规则体系中严重缺失，而这些恰恰是发展中国家在当前发展阶段无法处理和适应的规则。在双边或区域规则的制定中，美国可以利用超级大国的地位和压倒性的综合实力在谈判中获得优势，甚至逼迫谈判对手遵守有利于它们自己的规则，这同样是美国贸易政策转向的出发点。

美国并不是在多边框架外寻找新路径的唯一国家，只是由于其霸权地位对 WTO 的负面影响更大。同一时期，包括欧洲、亚洲在内的发达国家、发展中国家在不放弃多边框架的同时也在积极推动签署新的区域贸易投资协定或者双边贸易投资协定，影响较大的包括东盟与周边国家签署的自贸协定，东盟主导的区域全面经济伙伴关系协定（RCEP），中国与发展中国家和发达国家签署的自贸协定，日欧自贸协定，重新谈判的美韩、美日、美加墨自贸协定，等等。但从趋势来看，投资协定的签署数量处于稳步下降的阶段。根据《世界投资报告（2022）》中的数据，自 2008 年以来，外国直接投资增长乏力，扣除税收改革、巨额交易和不稳定的资金流动等一次性因素，全球范围内的对外直接投资一直徘徊在 1.5 万亿美元左右（2008—2022 年），与 20 世纪 90 年代 20% 的年均增长率形成强烈反差（UNCTAD，2022）。

由于多哈回合谈判的停滞，现有的多边投资协定多数源于关贸总协定在 20 世纪 90 年代取得的成果。从国际投资规则的发展历程来看，关贸总协定谈判早期将投资规则的构建和贸易规则的构建视为一个整体，二者没有被做出严格的区分。对投资的保护更多地指向对海外财产，包括企业财产和公民财产的保护，鲜有涉及对海外企业经营的讨论。此外，在最惠国待遇和国民待遇的给予方面，这一时期的投资和贸易同样联系紧密，不可分割。随着经济全球化的推进，特别是外商直接投资的规模日趋庞大，国际社会对细化投资和贸易条款的呼声越来越高，这是应对越来越复杂的国际投资和国际贸易问题的必然要求。发达国家由于其自身在经济实力上的压倒性优势，在推动规则构建过程中始终将其自身的利益诉求放在首位，跨国公司是全球化时代发达国家最重要的利益代言人，引导规则向有利于跨国公司的方向发展成为发达国家在规则构建过程中的首要目标。

以 GATT（WTO）为基础发展出三个具有全球影响力的多边投资规则体系，包括《与贸易有关的投资措施协议》（TRIMs）、《服务贸易总协定》（GATS）及《与贸易有关的知识产权协定》（TRIPs）。在此之前，国际组织已经就投资相关的核心问题进行了大量探索，由于跨国公司不断增加的生产外包和对外直接投资成为国际经济活动中的显著现象，跨国公司始终是围绕投资进行讨论的核心，国际社会形成的文件和共识包括：世界银行于 1965 年制定的《东道国与其他国家国民之间投资争议解决公约》、经济发展与合作组织于 1976 年公布的《关于国际投资和跨国公司宣言》、联合国经社理事会于 20 世纪 80 年代拟定的《联合国跨国公司行为守则（草案）》、世界银行与国际货币基金组织于 1992 年共同发布的《关于外国直接投资的待遇准则》等，这些文件和共识更多地作为一种指导原则而存在，与之不同的是，TRIMs、GATS 和 TRIPs 在其诞生之初就具有严格的法律效力和强约束力。

《与贸易有关的投资措施协议》是关贸总协定乌拉圭回合的重要成果，是国际社会制定和实施的第一个具有全球性约束力的国际直接投资协定（卢进勇，1997）。TRIMs 内容涵盖范围、国民待遇和数量限制、例外、发展中成员、通知和过渡性安排、透明性要求、TRIMs 委员会、咨询和争端解决以及货物贸易委员会审核九项措施，其初衷是禁止与 GATT（1994）基本规定相违背的贸易相关的投资措施（刘辉群和卢进勇，2016）。

该协议的核心内容包括：

（1）规定 TRIMs 仅适用于与货物贸易有关的投资措施。

（2）考虑到发展中国家和经济体在贸易和投资方面的实际情况和特殊要求，发展中国家和经济体可以享受的特殊优惠包括暂时背离国民待遇和取消数量限制原则，但这种背离应符合 GATT（1994）第 18 条的规定，即主要是为了外汇收支的平衡和国内幼稚产业的发展等。

（3）WTO 成员应在协议生效后 90 天内向该组织报告，报告内容包括协议成员向货物贸易理事会通告该成员正在实施的与该协议不相符的所有与贸易有关的投资措施。

（4）除必须遵守 GATT（1994）第 10 条“贸易条例的公布和实施”以及分别于 1979 年和 1994 年通过的《关于通知、磋商、争端解决与监督》和《关于通知程序的部长决定》以外，每个成员都应向 WTO 秘书处通告可以找到与贸易有关投资措施的出版物。

（5）建立 TRIMs 委员会，执行货物贸易理事会分配的任务，并向成员提供与 TRIMs 的运行和执行有关的任何问题的咨询服务，同时监督 TRIMs 的运行和执行情况，并每年向货物贸易理事会报告相关情况。

（6）关于磋商和争端解决，GATT（1994）第 22 条和第 23 条争议解决的程序与规则适用于 TRIMs 项下的协商与争议解决。

（7）在《建立世界贸易组织协议》生效 5 年内，货物贸易理事会将对 TRIMs 的实施情况进行检查，并视具体情况提出修改建议，同时考虑该协议是否需要补充有关投资政策和竞争政策方面的规定，货物贸易委员会负责监测各成员方履行承诺的情况，为协议缔约方提供咨询服务。

TRIMs 作为国际范围内正式实施的多边协议，尽管还有不完善之处，但是它极大地拓展了多边贸易协定的管辖范围，将与贸易有关的投资措施融入了多边协定之中。正因为具有 TRIMs 形成的强力约束体系，东道国才能放松管制，增加政策法规的透明度，并通过不断改善制度环境和政策环境吸引更多更高质量的投资。TRIMs 所推动的跨国投资的不断攀升是推动现代国际分工和经济全球化的重要力量。有了投资协定的保驾护航，跨国公司的 FDI 能够更加快速、准确、合法地进入东道国，对于跨国公司的扩张和发展极为重要。

《服务贸易总协定》是关贸总协定乌拉圭回合谈判达成的首个关于服务贸易和投资的国际协定。GATS 的推动与发达国家的产业转型密切相关。随着发达国家的跨国公司将劳动密集型制造业逐渐转移到发展中国家，其经济发展的重心开始由制造业转向服务业，服务业对于发达经济体的贡献越来越大。在新冠疫情暴发前的十年时间里（2010—2019），全球服务贸易额年均名义增长 4.8%，是同期货物贸易增速的 2 倍；服务贸易占贸易总额的比重从 20.3% 提高到 23.8%，按照增值贸易统计核算方法，服务贸易已占全球贸易量的 50% 以上，成为全球价值链的“半边天”。由于发达国家在服务业，特别是高端服务业上的绝对优势，服务贸易成为发达国家新的经济增长点，拓展服务贸易和加强服务业的海外投资成为其构建投资规则的新重点。服务贸易涉及部门众多、贸易模式复杂多样，发达国家需要通过法律协定的方式来保障其服务出口以及服务领域的投资。

GATS 在序言中明确了其宗旨，包括在有透明度和逐步贸易自由化条件下扩大服务贸易，促进所有贸易伙伴和发展中成员经济增长和发展；在适当考虑国内政策目标的同时，通过连续不断的多边谈判，促使各成员方在互利基础上获益，并保证权利和义务的全面平衡，将服务贸易自由化推向更高水平；成员方为了符合其国内政策的目标，有权对其境内提供的服务制定和实施新规定，考虑到不同成员发展程度不同，发展中成员可以根据特殊需要实施该项权利；促进发展中成员更多地参与国际服务贸易和扩大服务贸易出口，尤其要提高它们国内服务的能力、效率和竞争力；鉴于不发达成员特殊的经济状况及其在发展贸易和财政上的需要，对其严重的困难应给予特殊考虑。

GATS 的核心内容包括协定条款、部门协议、各成员的市场准入承诺清单三大部分。根据 GATS 的要求，市场准入和国民待遇是 WTO 成员对服务贸易市场开放的承诺，各成员在 GATS 承诺表中按照所有行业和分部门两种方式进行市场开放承诺。在所有行业的水平承诺部分，各成员对不同模式的服务贸易给出总体承诺；在分部门承诺部分，各成员方针对特定的行业领域，对四种服务贸易模式在最惠国待遇和国民待遇两个领域给出承诺。

具体到投资领域，GATS 把以商业存在方式完成的服务贸易定义为服务业的外国直接投资。GATS 关于投资的具体要求为，在其承担市场准入义务的服务部门中，成员方不得采用和维持下列措施，除非在承诺单中列明：

（1）数量限制，即成员方采用数量配额、垄断和专营方式，或要求以计算经济需求的方式限制服务提供者的数量、服务交易或资产的总额、服务的总产出量，以及某一服务部门或服务提供者为提供某一特定服务而需要雇佣自然人的总数。

（2）对法律实体进行的限制，即成员方不得规定服务提供者需要通过特定的法人实体或合营企业才可提供服务。

（3）对外资份额的限制，即成员方不得对参股的外国资本限定最高股权比例，或对个别的或累计的外国资本投资总额进行限制。

GATS 作为服务领域的重要多边协定，对推动服务贸易的发展和投资发挥了重要作用。但是 GATS 尚未完成预定的谈判任务，特别是涉及国内规制等议题上的分歧使得 GATS 谈判陷入停滞，深刻地反映了服务贸易自由化与国家相关产业政策和法律法规的矛盾。GATS 一直致力于降低国内法律法规对服务贸易自由化的负面影响，但是这必然涉及国际法和国内法的边界以及对成员方的主权干涉（王衡和柯杨，2012）。因此，GATS 对国内规制议题的设置引发了关于投资母国和东道国在国内国外法律冲突、企业权力和国家权力的竞争等方面的激烈争论，直至多哈回合谈判，GATS 依然没有在国内规制议题上实现突破。

《与贸易有关的知识产权协定》（TRIPs）是关贸总协定乌拉圭回合谈判中达成的有关知识产权保护的重要协议。TRIPs 的产生与发达国家巩固技术优势、牢固技术壁垒、激励技术创新密切相关。20 世纪末科技进步所引发的信息通信技术（ICT）革命对经济全球化产生了重大影响。美国作为 ICT 革命的发源地诞生了一大批领先全球的高科技跨国公司。ICT 产业的发展包含了现代国际分工的所有典型特征。

美欧日等在分工链条上生产高附加值的 ICT 产品的核心零部件，以芯片、精密仪器、高级材料等为主的高科技零部件以中间产品形式进入全球贸易体系。发展中国家通过进口包括核心零部件在内的中间产品融入国际分工，并通过来料加工和组装完成最终产品生产，最后再出口到世界各地。外包和对外直接投资的普及，加上 ICT 产品的模块化特征，极大地促进了分工的深化和全球价值链的延伸。然而，落后国家在进口或者组装的过程中为了得到先进技术以及获取高附加值的生产环节，会对零部件进行模仿或者通过反向工程进行仿制。刚刚独立的美国、战后的韩国和日本，都曾经通过此种方式推动它们自己的工业化。

在 TRIPs 之前，这种仿制或者“山寨”其实是落后国家发展工业、提高技术水平的重要手段，但同时也伤害了先进国家以及技术持有者的经济利益和创新热情。高科技公司和发达国家为了巩固其技术优势，维持高额的技术垄断利润，不遗余力地推动 TRIPs 的落地，以应对贸易和投资过程中日益频繁的知识产权摩擦，保护知识产权、更有效地解决知识产权争端。

TRIPs 是迄今为止国际社会关于知识产权保护的参加方最多、保护范围最全面、保护水准最高的国际协定。TRIPs 总计包括八个部分（包括序言），73 个条款，其宗旨是加强知识产权的国际保护，减少国际贸易的扭曲和障碍，促进国际经济和贸易的发展。知识产权的定义包括著作权及其相关权利、商标、地理标记、工业品外观设计、专利、集成电路布图设计、对未公开信息的保权和对许可合同中限制竞争行为的控制八个类别。

该协定的主要特点有：

（1）内容涉及广泛，几乎涵盖了知识产权的各个领域。

（2）保护水平远超现有国际公约关于保护知识产权的条款。

（3）将 WTO 中关于有形商品贸易的原则和规定延伸到对知识产权的保护。

（4）完善知识产权执法程序，严格知识产权保护措施。

（5）将履行协议保护知识产权和贸易制裁相结合，完善争端解决机制。

（6）设置了“与贸易有关的知识产权理事会”，作为常设机构监督协定的实施。

TRIPs 对于发达国家和发展中国家的技术发展有着不同的现实意义。对于发达国家而言，TRIPs 有力地保护了本国高科技公司的技术创新成果，通过国际贸易获取了高额利润，并且通过法律筑起了一道知识产权的长城，使得竞争对手无法逾越。对于处在技术追赶阶段的落后国家而言，TRIPs 无异于一个紧箍咒，使其在发展过程中处处受限。以ICT 产品为例，通常建立在一个成熟的技术标准和技术架构之上，发达国家的企业在经历了长达数十年的研发和积累之后形成了近乎垄断的技术优势，落后国家除了高价购买产品或者付出高额的专利使用费来使用相关技术外别无他法，这大大提高了落后国家获得技术的成本。对缺少资金购买高端技术的国家而言，只能使用被淘汰的落后技术，严重损害了发展中国家的发展权。由于 TRIPs 对知识产权的严格保护，美国通过非常规手段引进英国技术工人以及日本和韩国曾经通过逆向工程实现技术发展的时代一去不复返，发展中国家的自主创新之路变得异常艰难。

在华为等中国企业严格遵守知识产权保护相关法律规定的前提下，美国对华科技封锁的力度一次强过一次。从 2019 年到 2023 年，美国商务部工业和安全局（BIS）将包括华为、中兴、海康威视、大华科技、中国电子科技集团公司、上海微电子、北京航天微系统研究所、北京中科三环、中国科学院物理研究所等在内的中国高技术企业列入实体名单，从列入原因来看，不仅包括违反美国对伊朗和朝鲜的制裁规定、侵犯人权等明显的“长臂管辖”，还有“涉及军事应用和国家安全问题”等子虚乌有的借口，没有一项是对这些企业侵犯知识产权的指控。美国强力介入发展中国家技术经济发展的做法表明，当知识产权保护的相关法律法规无法阻止中国的科技进步时，美国将“掀翻桌子”，赤裸裸地进行技术霸凌。欧美日等推动的知识产权保护虽然在激励创新上发挥了正面效用，但从国家层次来看，更多的是维护发达国家技术领先企业的利益，从而巩固其自身的分工地位。

第二节　区域国际投资规则的最新进展

由于多边体系的投资规则谈判在 WTO 多哈回合之后陷入停滞，世界各地区和国家集团开始在区域层次尝试展开投资协定的磋商和谈判。区域国际投资规则的构建近年来发生了较大变化。20 世纪 90 年代末，经济合作与发展组织主导的《多边投资协定》（MAI）胎死腹中、《跨太平洋伙伴关系协定》（TPP）由于美国的退出而宣告失败，《跨大西洋贸易与投资伙伴协议》（TTIP）、《国际服务贸易协定》（TiSA）或处于艰难的谈判当中，或陷入停滞。尽管不少协定都设定了谈判时间表，但是多数协定难以按期完成。2018 年，取代《北美自贸协定》（NAFTA）的《美国—墨西哥—加拿大协定》（USMCA）以及美国退出 TPP 后由其他 11 国达成的《全面与进步跨太平洋伙伴关系协定》（CPTPP）完成最终谈判并由缔约国政府批准。相较于 2021 年生效的《区域全面经济伙伴关系协定》（RCEP），由于 CPTPP 和 USMCA 达成的区域国际投资协定均包括发达国家和发展中国家，条款涉及范围广泛，设定标准较高，对条款的规定翔实而充分，这两个协定所达成的共识对未来的投资规则构建有着重要的参考意义和指导意义，是理清投资规则发展趋势的重要样板。

一 TPP：CPTPP 与 USMCA 的重要建构基础

无论是 CPTPP 还是 USMCA，整个谈判所花费的时间与以往的贸易投资协定相比极为短暂。从 2017 年 11 月 11 日 CPTPP 提出到 2018 年 12 月 30 日该协定正式生效，仅仅经过了不到 14 个月的时间。从 2017 年 1 月 22 日特朗普宣布重新谈判《北美自贸协定》（NAFTA）到 2018 年 12 月 4 日美、加、墨三国领导人正式签署 USMCA 也经历了不到 2 年的时间。这两个协定能如此快地达成共识与其建构基础的关系密切。CPTPP 由除美国以外的 11 个原 TPP 成员构成，TPP 从 2008 年美国确认参与到 2016 年 12 个国家在奥克兰签署协定已经经历了 8 年 19 轮的谈判，而 CPTPP 保留了超过 95% 的 TPP 条款。因而，CPTPP 的产生是建立在 TPP 长期而艰苦的谈判基础上的。USMCA，则是对 NAFTA 条款的修订与增加，是参考 TPP 条款的 NAFTA 升级版，在条框设置上有三分之二的章节与 TPP 重合（王学东，2019）。

CPTPP 被誉为 21 世纪的高标准自由贸易协定，同包括 RCEP 在内的其他贸易协定相比，其进入门槛更高。CPTPP 源于美国前总统奥巴马执政时期提出的跨太平洋伙伴关系（TPP），是美国“转向亚洲”战略的经济部分，包括美国、澳大利亚、文莱、加拿大、智利、日本、马来西亚、墨西哥、新西兰、秘鲁、新加坡、越南共 12 个国家，试图在亚太地区与中国日益强大的经济影响力展开竞争。TPP 的主要任务是消除成员国之间的贸易壁垒，包括关税、配额和其他形式的贸易保护主义。然而，2017 年特朗普当选美国总统后退出了 TPP，该协议从未生效。

在条款的内容上，已经被放弃的 TPP 是 CPTPP 和 USMCA 的重要来源和建构基础。在 TPP 协定的最终文本中，与投资相关的内容主要集中在“投资”（第九章）当中，此外，“金融服务”（第十一章）、“电子商务”（第十四章）、“劳工”（第十九章）、“环境”（第二十章）、“透明度与反腐败”（第二十六章）、“争端解决”（第二十八章）、“例外”（第二十九章）也包括投资规则相关的条款。①

投资（第九章）约定，TPP 缔约方拟定的规则要求以非歧视投资政策与保护为法律保护的基本规则，同时保障各缔约方政府实现合法公共政策目标的能力。TPP 包含了其他投资相关协定提供的基本保护内容，包括国民待遇，最惠国待遇，保证投资相关资金自由转移，禁止本地化构成以及技术本地化要求等实绩要求，禁止非公共目的、无正当程序、无补偿的征收，任命高管不受国籍限制，符合国际法原则的最低待遇标准，同时允许各缔约方政府保留管理脆弱资金流动的灵活性，包括在面临国际收支危机或其他经济危机时，通过非歧视的临时保障措施（譬如资本控制）限制与投资相关的资金转移，维持金融体系的完整性和稳定性，等等。

TPP 各方采用“负面清单”模式，意味着除个别条款规定外，市

① TPP 原文详见 https：//ustr. gov/trade-agreements/free-trade-agreements/trans-pacific-partnership/tpp-full-text。

场将对外资全面开放。不符措施包括两个附件：一个是确保现有措施不再扩大，且未来自由化措施应是具有约束力的；另一个是保留在未来具备完全自由裁量权的政策措施。

TPP 为投资争端解决提供了透明且中立的仲裁机制，同时在相关条款的约束下防止这一机制被滥用，确保政府出于健康、安全和环境保护等目的进行立法的权利。程序性的保护措施包括：非争端方意见书，提出诉求的时效，透明的仲裁程序，TPP 缔约方之间有约束力的共同解释，禁止起诉方启动平行诉讼程序，无理滥诉快速审理和可要求赔偿的律师费，法律之友意见书以及临时裁决的审议程序等。

关于金融服务（第十一章）方面约定，TPP 为各缔约方提供了重要的跨境投资市场准入机会，同时也确保了各缔约方监管本国金融市场和金融机构，以及在危机时期采取紧急措施的能力。缔约方在金融领域的核心义务还有市场准入、最惠国待遇、国民待遇以及包括最低标准待遇在内的条款。

关于电子商务（第十四章）方面约定，TPP 缔约方承诺，将在确保保护个人信息等合法公共政策目标得到实现的前提下，保障全球信息和数据自由流动以发展数字经济。缔约方也赞同，不将设立数据中心作为允许 TPP 缔约方企业进入市场的前提条件，也不要求转让或获取缔约方企业的软件源代码。禁止对电子传输征收关税，禁止缔约方以歧视性措施或直接阻止的方式支持本国相关产品供应商或生产商。

关于劳工（第十九章）方面约定，所有 TPP 缔约方均为国际劳工组织成员，并认识到推动国际认可的劳工权利的重要性。各方同意在各自法律和实践中采取或维持国际劳工组织 1998 年宣言所承认的核心劳工权利，即结社自由和集体谈判权，消除强迫劳动，废除童工，禁止最恶劣形式的童工劳动，消除就业歧视。各方同意由法律监管最低工资、工时以及职业健康和安全。这些共识同样适用于出口加工区。12 个缔约方同意不为吸引贸易或投资而减损基本劳工权利法律的实施，不会持续性或经常性地怠于实施劳动法，从而影响缔约方间的贸易投资。

关于环境（第二十章）方面约定，TPP 缔约方郑重承诺保护环境，包括共同应对环境挑战，譬如污染、野生动植物非法交易、非法采伐、非法捕捞和海洋环境保护。各方同意有效实施各自环境法，不为了鼓励贸易或投资而削弱环境法。各方还同意履行《濒危野生动植物国际贸易公约》，采取行动打击野生动植物非法贸易并开展合作。

关于透明度与反腐败（第二十六章）方面约定，各缔约方需保证其与 TPP 覆盖事项相关的法律、法规、行政裁定均公开可得，且在可能的范围内，就可能影响缔约方之间贸易或投资的法规进行通报并允许评论。各缔约方同意确保 TPP 利益攸关方在相关行政审查中的正当程序权利，包括通过中立的司法或行政法庭或程序进行及时审议。各方还同意通过或者保持相关法律，对公职人员提供或诱惑以不当优势，以及其他影响国际贸易或投资的腐败行为追究刑事责任。

关于争端解决（第二十八章）方面约定，TPP 缔约方将尽最大努力通过合作、磋商解决争端，在合适的情况下，也鼓励使用替代性争端解决机制。当上述方法均不可行时，TPP 缔约方将通过中立的、无偏见的专家组解决争端。除几项特定例外，本章所设立的争端解决机制适用于 TPP 相关的所有争议。

关于例外（第二十九章）方面约定，所有 TPP 缔约方具有监管公共利益的自主权，包括缔约方核心的安全利益和其他公共福利。一缔约方可采取任何其认为必要的措施，保护其核心安全利益。本章还界定了一缔约方对协定覆盖的投资可采取临时保障措施（如资本控制）限制资本转移的情形和条件，如出资、利息或特许使用费支付、合同项下支付、利润转移和分红等，以确保政府在应对经济危机或相关风险时保留一定的灵活性，管理可能急剧波动的资本流。

总结以上条款，TPP 在投资规则的构建上显示出了巨大的突破。第一，投资自由化程度明显提升，“准入前国民待遇 + 负面清单”成为外资管理的基本标准。涉及的内容广泛而深刻，是一个旨在破除贸易、投资、数据、服务等综合性障碍的战略性举措。第二，细化对投资者的利益保护，完善“投资者—国家争端解决机制”（ISDS）的功能和作用，特别强调投资者在资金转移上的合法性、自主性以及通过中立、透明的国际仲裁机制解决投资争端的必要性。第三，强调可持续发展的重要性以及投资的社会影响，具体包括在环境保护、劳工保护、物种保护、透明度和反腐败领域明确权责关系，在保护投资者的同时明确东道国和投资者的双向责任。第四，明确新兴产业投资的保护和开放原则，制定数据存储限制、数据自由流动、数据跨境传输、电子商务准入等与投资相关的条款，确保 TPP 满足数字经济发展的要求。

致力于设定 21 世纪贸易投资高标准的 TPP 最终因为美国的国内政治因素而退出历史舞台，但是其在众多领域的开拓性贡献为后续的区域自贸协定谈判提供了蓝图和路线图，在投资规则的构建过程中继续发挥着作用。CPTPP 和 USMCA 作为 TPP 之后重要的两大区域自贸协定，既汲取了 TPP 的精华，相关缔约国也对 TPP 的部分条款进行了重新审视和扬弃，从而使当前的规则更加符合缔约方的现实需要。

二 《全面与进步跨太平洋伙伴关系协定》（CPTPP）中投资规则的变化与发展

CPTPP 的诞生符合原 TPP 成员国的利益。从 2013 年 9 月到 2015 年 9 月，美国、澳大利亚、文莱、加拿大、智利、日本、马来西亚、墨西哥、新西兰、秘鲁、新加坡、越南共 12 个国家先后举行了 20 余次首席谈判代表会议和部长级会议，各国在加入 TPP 的过程中都投入了大量的时间和精力，特别是一些国家为了满足 TPP 的高标准要求实施了一系列内部改革措施。美国毅然退出 TPP 的决定让其他国家感到非常失望和不甘。其中，日本和新西兰两国不断在原 TPP 成员国之间斡旋，积极推动在 TPP 基础上建立新的协定。在经过了 3 年的努力之后，2018 年 3 月 8 日，除美国之外的 11 个原 TPP 成员国共同签署了 CPTPP，是年底该协定正式生效。

CPTPP对TPP实现了较大程度的继承，同时也对部分条款进行了冻结。在投资规则领域主要表现为搁置了“特定国家的例外”“投资仲裁”“投资协定的定义”三个条款，这些多是由美国提出且存在较大争议的条款，是TPP谈判最后阶段一些国家为了进入美国市场而做出的妥协，也体现了相关国家的政策目标。冻结的投资相关条款主要包括以下方面：

对“特定国家的例外”条款的冻结。TPP在附加条款第九节中，给予秘鲁和其他缔约方签订“稳定协定”的特殊权利，为缔约方的投资者提供了额外优惠；给予墨西哥国内法优先于国际仲裁规则的特殊权利；给予加拿大对特定实体进行单独规定的特殊权利。

对“投资仲裁”的冻结。TPP在第九章第十八节规定了提交仲裁申请的条件，包括申诉方和应诉方在仲裁过程中的权利和义务；第二十一节规定了仲裁员的选择依据，包括双方在选择仲裁员时需考虑特定候选仲裁员在相关适用法律中的专家意见和相关经验；第二十五节规定了仲裁庭适用的法律法规，即仲裁庭应该使用适用于有关投资授权的法律规则，或有关投资授权专门指定的法律规则，当没有专门指定适用法律或仲裁双方在适用法律上无法达成共识的时候，仲裁庭应使用应诉方国内法，或者仲裁庭使用投资协议相关的法律法规。

对“投资协定的定义”的冻结。[①] TPP在第九章第一节关于“投资协定的定义”包括：

---

① TPP在第九章中对于投资协定及其内容有着更加详细的定义：投资协定指一缔约方中央政府的主管机关与另一缔约方的涵盖投资或投资者之间，在本协定生效日之后缔结和生效的书面协定；该书面协定规定权利和义务的交换，第九章（投资）规定的适用法律对双方当事人具有约束力，涵盖投资或投资者依此设立或获取除该书面协议本身之外的涵盖投资；并且该书面协议授予涵盖投资或投资者如下权利：（1）就国家机关所掌控的自然资源，例如石油、天然气、稀土矿、木材、黄金、铁矿和其他类似资源而言，如勘探、开采、冶炼、运输、分销或销售的权利；（2）代表该缔约方为社会公众的消费提供服务的权利，如电力生产或分销，水的处理或分销，或代表该缔约方为社会公众的消费提供其他类似服务；或（3）承担基础设施项目的权利，如公路、桥梁、河渠、大坝、管道或其他类似项目的建设，而此类基础设施不是为政府独家或主要使用或受益。

（1）中央政府主管范围。

（2）“本协定生效日之后”，已经缔结和生效的协定以及续约不被约束。

（3）“书面协定”，指双方当事人谈判和签订的书面形式的协定，行政或司法机关的单方行为以及表示同意的行政或司法法令命令不应被视为书面协定。

（4）国家机关所掌握的自然资源的范围不包括土地、水或射频频谱的投资协定。

（5）公共服务的内涵不包括卫生服务、惩教服务、福利服务、儿童保育服务、教育服务或其他类似服务。

（6）投资授权的内涵，TPP 指的是特殊的授权，将普遍性的、非歧视的许可制度、一缔约方向另一缔约方的投资授权排除在外。

（7）外国投资管理机关的范围。

对上述条款的搁置构成了 CPTPP 与 TPP 在投资规则上的主要变化。由于“投资协定的定义”明确了投资规则中所涉及的对投资的界定和投资主体，特别是明确了协定适用的范围和时间，对于该条款的取消使得投资相关概念和主体界定变得模糊，但是所约束的主体范围和协定适用时间的跨度显著扩大。取消“特定国家的例外”条款则考虑到了缔约国在缔约协定时的平等性，突出了条款设置上的公平性，开始放弃照顾不同缔约方发展的特殊性。这一变化标志着缔约方在自贸协定谈判的指导思想上发生了重大变化。长期以来，包括 WTO、TPP 和其他区域自贸协定所强调的特殊和差别待遇原则被抛弃。

与此同时，对“投资仲裁”的搁置又加大了缔约方应对投资争端的灵活性，特别是通过上述三个条款的同时搁置，有效降低了“投资者—国家争端解决机制”（ISDS）的使用频率并缩小 ISDS 的适用范围。在 TPP 的谈判过程中，美国曾经大力推动这一极具争议性的投资争端解决机制，但是包括发达国家和发展中国家在内都对该机制可能造成的对经济主权的侵犯表示担忧，比如 ISDS 所包含的第三方国际仲裁机构、对东道国的法律和立法的干涉、对东道国社会和公共利益的影响等都是各国争议的焦点。然而，CPTPP 对部分条款的搁置并不意味着放弃 ISDS，由于国民待遇和最惠国待遇等条款的存在，其所包含的涵盖投资以及东道国的权利义务非常清晰，在遇到涉及待遇和补偿的投资纠纷时，ISDS 或将是各缔约方都更容易接受的争端解决方式。此外，CPTPP 采用了“冻结”一词来描述对相关条款的搁置，说明随着投资环境的变化、缔约方国内国际法律的变化以及缔约方投资政策的变化，相关条款可能再次出现在 CPTPP 当中。

2023 年 3 月，随着英国正式加入 CPTPP，CPTPP 成员国总人口超过 5 亿人，占全球 GDP 的约 14.6%，已经成为世界范围内颇具影响力的区域自由贸易协定之一，被认为是面向 21 世纪的高标准自由贸易协定。由于其既包括了日本、澳大利亚、加拿大等发达国家，也包括东南亚地区的新兴经济体，CPTPP 既为成员国提供了规模巨大的市场，也提供了面向未来的增长空间。为了推动全球化的发展，也为了我们自身的发展，2021 年 9 月，中国商务部部长王文涛向 CPTPP 保存方新西兰贸易与出口增长部部长奥康纳提交了中国正式申请加入 CPTPP 的书面信函，两国部长还举行了电话会议，就中方正式申请加入 CPTPP 的有关后续工作进行了沟通。

从中国方面来说，无论是政府表态还是舆论倾向，都展现了加入 CPTPP 的决心。中国在提出加入 CPTPP 的申请后，明显加快了改革的步伐，包括加快放开制造业外资准入，有序放开服务业，合理缩减外资准入负面清单，推出自贸试验区和全国范围内的跨境服务贸易负面清单。根据中国官方报道，中国已经在部分自贸试验区先行先试 CPTPP 的部分规则。从理念到制度设计，再到制度落地，中国马不停蹄地在为加入 CPTPP 做准备。

与此同时，中国的申请进程与英国相比显得极为缓慢。2021 年 2 月，英国提出加入 CPTPP 的申请，时任 CPTPP 轮值主席国日本对于英国的申请不仅表示欢迎，而且将申请迅速列入当年的 CPTPP 议程。

2021 年 6 月，CPTPP 委员会成立英国工作组专职协调英国申请事宜，同年 9 月，工作组召开第一次工作会议。2023 年 3 月，越南成为最后一个批准英国加入的 CPTPP 成员国，同年 7 月，在奥克兰举办的 CPTPP 部长级会议上，英国正式成为 CPTPP 成员。作为与英国同年申请加入 CPTPP 的国家，中国的申请流程至今还停留在初期阶段。

政治因素和经济因素都在影响中国加入 CPTPP 的进程。从政治上说，随着中美博弈的升温，作为 CPTPP 中的重要成员国同时也是美国传统盟友的日本、加拿大、澳大利亚等国，近年来与中国的关系发展并不顺利。从经济上说，中国加入 CPTPP 之后将成为该协定最大的经济体，势必对该协定的未来发展发挥出举足轻重的作用，这显然是西方国家不愿看到的，中国加入 CPTPP 道阻且长。

三　《美国—墨西哥—加拿大协定》（USMCA）投资规则的变化与发展

USMCA 在整体内容上继承了 NAFTA 的协议框架，在文本描述和章节设置上有三分之二与 TPP 重合，投资规则领域的变化主要集中在投资争端解决机制、劳工与环境保护、排他性条款三个方面。

USMCA 的投资（第十四章）和争端解决（第三十一章）对新一代的投资争端机制进行了详细的约定。USMCA 的投资争端机制完全不同于 NAFTA 和 TPP 所提倡的以投资者权利为首要关切、以超越国家经济主权为特点的 ISDS，是美国在投资规则构建领域的巨大转折。ISDS 最早源自 NAFTA，在 20 世纪 90 年代初是投资协定中最具创新和吸引力的条款，建立了一整套解决投资争端的程序（陈继勇，1996）。NAFTA 缔约方的投资者可依据相关程序对缔约方之间的争端寻求仲裁，以往只有主权国家的政府才有权利进行国际诉讼和仲裁申请，ISDS 是对国际投资争端机制的重大突破。作为美国着力推动的面向 21 世纪的高标准自贸协定，TPP 中的争端解决条款呈现出适用范围广泛、更加注重司法性、更加强调透明度和时效性的新特点，特别是 ISDS 已经成为 WTO、

NAFTA 等现有国际经贸争端解决机制的“加强版”（姚铸，2017）。

然而，正是这一套诞生于北美、被美国长期坚持和发展的投资规则在 USMCA 协议中发生了较大的变化。首先，美国与加拿大之间以及加拿大与墨西哥之间为取消 ISDS 设立了三年的过渡期，USMCA 签订三年后美、加和加、墨之间将无法通过 ISDS 解决投资争端。尽管美国和墨西哥之间的 ISDS 尚未取消，但是根据 USMCA 第十四章附录的规定，美、墨在使用 ISDS 时面临多重限制，包括提请仲裁的范围较以前明显收窄，仅限于对直接征收、违反准入后国民待遇或最惠国待遇进行索赔（准入前国民待遇和最惠国待遇被排除在索赔之外）；对提请仲裁的程序和时间进行了具体规定，在很大程度上压缩了投资者利用 ISDS 机制的空间。

USMCA 在 ISDS 上的“倒退”从表面上看是“美国优先”原则的自然结果，实际上有着更加深刻而复杂的原因。NAFTA 在 20 世纪 90 年代将 ISDS 写入自贸协定，视以跨国公司为主要群体的投资者与主权国家具有同等地位，本质上是跨国公司利益集团对国际贸易投资规则的“绑架”，即通过影响议题设置和谈判进程构建有利于其自身的国际投资规则，从而在跨国生产、投资和贸易中获取最大利益。这种“绑架”能够成功的原因在于从 20 世纪末到 21 世纪初，跨国公司在全球范围内攻城略地、实现了跨越式发展，包括美国在内的发达国家一片欣欣向荣，这一时期跨国公司的利益和母国的利益是一致的。然而，随着跨国公司的生产经营活动越来越远离母国，对外国的投资越来越超过对本国的投资，跨国公司对母国的就业、社会经济发展、技术进步的贡献越来越小，和东道国之间的利益关联反而越来越密切，这就迫使母国政府反思，对于跨国公司的支持是否符合国家的长期战略。USMCA 在投资争端解决机制上的重大“倒退”就是这种反思的重要表现。至于“美国优先”原则，它存在于美国大国成长道路和霸权护持阶段的任何一个时间点，并非特朗普所独有。

其次，在 USMCA 关于劳动（第二十三章）、环境（第二十四章）

中，涉及投资规则的条款在涵盖范围更加广泛的同时内容也更加具体，包括在法律法规、政策实践中吸收和维护国际劳工组织提出的结社自由和集体谈判权、禁止强迫劳动、禁止童工、同工同酬四项劳工权利；要求缔约方保障劳工行权过程中免于暴力和恐惧的威胁、保障移民劳工的权利、消除工作场所的歧视行为，特别是对妇女的歧视；要求缔约方禁止生产过程不符合其劳工保护约定的产品或服务。在环境方面要求高水平的环境保护和高效的环境执法，对可贸易的范围和数量予以限制，反对为促进贸易和投资而放松环境执法；要求保护臭氧层、生物多样性、海洋资源、空气质量以及森林资源等（欧阳俊和邱琼，2019）。

最后，USMCA 的投资规则中涉及大量排他性条款，特别是对非市场经济国家的投资权利的限制。关于投资的条款（第十四章）对投资争端的索赔人进行了排他性定义，明确了该索赔的投资者不能是来自非市场经济体的投资者，即使该投资者通过第三国进行投资，该投资人仍然无法被认定为 USMCA 中的索赔人。例外和一般条款（第三十二章）设置了 USMCA 缔约方与非市场经济国家构建投资贸易协定的条款，规定了缔约方的义务，包括：（1）谈判通知义务，任一缔约方至少应提前三个月告知其他缔约方其有意愿与非市场经济国进行自贸协定谈判。（2）信息披露义务，一经请求，缔约方应尽可能提供有关此类谈判目标的信息。此外，该缔约方应在不迟于签署协定日期前 30 天内，尽早给予其他缔约方机会审查协定全文（包括任何附件和附文），方便缔约方能够审查协定文本并评估其对 USMCA 的可能影响。（3）自由退出协定权利，任何缔约方与非市场经济国家签订自贸协定时，应允许其他缔约方在 6 个月的通知期后，终止本协定并以双边协定取代本协定。

USMCA 对非市场经济体的排他性条款不仅是对自贸协定非歧视原则的公然违背，而且是对缔约方经济主权的粗暴干涉，违反了协定序言中建立更加自由和更加公平市场的宗旨。“非市场经济体”完全由 USMCA 缔约方的国内法认定，体现了美国贸易政策中的单边主义（廖凡，2019），将针对第三国的“毒丸”条款写入 USMCA，是国际投资贸易协定领域的巨大倒退①。除了对非市场经济体的排他性条款外，USMCA 还在原产地规则上展现了对区域的排他性原则。以汽车为例，新协议规定在 5 年过渡期内一辆汽车零部件的北美原产地占比须从目前的 62.5% 逐步提高到 75%，并且规定汽车制造商至少 70% 的钢铁和铝原料必须来自缔约方（USTR，2019）。此外，USMCA 完全抛弃了 NAFTA 和 TPP 中的发展议题，“发展水平的差异和经济的多样性”不再被视为规避协定义务的合法理由，国民待遇和最惠国原则无差异地适用于所有缔约方（欧阳俊和邱琼，2019）。美国贸易代表莱特希泽在评价 USMCA 的意义时指出，USMCA 是美国贸易协定历史上最强大、最先进、劳工义务最全面的协定，是未来所有贸易协定的模板（USTR，2019）。显然，USMCA 针对 NAFTA 和 TPP 所做出的修正和更新代表了美国塑造未来国际投资规则的最新理念。

第三节　投资规则变化冲击全球价值链制度基础

一　多边规则缺失、双边和区域规则大量涌现造成投资规则的制度竞争

进入 21 世纪，多边投资规则的构建不断遭遇挫折，迫使各个国家将贸易政策的重点向小型区域协定和双边协定倾斜。2004 年 8 月，在多哈回合谈判的关键阶段，由于 WTO 各成员无法在议题设置上达成初步一致，“贸易与投资关系”议题被多哈回合剔除，暴露了发展中国家和发达国家在多边框架中发展诉求和利益诉求的巨大差异。由于发展阶

① 美国商务部部长威尔伯·罗斯（Wilbur Ross）在 2018 年 10 月 5 日接受路透社采访时，将 USMCA 协议第三十二章设定的对非市场经济体的排他性条款称为“毒丸”（Poison Pill）条款，目的是“限制与非市场经济做交易，并以此增加对中国的压力，推动中国的市场经济改革”，（详见 https://www.reuters.com/article/us-usa-trade-ross-exclusive/exclusive-u-s-commerces-ross-eyes-anti-china-poison-pill-for-new-trade-deals-idUSKCN1MF2HJ）。

段的不同，特别是发展中经济体在产业政策上的多样性，外来投资对本国经济的影响巨大，因而需要慎之又慎。即使在发展中经济体内部，要达成普适的投资协定都是难以完成的任务，更何况在多边框架下发达经济体在议题设置上拥有天然的优势。

为了摆脱发展中国家的影响，更快地在投资协定的谈判上实现突破，OECD 寻求在发达国家内部首先达成关于投资规则的一致性意见，然后向多边框架推广。然而，《多边投资协定》（MAI）在经历了诸多努力之后依然以失败而告终。MAI 无法达成的原因主要集中在以下方面：（1）各成员国对协定涵盖的投资范围无法达成一致，特别是对包括无形资产、合同权利、特许经营等在内的概念和解释上存在不同的理解；（2）欧盟由于其自身的一体化水平较高，不得不在投资协定中引入限制条款，防止其他国家搭便车，这就造成了欧盟内外区别于 MAI 的一致性之间的矛盾；（3）非政府组织抗议投资协定未能包括环保、劳工条款，给谈判各方在国内造成巨大的政治压力和舆论压力。由于 OECD 此前已经形成了多个投资相关的文件，具备了良好的基础和一定的共识，因此 MAI 的挫败使国际社会对未来国际投资规则的构建充满悲观情绪。

投资规则构建的接连破产对发达国家影响巨大。在第二次世界大战后的半个多世纪里，美欧发达经济体都是多边规则体系的引导者和塑造者，新兴经济体的群体性崛起以及经济发展和技术进步所导致的议题复杂性使发达国家在规则构建中力不从心。发达国家和发展中国家都开始通过其他途径构建投资规则。

双边投资协定（BIT）无疑是谈判效率最高、最容易达成共识的规则构建路径。自 20 世纪 90 年代以来，全球范围内数以千计的 BIT 得以签署，至今仍有大量的 BIT 处于磋商谈判阶段。截至 2018 年，国际投资协定的数量总共有 3317 项，双边投资协定高达 2932 项，包括投资规则的协定达 385 项，其中 2658 项国际投资协定处于生效阶段（UNCTAD，2019）。2018 年以来又诞生了 CPTPP、USMCA 和日欧 EPA

等大型区域自贸协定。然而，各种双边协定、区域协定之间的差别不是减小了而是扩大了。

一方面，各个国家在不同协定谈判过程中需要遵循不同的原则和思想，企业在国际贸易和投资过程中需要花费大量的人力物力适应千差万别的协定，投资规则的碎片化发展放大了“意大利面条碗”效应，给政府和企业带来沉重负担和额外成本。另一方面，投资协定在数量上的增加并不意味着国际社会对投资规则的认知分歧缩小了。以 WTO 的改革为例。美国一再强调国家之间的无差别化，在 2019 年 1 月向 WTO 提交的报告《无差别化的 WTO：自我认定式的发展地位威胁体制相关性》中，美国要求取消一大批发展中成员享受特殊和差别待遇的权利。2019 年 2 月，以中国为代表的发展中国家向 WTO 联合提交了题为“惠及发展中成员的特殊和差别待遇对于促进发展和确保包容的持续相关性”的文件，强调 WTO 改革过程中应当延续发展中成员的差别和优惠待遇。USMCA 放弃发展条款进一步凸显了未来国际社会在投资规则构建上的巨大挑战。只要多边框架没有取得进展，投资规则之间的竞争将始终存在。

二　发达国家加强投资审查破坏投资规则有效性

后金融危机时代贸易保护主义和民粹主义泛滥，全球范围内对外国投资的限制和监管不断加强，破坏了投资规则的有效性、迟滞了投资自由化的进程。2018 年，约 55 个国家和经济体出台了至少 112 项影响外国投资的政策措施，其中三分之二的措施寻求投资自由化、促进和便利新投资，34% 的措施引入了对外国直接投资的新限制或条例——这是自 2003 年以来的最高比例（UNTCAD，2019）。其中，发达国家是加强投资审查的主要力量。

2018 年，美国出台《外国投资风险评估现代化法案》，对美国外国投资委员会（CFIUS）进行改革，新法案扩大了 CFIUS 的审查管辖权，对涉及关键基础设施、关键技术和公民信息安全的投资加强审查，并列出特别关注国家，增加审查程序。2018 年，澳大利亚设立关键基础设施中心，配合 2018 年正式实施的《关键基础设施安全法案》，整合澳大利亚政府内部的所有力量对外资涉足澳大利亚关键基础设施可能带来的国家安全风险进行管理，主要关注电信、电力、天然气、水源和港口这五个优先领域的破坏、间谍和胁迫风险。2019 年，欧盟理事会正式批准《欧盟外商直接投资审查条例》，对涉及敏感技术、基础设施及公共秩序和安全领域的投资加强审查，新法案要求对第三国采用透明和非歧视原则，但成员国拥有该国对外投资的最终审批权。2019 年，日本修订《外汇及外国贸易法》，将此前定为持有对象行业股票发行数 10% 以上的审查基准下调至 1% 以上，增加受限制的外商直接投资范围，从传统上仅限于国家安全（包括飞机、核设备和武器）、公共基础设施和农业等领域扩展到 15 个行业，包括半导体、闪存设备、终端产品 PC 和移动电话、信息处理软件和某些 IT 支持服务的领域，并扩大行业覆盖的公司范围。

除了各个国家单独出台强化投资审查的条例和法律之外，美、日、欧三国的贸易部长在从 2018 年 5 月到 2019 年 5 月的一年时间里连续发布六份联合声明。声明讨论的内容包括非市场政策和做法，市场导向条件，产业补贴和国有企业，强迫技术转让的政策和做法，WTO 改革，以及数字贸易和电子商务，主要针对以中国为代表的发展中国家，在所谓的市场扭曲补贴、国有企业和强制技术转让等问题上不仅指责和干涉中国的经济主权，还无端揣测跨国公司在中国的投资行为，无视中国对多边规则的支持和对现有多边体系的贡献。

投资审查制度的滥用对现有多边、双边和区域投资协定的运转造成巨大的负面效应，阻碍了投资自由化，同时凸显了发达国家对来自发展中国家投资的警惕与担忧。新兴经济体的迅速崛起使全球资本出现新兴经济体与发达国家之间双向流动的特点，发展中国家不断扩大在发达国家高新技术和公共服务领域的投资，为了防止先进技术的流失以及外国资本对本国高技术企业的并购，发达国家展开了对来自新兴经济体的投资狙击（霍建国和庞超然，2017）。无论是缺乏透明性的投资审查制度还是以中国为假想敌的美、日、欧部长联合声明，这些在贸易投资规则体系之外所进行的单边行为和排他性举措严重违背了已签署投资协定的契约精神和磋商原则，损害了中国等发展中经济体的经济利益，大大削弱了投资规则的有效性，对未来投资规则的发展构成重大威胁，也极大地冲击了现代国际分工和全球价值链的制度基础。

三　国家意志以及缔约方的实力对比影响未来投资规则

TPP 向 CPTPP 和 USMCA 的演进让我们看到，投资规则的标准可以升高也可以降低，自由贸易和例外原则可以遵守也可以违背，最关键的因素在于规则是否符合缔约方的国家利益以及缔约方相对实力的大小。

国家利益的变化直接反映在投资规则的变化上。一方面，美国在 ISDS 上的态度反复充分说明了国家意志在制定投资规则上的极端重要性。NAFTA 在设立之初就建立了 ISDS 作为投资争端解决机制，随后美国在包括 TPP 在内的多个重要贸易投资协定中都重申了 ISDS 的重要性，并不断拓展 ISDS 的功能。作为投资争端解决机制，在 20 世纪 90 年代到 21 世纪初的 20 年时间里，该机制在最大程度上保护了美国作为重要跨国投资者的利益。近十年来，国际经济形势和国家间经贸关系发生了重大变化，发展中经济体的对外投资急剧上升，特别是包括中国在内的新兴经济体对发达国家的投资不仅金额屡创新高，涉及领域也越来越广泛，ISDS 发展成为双刃剑的可能性越来越大。另一方面，在美国前总统特朗普看来，强化 ISDS 机制是激励美国企业进行海外投资的举措，这不符合其“美国优先”的原则和鼓励美国企业在美国境内投资的愿景。ISDS 对于维护美国利益所发挥的作用越来越小，特别是 USMCA 被作为未来美国贸易投资协定的标杆而存在，弱化 ISDS 是美国利益所趋。

USMCA 对发展议题的抛弃也同样反映了美国的国家意志。自 WTO 成立以来，将发展议题置于关键地位是其成员长期以来的共同原则，发展中国家享受特殊与差别待遇是该原则的重要体现。随着以中国为代表的新兴经济体在经济全球化中的收益，特别是利用现有多边体系获得的经济增长幅度远远高于发达经济体，美国认为其自身的经济利益受到了损失，必须通过改变现有规则，如剔除发展议题、减少发展中国家数量、强调对等与公平，来减少损失，这种思路非常清晰地体现在USMCA的条款以及美国对WTO的改革建议中。除了美国之外，日本也在CPTPP协定中推动冻结“服务贸易”相关条款来为它本国的邮政业改革开绿灯，相关条款的冻结既不利于消除日本邮政服务的垄断地位，也不利于服务贸易和投资的公平（白洁和苏庆义，2019）。CPTPP对TPP众多条款的冻结事实上降低了投资规则的标准，这一举动本身反映了国家利益至上而非“高标准”至上的规则构建逻辑。

之所以USMCA以及CPTPP的条款设置多数遵循了美国、日本等发达国家的意志，是因为上述缔约方的经济规模和综合实力远高于其他缔约方，协定中所谓的“高标准”是强势国家优势产业的“高标准”。正如在关贸总协定的早期谈判阶段美欧发达国家对议题的设置和议程的掌控具有高度的主动权一样，在当时的历史条件下，经济规模远远高于其他经济体的优势给予了它们在谈判中的有利地位。21世纪以来，中国等新兴经济体的经济快速发展带来了国际话语权的提升，经济实力的“东升西降”使发达国家难以在多边谈判中获得压倒性的优势，这是多边框架进展停滞的重要原因。当前，双边和区域投资规则已经成为投资规则构建的主流，缔约方之间的实力对比将决定规则发展的方向和条款的具体内容。

四 投资规则发展前景展望

由于多边投资协定迟迟没有进展，国际投资规则体系长期处于碎片化发展的阶段，缺乏统一的指导原则，国际组织和机构近年来进行了一系列的尝试，试图推动国际投资规则在多边框架下的发展。2015年，联合国贸发会议发布了国际投资协定的改革准则，共六项指导意见：

（1）利用国际投资协定促进可持续发展。

（2）聚焦关键的改革领域，包括为公共利益保障监管权、改革投资争端解决机制、加强国际投资协定的投资促进和便利化职能、确保投资者的责任、加强系统一致性。

（3）在国家、双边、区域和多边层面上采取行动并相互支持。

（4）为具体的解决办法安排适当次序。

（5）确保包容性和透明的改革进程。

（6）加强多边制度建设，通过政策分析、技术合作以及经验交流和能力建设平台等帮助在各层面协调改革行动。

这些指导意见旨在为推行可持续发展目标保障监管权，改革投资争端解决机制以及确保负责任的投资。在2016年G20杭州峰会期间，G20成员国批准了《G20贸易投资工作组工作职责》《G20全球贸易增长战略》和《G20全球投资指导原则》，其中《G20全球投资指导原则》为全球首个关于国际投资规则构建的指导性文件，在吸取了贸发会议改革准则以及全面考察当前国际投资领域存在的问题的基础上，形成了九项针对性的指导原则，每一项都针对具体的挑战：

（1）认识到全球投资作为经济引擎的关键作用，政府应避免实施与跨境投资有关的投资保护主义。

（2）投资政策应设置开放、非歧视、透明和可预见的投资条件。

（3）投资政策应为投资者和投资提供有形、无形的法律确定性和强有力的保护，包括可使用有效的预防机制、争端解决机制和实施程序。争端解决程序应公平、开放、透明，有适当的保障措施防止滥用权力。

（4）投资相关规定的制定应保证透明及所有利益相关方有机会参与，并将其纳入以法律为基础的机制性框架。

（5）投资及对投资产生影响的政策应在国际、国内层面保持协调，以促进投资为宗旨，与可持续发展和包容性增长的目标相一致。

（6）政府重申二十国集团在国际投资领域的合作与前景展望中有权为合法公共政策目的而管制投资。

（7）投资促进政策应使经济效益最大化，具备效用和效率，以吸引、维持投资为目标，同时与促进透明的便利化举措相配合，有助于投资者开创、经营并扩大业务。

（8）投资政策应促进和便利投资者遵循负责任企业行为和公司治理方面的国际最佳范例。

（9）国际社会应继续合作，开展对话，以维护开放、有益的投资政策环境，解决共同面临的投资政策挑战。

鉴于 G20 成员对外贸易和经济总量占全球比重分别超过 80% 和 85%，《G20 全球投资指导原则》对于国际投资规则的重要性以及对国际投资规则构建的影响力是前所未有的。但从当前多边投资框架遭遇的挑战来看，如果缺乏足够的推动力使相关原则落到实处，那么指导原则将无法发挥引领国际投资规则构建的历史性作用。2017 年，中方以达成《G20 全球投资指导原则》为契机，会同其他成员抓住国际投资协定中便利化规则快速增长趋势，在 WTO 中顺势提出投资便利化议题倡议，成功在 WTO 发布投资便利化部长联合声明，顺利启动该议题磋商。2020 年 9 月，投资便利化议题正式进入案文谈判阶段，经过近三年的密集磋商，2023 年 7 月 6 日，WTO 召开大使级会议，谈判联合协调人智利驻 WTO 大使博萨和韩国驻 WTO 副代表朴正城发布声明，宣布《投资便利化协定》文本谈判结束。中国在其中发挥的作用不可忽视。

首先，中国政府的政治决心是推动《投资便利化协定》谈判的政治保障。在杭州 G20 峰会推出《G20 全球投资指导原则》，表明中国政府对联合国贸发会议六原则的高度认可和强烈支持。中国从其自身经验和国际大势出发，为解决影响国际投资发展的核心问题注入新思维、新共识、新框架，在该原则的形成过程中发挥了不可替代的作用。

其次，市场规模优势是中国推动《投资便利化协定》谈判的实力基础。2013—2021 年，中国对世界经济增长的平均贡献率达到 38.6%，超过 G7 国家贡献率的总和，是推动世界经济增长的第一动力。中国市场对世界经济的影响力极大地提升了中国在国际经济体系中的话语权。

最后，中国在技术创新领域的巨大进步是中国推动《投资便利化协定》谈判的技术基础。科技革命时时刻刻地影响着贸易全球化和投资全球化，新一代的国际投资协定涉及知识产权、数据转移和存储以及数字技术的条款明显增加。根据《世界知识产权指标报告（2023）》的统计数据，中国的专利申请量占全球约 50%，然后是美国、日本、韩国和德国。中国在数字经济以及前沿科技领域的发展优势不断显现，为中国推动更加注重数字化发展的投资规则确立了优势。

2022 年，全球外国直接投资为 1.3 万亿美元，同比下降 12%。地缘政治、通货膨胀以及市场悲观情绪给全球外国直接投资带来巨大的下行压力。《投资便利化协定》是全球首个多边投资协定，将有助于提升全球投资监管政策的稳定性和可预期性，进一步提振全球投资者信心，推动全球投资稳定增长。此外，《投资便利化协定》有利于弥合南北发展不平衡问题。由于协定的谈判由发展中成员发起，获得超过三分之二的世贸组织成员支持，发展中成员贡献了超过 70% 的案文提案。《投资便利化协定》将为有需求的发展中成员提供相应的技术援助，帮助其提升履行协定的能力，优化营商环境，促进可持续发展。从《投资便利化协定》的谈判成功可以看到，国际规则的制定过程是各个国家政治决心、经济实力和技术实力的比拼过程，没有强大的实力基础，没有照顾各方的合理建议，在规则构建的过程中只可能被边缘化。尽管地缘政治风险依然存在，但是《投资便利化协定》也将为中国企业开展跨国投资、跨国研发、跨国生产提供有利的环境，将是中国在全球价值链体系中持续攀升、持续提高分工地位的坚实制度基础。

第三章　国际分工的历史透视

> 国际贸易绝对是这样一个领域，在其中经济史比经济学分析能给人更多的启迪。
>
> ——奥地利经济学家哥特弗里德·哈伯勒

国际分工与全球化一样，都是已经存在并发展了几个世纪的过程，国际分工的演变时刻影响着国家间利益分配的格局。从宗主国—殖民地经济开始，领先国家与落后国家之间的压迫与反抗，制约与突破就不曾停止，回顾领先国家与落后国家在贸易战略上的博弈以及各自贸易政策的转变历史，有益于我们更加深入理解国际分工的本质，理解隐藏在国际分工背后国家间利益分配的动态机制，挖掘领先国家与落后国家在经济增长中获利不均的根源。尽管国际分工的形式自工业革命以来经历了多个阶段，但以报酬递增—报酬递减为核心的两极分工架构并没有发生根本改变，各个国家为占据国际分工制高点而制定政策的目标没有改变，当前美国政府所采取的贸易保护主义措施是最新例证。随着时代改变的是保障或者冲破这种架构以维护国家利益的动力机制。本章将以宗主国—殖民地经济为出发点，以影响当代国际剩余分配的两个重要因素——“制度霸权”和“学术霸权”为落脚点，论述国家间利益分配的经典机制和当代机制。

第一节　宗主国—殖民地经济的启示

人类历史上的第一次全球化发端于地理大发现，而宗主国—殖民地经济的发展则是首次全球化的催化剂。明确的非对等分工第一次扩展到宗主国与殖民地，两者之间的分工关系和利益分配格局成为国家间利益分配机制的最初形态，以“报酬递增—报酬递减”为特点的两极分工精神延续到今天，其中最典型的分工模式发生在英国与其印度殖民地以及北美殖民地之间。学者们通常将印度近代落后的根源归于英国对殖民地的搜刮和掠夺，事实上，比直接搜刮和掠夺更加深刻的原因来自英国对印度的贸易战略以及由此导致的两极分工模式；同样是殖民地的北美地区通过独立战争，对英战争和孤立主义顽强地拒绝了英国为它自己安排的分工角色，实现了从报酬递减的农业和自然资源出口产业向报酬递增的制造业的转变，成长为与英国比肩并最终超越英国的超级大国。

一　坠入深渊的印度殖民地经济

印度在成为殖民地之前，由于优良的地理和气候条件，作为世界上棉纺织品产量较大的国家之一，其棉纺织手工业长期以来是印度经济的支柱，其棉纺织产品由于物美价廉而大量出口到世界各地。17 世纪的英国业已通过将近 200 年的国家干预，包括立法、进出口禁令、引进技术移民等重商主义手段培植了强大的毛纺织业，并成长为英国相较于欧洲列国的优势产业（梅俊杰，2008）。然而，面对“比英国制造品低 5%—6% 的售价仍在英国市场上赚钱”的印度棉纺织品，无论是在色彩、质地还是生产成本上英国棉纺织品都无法与其竞争，到 1660 年代，从印度进口的软棉布总价值占到英国全部进口纺织品的大约四分之一（覃翠柏，1997）。印度棉纺织品的强大竞争优势不断蚕食英国本土纺织业的市场份额，面对这种不利的竞争态势，英国没有遵循多年以后它所推崇的比较优势和自由贸易思想，反而动用国家力量制定了一系列极其严格的法律禁止进口棉纺织品，并且对相关的制成品高筑关税，甚至通过限制本国国民消费的方式保护国内毛纺织业和丝织业的利益（见表3－1）。

表3－1　**英国16世纪到19世纪的贸易政策演变**

政策倾向	时间（年）	法律法规
保护主义（工业革命之前）	1485	亨利七世推出支持羊毛工业的贸易保护主义政策
	1587	完全禁止羊毛出口
	1651	通过《航海法案》（The Navigation Acts）
	1672	通过《谷物法》（Corn Laws）
	1689	通过对《谷物法》的修订
	1699	禁止进口殖民地羊毛制品
	1700	通过法案禁止销售印度棉布
	1703	签订《麦修恩条约》（Methuen Treaty），摧毁葡萄牙羊毛工业
	1721	首相沃波尔实施重商主义政策改革，振兴英国制造业
	1721	禁止印度棉织品和丝织品输入
	1732	通过法案禁止殖民地向外国或其他殖民地出口帽子
	1815	通过新的谷物法提高对农业的保护力度
自由贸易（工业革命之后）	1846	取消《谷物法》
	1849	废除《航海法》
	1860	取消所有贸易和关税限制
	1903	成立关税改革同盟

资料来源：笔者根据相关资料整理而成。

始于17世纪末的贸易保护主义加速了英国本土毛纺织业的发展，也为英国工业革命积累了原始资本。英国商人意识到，毛纺织业的发展已经走到尽头，必须把精力转移到更具市场前途更有发展潜力的产业中去，在双重关税标准以及《航海法案》的刺激下，进口替代产生了。“那些进行议院游说反对进口印度棉纺织品而且达到目的的人们，实际上促成了以国货取代进口货为根本目的的第一次起飞”，从此，“英国的发明者和革新者……以机器同印度人灵巧的双手展开了竞争”（Rostow，1997）。显而易见，重商主义作为一种战略思想，其真正意义在于培育动态的竞争优势和创新能力而不仅仅是静态的保护，英国的工业优势从此树立起来。马克思指出：“不列颠侵略者打碎了印度的手织机，毁掉了它的手纺车。英国起先是把印度的棉织品挤出了欧洲市场，然后是向印度斯坦输入棉纱，最后就使这个棉织品的祖国充满了英国的棉织品。从1818年到1836年，大不列颠向印度输出的棉纱增长的比例是1：5200。在1824年，输入印度的英国细棉布不过100万码，而到1837年就超过了6400万码。但是在同一时期内，达卡的人口却从15万人减少到2万人。然而，曾以制造业闻名于世的印度城市遭到这样的衰落绝不是英国统治的最坏的结果。不列颠的蒸汽和不列颠的科学在印度斯坦全境把农业和手工业的结合彻底摧毁了。”由于东印度公司垄断了殖民地的商品流通，印度出口受到极大的限制，即使“在本国销售，印度棉纺织品还要缴纳17.5%的税款”（郭寿玉，1993）。

与此同时，英国制成品却以极低的关税负担进入殖民地销售，印度古老的手工棉纺织业最终被高效率低价格的英国产品所打垮。“英国的手织机织工被纺织机取代之后可以在英国找到再次就业的机会，但被同一种改进的机器所替代的印度织工又如何呢？……更可能的是，在其他地区机器改进的影响之下，它（印度）将经受到长期的损害。”（Hicks，1999）的确，期望英国将先进技术带到殖民地只是一种幻想。千百万手工业者失去了生活来源，大批人因饥饿而死亡。“这种灾难在商业史上几乎是绝无仅有的，织布工人的尸骨把印度的平原都漂白了”，1834—1835年东印度总督曾经这样形容道。以1813年为转折点，印度从净出口国开始变成净进口国，其产出占世界经济的比重从1700年的24.4%下降到1870年的12.2%，在近200年的时间里，印度经济直线下滑，而同期的英国占世界经济的比重则从2.88%上升至9.1%，增加了3倍（Nick，2006）。

“迅速、常规、精确而不知疲倦的机器的出现敞开了动力几乎无限制的供应”（兰德斯，2007），英国本土的工业原料远远不能满足大批量的社会化生产，产业资本家通过东印度公司开始加速摧毁殖民地的自然经济，棉毛制品的原材料源源不断地以低廉的价格运往宗主国，同时大量的制成品不断销往殖民地。没有一个宗主国和殖民地之间的经济关系如此紧密，棉纺织业占英国工业增加值的份额从1770年的2.6%增加到1801年的17%（弗里曼，2007），以至于马克思指出：“棉纺织业愈来愈成为大不列颠整个社会制度的命脉，东印度也随之愈来愈成为不列颠棉纺织业的命脉了。”

1864年，英国政府罕见地为印度的基础设施建设拨款700万英镑，其目的不是发展印度的经济社会，而是更有效地镇压叛乱和将棉花原材料运到港口，“印度的未来不在制造业，而在于向欧洲棉花工业提供原棉”（Beckert，2015）。在印度殖民地与英国经济联系越来越紧密的过程中，印度充当了英国重商主义战略的强大后盾，在工业革命进程中直接支撑了英国工厂工业的迅速崛起，保障了英国产业资本的原始积累以及国民财富的迅速增长。根据迪恩和科尔（Deane & Cole，1962）的估算，1800—1860年英国的国民收入增长率是1740—1800年的两倍。然而，印度的自然资源遭到了无情的掠夺，国民财富降到了历史最低点。英国通过军事、政治、外交等多种手段战略性地铸就了其自身的工业优势，奠定了英国经济在国际分工中“报酬递增”的优势地位，同时将殖民地经济锁定在了以输出原材料为主的“报酬递减”产业上。

英国与印度之间的殖民地经济史充分展示了非对等国际分工对国家利益的深刻影响，工业革命进行的过程在本质上也是英国在国际分工中不断向报酬递增产业，尤其是制造业迈进的过程。英国资产阶级深刻地认识到，凭借商业资本获取暴利的时代已经结束，依靠产业资本和制成品生产占据国际分工有利地位的时代已经来临。重商主义思想支持了英国长达四个世纪的经济发展和技术进步，最后迎来了它的果实——工业革命。工业革命所带来的是完全不同于斯密“大头针”分工的崭新模式，斯密所描述的分工在提高生产效率的同时并未影响到分配的公平，而当分工扩大到国家之间，以制成品—原材料为基础的两极分工模式的出现打破了分工过程中的利益均等分配。

一方面，通过工厂模式发展的英国迅速实现了整个国家的工业化，国内的生产者被新技术有效地整合进生产体系，依靠高附加值的制成品生产共享创新租金，制造业“所产生的规模效应和进入壁垒确保了‘工业租金’的形成”（Reinert，1996）；另一方面，印度殖民地在手工业破产之后由于宗主国的严格限制而无法发展它自己的制造业，无法得到所需技术，只能通过出售毫无附加值的原材料来换取工厂工业所生产的制成品，这种恶性循环一旦形成，国民财富的流失就失去控制了。马克思指出：“英国厂主们发现，他们的生意不是增加，而是正在衰退。到1846 年为止的4 年中，印度由大不列颠进口产品的总值是26100 万卢比；而到1850 年为止的4 年中，只有25300 万卢比。另一方面，印度出口的总值也由前一时期的27400 万卢比减至后一时期的25400 万卢比。厂主们发现，印度对他们的商品的购买力已降到最低水平……”当两极分工产生之时，宗主国与殖民地之间的利益分配机制也就产生了，这种机制是一种可怕的零和博弈：拥有领先技术生产制成品的宗主国越来越富有，生产的新产品越来越多，创新能力越来越强，国民收入越来越高，由于拥有强大的资本和军事力量，宗主国对国际商品市场拥有绝对的影响力和定价权；而生产原材料的殖民地由于自然资源不断被掠夺，对外贸易和产业发展又被宗主国所控制，没有经济主权，更没有资金研发新技术以支持产业进步，无法主导原材料的输出价格，经济发展陷入长期停滞，资源和财富流失成为一种常态。

二　拒绝报酬递减的分工角色——北美殖民地的崛起

与印度几乎同时成为殖民地的北美洲，在将近200 年的时间里经历着与印度殖民地同样的发展路线，甚至在建国之后的30 年里，美国仍然是一个彻底的农业国家，依靠向英国出口原材料并进口制成品来维持经济增长。然而，作为盎格鲁—撒克逊民族的后裔，美国人并没有完全听信他的英国老师的说教，反而循着英国重商主义的步伐实现了产业发展的战略转变，扭转了其自身在国际分工中的不利地位。

作为完全被英国控制的北美洲殖民地，一直以来渴望拥有独立和自由发展的空间。基于工业革命前期英国对工业原材料和农产品的旺盛需求，北美洲的经济一直以惊人的速度增长，以至于斯密（1776）描述道："进步最速的殖民地要数英国北美洲的殖民地了"。但北美殖民地的发展却让殖民者感到不安，特别是北部的工商业（如造船业）开始与英国产品在国际上直接竞争，这种发展趋势并不符合英国人将北美洲作为其自身经济附庸的目的。随着英国将"七年战争"的成本以高赋税和高压法案的方式转嫁给殖民地，北美人民对英国的压榨和剥削越来越无法容忍，独立战争不可避免地爆发了。但摆脱英国的统治并不代表美国的分工地位发生改变，相反，在与英国"自由贸易"的过程中，美国的农业从属地位反而加强了，具有竞争力的英国工业制成品进一步压制了北美初生的制造业发展，美国作为"面包殖民地""烟草殖民地"的角色几乎没有改变。

此时，美国地域广阔，资源丰富，新移民不断涌入，通过向工业中心出口原材料和农产品以换取工业制成品的贸易战略似乎是取得美英两国双赢的最佳道路，这段经济史本可以成为自由贸易和比较优势理论的典范，但历史并没有这样书写。从美国建国伊始，对于应该选择哪条经济发展道路而起的争论延续了半个世纪。一种回答是像印度殖民地一样继续依赖英国的工业制成品来满足国内需求，同时出口以奴隶制为基础的农业和工业原材料；另一种是实行进口替代，实现自给自足的工农业发展，实现生产率和国民福利水平不断提高的"英国式"经济。美国建国之后经济的低水平增长以及英国想方设法钳制美国的海外贸易都要求美国人反思他们自己的选择。对 19 世纪初的美国来说，自由贸易在带来经济增长的同时也导致了更加严峻的国际依附和工业失业（Hudson，2010）。

在经历了禁运、对英战争，特别是“南北战争”之后，美国全面禁绝了自由贸易，重构市场以促进生产率、利润和工资的同步增长。通过对短期利益和长期利益的不断比较，自由贸易与贸易保护的反复选择，美国的政治家逐渐觉醒：只有孤立主义才能拯救美国，只有保护主义才能实现汉密尔顿“制造业立国”的远大目标，“工业化与贸易保护是美国体制的基本原则”（Clay，1788）。

美国学派的出现以及美国体制的明晰反映了美国摆脱英国经济附庸的诉求，而这种诉求的最终目的就是依靠制造业改变其自身在国际分工中的不利地位。经过关税保护的制造业迎来了彻底的解放与发展：“从1815 年到 1860 年，美国制造的产品总数增长了大约 12 倍”（Gundersen，1994），“制造业部门的工人数量增加了将近 20 倍”（Atack & Passell，1940）。到了 1890 年，美国的经济普查表明其工业产值已经超过农业，十年之后，制造业的年产值达到农业的两倍多。美国完成了其自身产业结构的调整，从一个依附英国经济的农业国成长为独立自主的、制造业主导的工业强国。美国的进出口结构发生了质的变化，1903 年到 1913 年，制成品出口已占到总出口的 60%，同期，制成品进口则降到了进口总额的 54%。制造业的不断壮大促进了大规模的劳动分工和社会化生产，整个美国经济呈现出巨大的协同增长，动态的报酬递增效应带来了就业和财富的持续增加。从 1820 年到 1900 年，美国的人均GDP 增加了近 4 倍，达到 4091 美元，而此时西欧的人均 GDP 只有 2892美元，仅为美国的 3/4（Gary & Rockoff，2010）。美国的国民财富在 20世纪初超越西欧列国，长期的高关税战略在铸就美国制造业辉煌的同时，也改变了国家间的利益分配格局。Michael Hudson 将之归因于“追赶型”的贸易保护主义，他认为，当英国这样的领先国家巩固了工农业上的收入和生产率优势之后，国际经济将导致领先国家与落后国家越来越大的贫富差距和两极分化。没有长期、严格、战略性的贸易保护，落后国家根本没有机会从报酬递减的产业向报酬递增的产业发展。

“追赶型”的贸易保护主义为美国提供了第二次工业革命的资本储

备以及国内市场环境，从此美国正式取代英国蜕变为超级大国。同英国相似，成为领先国家之后，美国发现对外宣传其自己的竞争优势的确立过程以及它所依赖的保护主义不再符合国家利益，就再次重复了英国的所作所为，对自由贸易倍加推崇。美国政府和企业深知，为了不让落后国家进入报酬递增的生产环节，为了让它们安于提供廉价劳动力，必须让它们相信比较优势、相信自由贸易、相信政府管制和关税壁垒所带来的种种弊端。而通过经济学理论——以科学的名义传播这些思想是最好不过的方式，于是政府和跨国公司开始大力资助自由主义经济学的发展，一些经济学家的任务开始变为数字与模型的游戏，他们不再关心经济史和经济事实，通过抽象的推导、论证，试图把自由主义变成超越国家和民族的精确科学。这种思路早已与美国学派的思想南辕北辙，但却成为美国在国际经济事务中的主要论调。直到今日，随着中国的分工地位日益提升，美国再次拿起保护主义的武器，力图压制中国的技术创新和产业发展，以维持其自身的分工地位。

三　跨国公司的先驱——东印度公司

在对印度殖民地与北美殖民地的不同发展路径做出阐述之后，我们无法忽视宗主国—殖民地经济中的另一重要角色——英属东印度公司在影响国际分工中的关键作用。对始于20世纪90年代的全球化而言，跨国公司成为当仁不让的主角。基于贸易和投资自由化的国际环境，跨国公司如鱼得水，以前所未有的力度和速度向世界每一个角落扩张。当代跨国公司几乎所有的重要经济活动都能从东印度公司找到原型。本章认为，现代跨国公司继承了英属东印度公司的精神遗产，在新的全球化进程中“殖民”的主体被跨国公司所取代，宗主国—殖民地经济演变为以新国际分工为基础的全球价值链体系，但是以报酬递增—报酬递减为基础的两极分工模式依然存在。

英属东印度公司作为当今跨国公司共同的始祖，作为英国“国有”的跨国公司（Nick，2004），是英国对亚洲殖民地特别是印度进行统治的唯一主体，全面掌握了英国与亚洲之间的贸易长达200年，马克思用“东方不列颠帝国”来形容东印度公司在亚洲地区的影响力。但东印度公司的经营活动不仅限于亚洲地区，其触角还伸向非洲和北美洲，是16、17世纪全球最主要的公司力量，公司发展历史长达258年。

东印度公司并非仅仅因为其经营范围而成为现代跨国公司的源头，更加重要的是公司在运作过程中所体现的国家力量、国家利益与国家意志以及它自身的市场权力和垄断能力，这些都是当今跨国公司所体现和追求的目标。Andrew Phillips 和 Jason Sharman（2022）认为，英属东印度公司拥有统治者特别授予的权力，可以与非西方国家和地区签署协议，甚至在殖民地进行统治和治理；它横跨几大洲，将势力巧妙地渗透进亚洲、美洲及非洲等地的地方贸易系统中，并建立起了第一个真正意义上的全球经济网络，是国际体系中的重要单位，它既不是主权国家，也不是商业公司，而是“公司国家”（Company State）。

就东印度公司而言，这个早期的跨国公司对当时的宗主国—殖民地分工影响巨大，除了征收赋税和直接用武力搜刮、掠夺之外，它还帮助英国的产业资本摧毁了印度上千年赖以生存的经济模式并对英国建立工业优势起到了至关重要的作用，而东印度公司的兴衰史也是英国对外贸易战略的缩影，考察东印度公司对理解当今发达国家的对外贸易战略、跨国公司的运作及其在国际分工中的作用意义重大。

17世纪初，东印度公司作为一家商业贸易公司只是为了在海外设置贸易点以方便英国对亚洲的贸易。随着印度棉纺织品和香料在欧洲销量的增加，东印度公司看到了巨大的商业利益，不惜通过发动战争、笼络王室以垄断欧洲与印度之间的贸易。事实证明，战争是有利可图的，东印度公司成立时，股本只有6.3万英镑，而到1708年已经增加到316.3万英镑，总共增加了50倍（樊亢、宋则行，1965）。东印度公司为其在伦敦的代理人积累了巨大的财富，同时也为英国新兴资产阶级完成了原始积累。进入18世纪，随着英国本土工厂工业的兴起，东印度公司的经营活动开始转变，此时国内产业资本的利益被放到了首位，东印度公司的董事也是英国重商主义者约书亚在17世纪末就已经认识到，只有“商业与制造业并重，才能具备向所有市场和客户提供服务的能力”（Reinert，2005）。

由于东印度公司进口的棉纺织产品与英国本土的毛纺织品形成了直接竞争，新兴资产阶级通过议会严格限制东印度公司进出口产品的种类，但这并没有影响到东印度公司对其他欧洲国家的贸易和它的盈利能力。马克思总结道：“在十八世纪的大部分时期内，印度的工业品凡是运到英国来的，一般来说仅仅是为了再运到大陆出售，英国市场本身对这些工业品始终是关着大门的。”作为垄断殖民地贸易的政治军事实体，东印度公司源源不断地将廉价的工业原料运回英国，同时不费吹灰之力地将工业制成品销往殖民地，公司获取的高额利润为服务不断扩张的本土工业贡献巨大。“就这样，棉纺织业就像一架滑翔机，在它所依赖的殖民地贸易推动下起飞了。”（霍布斯鲍姆，1999）

在发展一个多世纪之后，东印度公司的高层清醒地意识到权力和利益的密不可分，没有政府赋予其自己的各种特权和军队的帮助，垄断贸易带来的高利润将荡然无存，政府才是他们的强大后盾。为了赢得皇室和议会的支持，公司高层不惜代价在伦敦培养他们的代言人，并将这些人送进议会增加他们在议会中的说服力。公司还通过上缴分红，为政府提供低息贷款甚至私下贿赂皇室成员和议员来换取他们对垄断贸易的支持。自1767年以来，直至遇到财政困难失去亚洲贸易的特许经营权，东印度公司每年上缴英国国库达40万英镑，更不用说它为股东带来的丰厚回报了。鉴于以上原因，尽管在每次延长东印度公司许可证提案的表决中都有反对的声音，但是企业与国家利益在战略上仍是高度统一的，东印度公司持续获得经营许可证的提议也屡次获得议会通过。事实上，今天的跨国公司通过游说政府、政治献金来影响国家的政策、法律与东印度公司的作为如出一辙，其目的就是动用政治力量为公司在国际市场上的经营活动保驾护航。

1858年，东印度公司用尽毕生精力为英国聚敛到足够的财富之后，被英国政府正式取消，英国政府开始直接统治印度至1947年。其原因何在？事实上，由于东印度公司在殖民地的横征暴敛以及对当地居民的残酷剥削，殖民地的购买力下降已严重威胁到其作为制成品销售市场的作用。此外，英国的对外贸易取向已经从保护主义向自由贸易转变，在确立其自身强大的工业优势以及报酬递增的国际分工地位之后，英国机器大工业所需要的是没有限制地扩大进出口，以更加凌厉的攻势摧毁印度的民族手工业，而所有商品都经由东印度公司再进入殖民地销售显然增加了对外贸易的成本。马克思指出："这时就出现了东印度公司的新的敌人，不过这一次已不再是同它竞争的公司，而是同它竞争的大臣和同它竞争的国家（英国）了。"部分学者将东印度公司被取缔归因于其滥用垄断权、内部腐败是不够深入的，东印度公司的成长和结束与英国工业革命的进程以及英国对外贸易战略的改变息息相关。

比较东印度公司与当代跨国公司，尽管分处两个时代，有着诸多不同，但在以下两个方面却是一脉相承的。首先，跨国公司代表了国家利益，这就要求国内政治与跨国公司的行动具有一致性。跨国公司就是国家在国际贸易中的代言人，它体现了母国在国际分工中的地位，其获利能力直接影响着母国在对外贸易中的收益以及国民财富的增减。东印度公司之所以能够垄断南亚地区的贸易，是因为直接受益于英国议会的支持以及英国海军和陆军对当地敌对势力以及其他殖民者的战争。今天，"火与剑"这种赤裸裸的帮助已经过时，代之而起的是国际组织、国际法、投资审查、反倾销和贸易诉讼，等等，这些组织与活动的目的很明确：为跨国公司在国际市场上争取利益最大化从而为母国带来财富与福利的增加。

其次，垄断是所有跨国公司所追求的终极目标。无论是从事生产、制造还是从事贸易活动，无论通过专利、技术、法律还是通过军事、外交手段，它们不惜代价得到垄断权力，包括影响东道国的经济政策和贸易环境。东印度公司在初期能够顺利地开展欧印贸易，与其利用经济利益打通当地政治关节的关系极大。如今，为了兼并、打败竞争对手实现垄断经营，干涉和影响东道国政治经济事务已成为跨国公司的一项重要活动。

最后，跨国公司为实现利润最大化，不断寻找最廉价的资源和劳动力，导致了发展中国家的“竞次”现象。赫德森（2010）描述了跨国公司的三个特点：在原材料领域赚取超额利润；采用贿赂和其他非法的活动参与东道国国内政治；扭曲原材料产地的经营模式，使其成为单一经营，而不是促进原材料产地的发展和多样化。从300多年前的东印度公司到21世纪初的跨国公司，以上特点并未发生明显的变化，它们也共同决定了跨国公司在国家间利益分配过程中的关键作用：它既是一个国家在国际分工中地位的集中体现，又是实现国家间财富分配和转移的主体。所以，研究东印度公司为我们理解现代跨国公司提供了很好的历史视角。

四　对外贸易政策的对抗与结果

英国在尚未开始殖民统治之前，曾经是一个弱小的边陲岛国。自13世纪中期开始，低地国家产品从控制英国的出口市场到占领英国的国内市场，使“英国的商业压倒性地依赖于低地国家，伦敦在经济上是安特卫普的卫星”（Fisher，1940）。由于缺乏印染等增值环节的技术，英国绝大部分呢绒基本上未经深加工就出口到低地国家，其毛纺织品始终无法在国际贸易中获取应得的利润份额。英国从与低地国家的贸易中体会到了“好的”和“坏的”贸易：出口制成品、进口原材料才能致富，出口原材料、进口制成品会导致贫穷。英国在此后的四个世纪里一直致力于“好”的贸易，拒绝“坏”的贸易。这种简单却极为实用的重商主义原则指导英国的对外贸易战略直至工业革命完成，使其从一个在棉纺织业没有任何优势的国家成长为一个依靠棉纺织业完成工业革命的“日不落帝国”。印度却没有因为其具有比较优势的棉纺织业而实现经济的持续发展，反而成为国际分工中受压制和被掠夺的一方，被贴上“落后国家”的标签。

在工业优势确立之后，英国发现“早期有益于制造业的贸易保护政策，随后因为限制了制成品进入国际市场而成为制造业取得成功的障碍”（Reinert，2005），英国的对外贸易政策开始转向，并且强迫其他国家接受自由贸易带来的“好处”。自由贸易，这一并不新鲜的理论由于英国国家利益的需要而成为经济学“正史”。然而，殖民地出身的美国政治家并没有接受所谓的经济学“正史”，安于它自己的比较优势和分工角色，反而从英国崛起的过程中寻找经验，汲取重商主义精华，高筑贸易壁垒实现了民族工业的发展，走上了国富民强的道路。

英美崛起的经济史证明了，自由贸易或是贸易保护都是一个国家为了争夺分工制高点，在国家间利益分配格局中抢占优势地位所采用的不同战略。英国和美国在其赶超过程中总是保护该时代最具发展潜力和成长性的产业，通过壮大民族工业，将技术创新的高额租金维持在国内，取得该时代以及之后发展和竞争的主导权。一旦成为领先国家，自由贸易就成为巩固其分工地位的最佳政策选择，以保障报酬递增产业所带来的高额利润；落后国家则必须用贸易保护来抵挡领先国家优势产业的竞争，为幼稚工业发展创造市场和空间（李斯特，1841），打破领先国家对报酬递增产业的垄断。产业发展处于不同阶段的国家为了其自身的利益，通过不同的对外贸易战略在国际分工中实现各自目标的过程就构成了国家利益分配的动态机制。这种机制在早期表现为明确的产业间分工模式，即制造业主导的领先国家在国际贸易中掠取农业主导的落后国家国民财富的模式。今天，以产品内分工为主导的新国际分工使得国家界限越来越模糊，国家间的财富分配机制也随之变得更加复杂和隐蔽。

第二节　制度霸权和学术霸权对国际分工的影响

从宗主国—殖民地延续而来的旧国际分工并没有因为民族国家的独立而为它们的经济发展和社会进步带来质的变化，相反，美国、欧洲和日本等发达国家却在战后迎来了“资本主义的黄金时代”。由于旧国际分工是农产品、工业原材料和工业制成品之间的产业间贸易，发展中国家在国民经济发展中仍以报酬递减的农业为支柱，而同时期的发达国家领导了一次又一次的技术革命，将技术进步所带来的高额租金留在了国内。由于经济发展滞后、资本实力不足，落后国家丧失了在国际经济舞台上维护它们自身利益的能力。发达国家为了进一步扩大市场，保持跨国公司的垄断利润，维持对落后国家在各个领域的竞争优势，形成了以制定国际规则和国际法为主要形式的“制度霸权”以及以宣扬新自由主义经济学、影响学术舆论为主要形式的“学术霸权”。“制度霸权”和“学术霸权”成为从旧国际分工以来直到新国际分工确立，保证美欧等发达国家在全球经济中领先地位的重要手段，也成为半个多世纪以来国家间利益分配不平等的基础性因素。

一　国际经济“制度霸权”对国家间利益分配格局的影响

第二次世界大战以后，美国成为世界上经济实力最强大的国家：美国独占资本主义世界工业产量的60%，对外贸易总额的32.5%以及黄金储备总量的59%（王绳祖，1995）。如何保持巨大的优势地位、保障充分就业维持经济繁荣成为美国对外经济政策的当务之急。而战时延续下来的国际贸易领域的歧视待遇、关税壁垒以及排他性经济集团无疑给美国拓展国际市场、“承担全球经济体系的领导权”（Pollard，1985）带来障碍。经过美国政治家以及政策设计者对美国短期目标和长期规划的综合考虑，美国政府明确提出了建立一个“有组织的国际合作体系”的战略构想，其主旨在于以美国的政策目标和计划为基础确立一系列基本的多边国际规则（舒建中，2009）。

美国霸权的核心驱动力在于，通过对国际机制和规则的主导，来维系新帝国体系的运转和治理，并从中获取霸权收益（高程，2012）。其中，国际货币金融领域的货币自由兑换和资本自由流动原则，国际贸易领域的削减贸易壁垒原则和非歧视原则成为日后国际货币基金组织、关贸总协定（之后的WTO）以及世界银行的主要行为准则。由于美国的经济实力比世界上任何其他国家都要强大，拥有最雄厚的金融力量，拥有着世界上最先进的科学技术，毫无疑问，金融领域的放松管制和贸易壁垒的普遍削减对美国资本的海外扩张以及美国产品占领国际市场极为有利。美国在任何国际协议和组织中的首要目标就是确保其阻止或否决任何它不同意的方案的权力（赫德森，2010），这种利用强大的经济实力影响和制定国际经济规则来服务本国利益的做法成为战后美国参与国际经济活动的主导思想。

（一）主导货币规则

20 世纪 70 年代，随着美国面临严重的经济困难和“滞胀”的出现，在以金本位制为基础的布雷顿森林体系的约束下，美国财政状况日趋恶化，入不敷出，已经失去保持与黄金固定汇率的能力。美国的政策制定者发现，如果金本位制和固定汇率制度持续下去，美国的财政赤字和贸易赤字将导致黄金外流，导致严重的通货膨胀，最终必将拖垮美国经济。此时，美国政治家所思考的不仅仅是如何解决眼前问题，而是如何一劳永逸地将美国的赤字财政和赤字经济转嫁出去。改变国际金融制度成为挽救美国经济和美国未来的唯一办法。利用战后在西方国家的绝对影响力，美国主导了布雷顿森林体系的瓦解。从此，美元与黄金脱钩，美国的国际收支赤字不再是一种国家责任，任何拥有美元储备的国家不再具有向美国兑换黄金或者任何实物资产的权利。美国成为世界上唯一一个可以无偿向其他国家索取货物、资源和产品的国家（黄树东，2009）。前所未有的信贷扩张从此启动。

美元本位的金融体系发展到今天，由于全球化和国际贸易量的急速攀升，美国的贸易赤字不断膨胀，美国消费者获得的廉价产品越来越多，美国的技术研发和军费支出越来越庞大，但发展中国家的通胀压力却与日俱增，通过美元这一没有任何内在价值的货币向全世界输出通货膨胀。正如凯恩斯所述：“通过连续的通货膨胀……可以任意剥夺人民的财富，在使多数人贫穷的过程中却使少数人暴富。没有任何手段能像它这样如此隐蔽和可靠。”（凯恩斯，1919）如今，通货膨胀成为美国剥夺其他国家财富的手段。对美国而言，要么拒绝偿还外债，要么将同等数量的国内贷款货币化，这就促成了新的更为严重的通货膨胀，美元持续输出的通货膨胀成为中心国对半外围和外围国家毫不掩饰的福利掠夺。据美国国会预算办公室统计，2023 年 1 月 9 日，美国联邦政府的债务已突破 31.4 万亿的债务上限，占美国 GDP 的比重超过 120%，占到全球 GDP 的 30% 以上。美国赤字经济和债务经济向全球输出通货膨胀的进程不曾停止，世界各国都深受其害。"美元霸权"作为"制度霸权"的一个标杆，改变了世界金融和货币规则，使美国成功地跳出了以往帝国对外扩张过程中财力受限的困境，同时也奠定了国家间利益分配不平等的金融基础。

（二）主导技术与服务贸易规则

进入 20 世纪 80 年代，一方面，服务贸易在美国对外贸易中的比重迅速增加，据统计，到 80 年代中期，服务贸易额在美国的出口总额中已达 600 亿美元，金融和其他服务业占到美国国内生产总值的 70%（Gilpin，1987）。另一方面，随着新科学技术革命的启动，先进技术的生产和贸易也日渐成为影响总体经济发展的重要经济活动。美国政府意识到这两个趋势之后，为了确保它自身在服务贸易和新兴科学技术领域的领先优势，以其"在服务贸易、知识产权方面的优势未能在全球范围内得到有效的保护，致使财富流失"为由，开始了由内至外的立法过程。首先，美国国会通过《1988 综合贸易和竞争法》，授权总统进行知识产权和服务贸易的谈判（Beane，2000），该法案包括了著名的"特别 301 条款"，其核心是：确定在知识产权保护及其市场准入方面有问题的国家，通过采取有效的贸易制裁措施，迫使这些国家接受美国所认可的知识产权保护标准，以改变其知识产权政策，准许美国的知识产权进入其市场①。以此法案为基础，在 1986 年开始的关贸总协定

① 美国根据"301 条款"在 1989 年、1994 年、1996 年、2005 年、2006 年、2008 年将中国列入"重点国家观察名单"，2009 年、2010 年列入"优先观察名单"。

"乌拉圭回合"（1986—1994）谈判中，美国和西方发达国家共同促成了将服务贸易和知识产权问题列入谈判议程，其目的就是要将占有绝对优势的服务贸易、知识产权和金融投资纳入多边贸易体系的范围。《与贸易有关的知识产权协定》（TRIPs）和《服务贸易总协定》（GATS）的签署作为"乌拉圭回合"最重要的成果实现了欧美共同的政策目标。

《与贸易有关的知识产权协定》（TRIPs）从根本上杜绝了发展中国家购买发达国家高精尖技术的可能性，也成为限制跨国公司向东道国转让专利的行为准则。在关贸总协定向世界贸易组织过渡之后，世界贸易组织的这一关键条例成为发达国家，特别是美国在知识产权争端中打压竞争对手和进行技术封锁的合法平台，在法律层面确保了美国等发达国家知识产权的领导地位，这对于美国在20世纪90年代引领全球进入信息时代，造就一大批ICT跨国垄断企业有着不可估量的作用。发达国家利用制定国际规则压制了发展中国家在高技术领域的产业升级，加深了发展中国家对美国技术和知识产权的依赖，使得发展中国家在向价值链高端迈进的道路上步履蹒跚，而美国则一如既往地保证了它自己在新科技革命中的核心角色和垄断利润。加入世界贸易组织并遵守《服务贸易总协定》（GATs）使发展中国家在管制外资方面失去了法律依据。以中国加入世界贸易组织为例，在短暂的过渡期之后，外资进入中国市场对中国投资将不再受到技术转让和零部件国产化的限制，即市场准入条件和技术转让条件完全分开，"这迫使中国以国际法的、公开的形式同意放弃通过开放政策获得先进技术的发展战略"（黄树东，2009）。此外，中国还必须开放WTO总协定所覆盖的所有服务行业。

事实证明，美国在服务贸易上的前瞻性战略为美国经济注入了巨大活力：在1970年到2000年的30年间，美国创造了7600万个就业岗位，其中有7060万个就业岗位是由服务方面的工作所产生，占总数的93%。2001年，在平均水平上，生产性服务业所创造的附加值已经占到总附加值的54%，服务活动在创造国民财富的重要性上超过制造活动，而制造业所创造的附加值只占到总附加值的34%，服务业的报酬递增性质愈加明显①。与发达国家服务业迅速增长形成反差的是中国等发展中国家的服务业市场份额停滞不前（韩经纶，2009），根据WTO的统计，至2003年，美国服务业出口占全球的16%，而同期的中国只占2.6%（程大中，2008）。目前，中国服务业特别是利润极为丰厚的高端金融服务业和主导商品流通的零售业面临着外资的不断挤压和蚕食，大大削弱了在新国际分工中中国经济的整体竞争力和服务业的盈利能力（刘书翰、贾根良，2011）。

（三）主导国际援助与贷款规则

世界贸易组织成员不断增加，全球范围内的贸易壁垒和投资壁垒不断下降，这为跨国公司和金融资本海外扩张提供了有利的条件，对于那些不加限制地开放市场和私有化的发展中国家而言，尽管暂时获得了资金却也因此加剧了产业依赖和经济运行的风险。从20世纪80年代初的拉美债务危机到90年代的东南亚金融危机，直到21世纪初阿根廷再次出现金融危机，过快的自由化和私有化进程使得发展中国家危机不断，但却给发达国家特别是美国的金融资本带来丰厚回报。这一切都离不开国际货币基金组织和世界银行的“援助计划”。通过援助处于危机中的国家（包括日、韩）和需要贷款的国家（发展中国家与欠发达国家），并将援助与市场开放程度联系起来是美国主导的国际资本利用国际组织推行新自由主义的重要手段。事实证明，这两个“布雷顿森林机构”建立以来非但没有实现其“加强金融稳定、推动国际贸易、增进高就业率、经济稳定成长以及减少贫穷”的组织目标，由于其推行无原则的私有化、自由化，无节制的资本账户开放和跨境资金流动，反而加剧了全球贫困，导致了债务增加。

① 对于服务业的报酬递增性质，布莱恩·阿瑟在《报酬递增与经济学的两个世界》中作了论述：“其实网络或客户基础经常在服务业发生作用……特许经营的发展就是因为收益递增。同样地，一家银行或者保险公司的客户基础越庞大，它就越是可以摊薄其固定成本，如总部的人力资本，不动产以及计算机管理成本等。这些行业也遵从于收益递增的规律。”

以拉美和韩国为例。墨西哥在20世纪80年代中期接受了国际货币基金组织的贷款，但同时也接受了一系列“特别条款”：全面实行贸易自由化，削减政府开支（这是在经济最困难的时候），提高税收以偿还外债，货币贬值。与此同时，债务并没有被解除，而是以更大的数额延续下来。墨西哥通过20世纪中叶近30年的进口替代所建立起来的工业在短短的十年时间里荡然无存，产业结构退化，人均收入的增长更是从3.1%（1955—1982）降到了0.1%（1985—1995）（CEPR，2005）。

阿根廷是另外一个例子，在经历了20世纪80年代的经济危机之后，国际货币基金组织提出了一揽子援助计划，然而得到援助的代价也是巨大的。阿根廷对国有企业实行了私有化，开放了金融业，整个90年代的发展还被国际货币基金组织列为金融自由化的样本。但是到2001年，阿根廷控制的银行资本萎缩到了33%，阿根廷出现了日益加深的金融美元化，政府丧失了通过金融调节经济的能力（杨斌，2003）。随着国有企业不断被出售，外资流入放缓，偿还外债的压力不断增大，最终导致了经济恶化和资本外逃。而此时的国际货币基金组织还在宣称，新的危机的出现是政府腐败和管制过多。不仅仅是墨西哥和阿根廷，智利、乌拉圭以及秘鲁等拉美国家也同样接受了“菜单式”的援助计划（Chossudovsky，1992）。由于美国的银行几乎控制了受援助国的金融市场，而且附加条款又对美国货采取了优惠政策，“从长远来看，援助更多地增进了美国而不是拉美国家的经济利益”（缪尔达尔，1991）。

即使属于OECD的韩国也由于和中心国的利益冲突而没能逃过“被”新自由贸易的企图，但基于政府的强力干预和不妥协，韩国并没有失去“有限开放”的自主权。1998年东南亚金融危机过后，国际货币基金组织提出了550亿美元的贷款计划，附加条款之多充分暴露了美国所代表的国际资本的野心：将韩国1998年经济增长率由6%下调到3%；物价涨幅控制在5%以内；压缩收支赤字到GDP的1%以内；紧缩银根，改革大型企业集团间相互担保的制度；允许外国银行和证券机构在韩国成立分公司，允许外国人持有韩国每种股票的限额从25%扩大到56%，并同意提前开放韩国的资本市场。然而，依靠韩国人高度的民族自觉以及危机前的私人资本积累，韩国最终挺过了最艰难的时刻并抛弃了国际货币基金组织的援助，也抛弃了附加条款，粉碎了美国金融资本通过信贷政策影响韩国经济发展政策的目的。正如赫德森（2010）所说："过去的50年来，IMF没有真正帮助过一个国家"。

美国等西方发达国家深刻地认识到，只有外围和半外围国家不断开放它们的工业领域和金融领域，不断地实施出口导向战略，美欧的跨国公司和金融资本才能在最大程度上控制外围和半外围国家的发展方向，将其引领至低水平扩张和金融依赖的道路上。对于世界贸易组织，美国控制会议的协商议程并决定其结果。具体而言，一方面，通过影响和主导世界贸易组织谈判机制以及制定入世标准，有区分地降低关税和准入门槛——在具有优势的高技术产品和金融领域以"自由"为主导，在没有优势的农产品领域则以"保护"为主导。另一方面，通过世界银行、国际货币基金组织的有条件的援助和贷款计划，影响被援助国家的产业政策和对外贸易政策以服务跨国公司的全球战略。加入全球化就意味着加入"适用于国家间贸易政策的全球法律框架"（Held & McGrew，1999），这个框架作为国家间利益分配的一个重要基础，"所体现的规则、规范以及其他因素总体上反映了国际体系中占支配地位的大国的权力和利益"（Gilpin，2001）。

然而，随着百年大变局的到来，世界主要国家间的力量对比发生了巨大变化，新兴市场和发展中经济体对发达经济体的经济赶超进程不断加快，其重要体现之一就是在国际规则的制定上开始与发达经济体展开博弈。发展中国家一方是为了改变当前不公平、不合理的利益分配格局，减少全球治理非中性所带来的不利影响（徐秀军，2013），而发达国家一方则为了保持制度优势，压制发展中国家的发展潜力。由于发展中经济体在世界贸易组织等多边贸易安排制度中的地位日益提升，发达国家很难按照它们的意愿主导国际经济规则，随即采用了"能用则用、不用弃之”的态度，赤裸裸地体现了以美国为首的发达国家对待国际制度的双重标准。

二　新自由主义“学术霸权”对国家间利益分配格局的影响

> 经济学家经常扮演新政策范式代理人的重要角色，尽管经济学家的学术背景很重要，但由于在任何一个时点上总是有互相冲突的不同经济思想与理论，经济学家与国家权力的关系经常成为决定哪些理论或思想能最终影响政策范式的重要因素。
>
> ——美籍华裔社会学家高柏（1993）

由于具备制定国际贸易规则的主导权，发达国家拥有了影响国家间利益分配格局的先发优势，为了能够长远地保证它们在国际体系中的优势，特别是论证目前体系的“科学性”，发达国家和跨国公司利用一切手段来培养它们在学术理论上的代言人，并将这些理论渗透到发展中国家的政府、研究机构和高等院校，影响这些国家的理论发展和舆论导向，进而影响发展中国家的政府决策和政策制定。发达国家的政治家认为，只有制度保障还不够，还需要认可制度和参与制度的国家，这样就形成了一种更为有效和更加长远的机制。

事实证明，配合其在国际规则和国际组织中的影响力，发达国家的这种“学术”战略取得了巨大的成功。很多发展中国家，特别是位于东欧和拉美的国家更是“自发地”“主动地”配合来自发达国家的政策主张。新自由主义通过学术影响在过去的40年里取得了巨大的成就，特别是作为一种推导明确、逻辑严格的“科学理论”，更加掩盖了它作为发达国家的理论工具维持战略优势和争取国家利益的本质。然而，正如上一节我们所论述的，众多接受新自由主义经济思想、贯彻新自由主义政策的发展中国家并没有实现教科书所描述的经济发展和福利增加。这一节我们将分析新自由主义“学术霸权”的发展和它对发展中国家的影响。

从“绝对优势”到新自由主义。政治家利用学术研究把特例一般化的传统最早可追溯到英国工业革命时期。亚当·斯密在完成《国富论》之后的很长时间里依然是一个默默无闻的学者，这是因为他在书中所倡导的自由贸易和绝对优势理论完全不符合英国当时的国家利益，他对重商主义的批判也不符合英国保护和发展国内工业的经济政策（梅俊杰，2008）。随着工业革命的完成，英国人“已确信自己的霸权，开始废除原先本着重商主义而实行的一些限制……与此同时，他们以无可指责的国际分工和贸易互惠的理由，力图说服别的国家也照做”（兰德斯，2007）。而斯密的自由贸易理论无疑为英国新的贸易政策提供了理论基础，更加重要的是，将这种经过“严密”论证的科学理论成功地推销到落后国家，就意味着英国具有“绝对优势”的工业产品可以畅通无阻，而落后国家的原材料也将因为其“绝对优势”而输出到英国。显然，自由贸易理论对当时强大的英国而言是非常有利的。但是，并不是所有学者都没有看到自由贸易所带来的双重结果。针对19世纪中期的发达国家英国对后起之秀德国推销开放政策和取消关税，李斯特一针见血地指出，自由贸易政策是最发达的国家扼杀其未来的竞争对手的手段。自由贸易使强国更强，弱国更弱。

如果说此时的英国还处于为它自己的政策寻找理论辩护的阶段，那么到了美国崛起之后，美国政府和跨国公司开始更加主动和有目的地培养它们的学术代言人，并积极地把这些人送到发展中国家去影响当地的经济决策和社会舆论。以“政府失败”和“市场出清”为基础的新自由主义经济学在政策上导向了完全的自由贸易、市场开放和放松政府管制。在实力悬殊的世界经济竞争中，新自由主义无疑是一种强者受益、弱者受损的经济学。美国等发达国家为了维护其自身的经济优势，开始了将新自由主义经济学“正统化”“标准化”“科学化”的进程，并把新自由主义的理念推销到发展中国家。最典型的案例包括“芝加哥男孩”对智利的影响、“华盛顿共识”对拉美的影响以及“休克疗法”对俄罗斯的影响。

“芝加哥男孩”是一群在美国芝加哥大学学习、深造，受到福特基金会以及国际贸易发展署（USAID）资助，深受“芝加哥学派”[①] 自由放任主义影响的智利学者，多数成员在皮诺切特领导的政变后成为掌握实权的政府官员，他们提出的私有化、放开政府管制和金融监管以及削减政府开支等主张主导了 20 世纪七八十年代整个智利的经济改革。“芝加哥男孩”所声称的“纯粹”“科学”“中立”的新自由主义政策并没有为智利带来经济的复苏，至 1982 年，恶性通货膨胀高达 375%、失业率高升到 30%，由于无限制的借款，智利的国家债务此时飙升至 140 亿美元（Klein，2008）。到了 20 世纪 80 年代末，当智利经济已经稳定并呈现出增长势头时，根据联合国的调查，仍有 45% 的人口生活在贫困线以下，是世界上十分不平等的国家之一。

尽管如此，弗里德曼仍把智利经过新自由主义政策改造后所取得的全球化的、自由的经济环境和因此而获得的“发展”称为“智利奇迹”。1990 年代的智利外交部长华狄斯（Gabriel Valdes）形容道，以芝加哥学派的正统信仰训练数百名智利经济学家是“有组织地从美国移植意识形态，到一个受其直接影响的国家的鲜明例子……这个 1950 年代制订的计划对智利人施予教育，目的在于影响智利人经济思想的发展”。Klein（2008）认为，“智利奇迹”根本就是新自由主义的“恐怖实验室”。学者对“智利奇迹”的评价一直都存在争论，但是这并不影响之后的巴西和阿根廷继续新自由主义的“实验”，这些南美洲的国家放弃了通向独立自主的进口替代工业化，走向了依附型经济。

如果说“智利奇迹”仍存在很多争论，那么“华盛顿共识”的失败却是有目共睹的。“华盛顿共识”最早由美国国际经济研究所的约翰·威

① 芝加哥经济学派是一个经济学术团体，以美国芝加哥大学经济系的师生为主要成员，捍卫的核心价值是新古典经济学，相信市场机制跟自由放任，反对任何形式的干预，反对社会主义计划经济与凯恩斯主义，以米尔顿·弗里曼、乔治·斯蒂格勒等经济学家为代表。

廉姆森（John Williamson，1989）提出，旨在为处于债务危机中的拉美国家的国内经济改革提供建议，包括财政纪律、税制改革、利率自由化、重新定位公共开支、统一的和竞争的汇率制度、开放对外国直接投资、贸易自由化、私有化、放松管制以及保护产权。在这十条的基础上，“扩展的华盛顿共识”又增加了一个十条的清单：公司治理、反腐败、遵守WTO规则、弹性的劳动市场、谨慎开放资金账户、遵守国际金融的标准和准则、非中介性汇率制、独立的央行，以控制通货膨胀和减少贫困为目标。无论是追求自由、开放的“前华盛顿共识”，还是致力于规范、公平的“后华盛顿共识”，它们无一例外地“摧毁了拉美国家通过进口替代耕耘多年的民族工业”（张夏准，2009），使拉美变成了依靠外债的出口导向型经济，政府权力萎缩和外国资本的无限制进入直接摧毁了拉美的产业结构，“使拉美各国倒退回了依靠非熟练劳动力和自然资源的静态比较优势的发展道路”（贾根良、于占东，2006）。

苏联解体和东欧巨变之后，美国政府派出了由杰弗里·萨克斯等哈佛经济学家所构成的经济改革顾问，在俄罗斯推进激进的经济改革，这项改革仍然建立在以市场化、私有化为主导的“华盛顿共识”基础上，而且更加迅速和彻底——“震荡疗法”就来源于此。为了让俄罗斯能够尽快地开放，美国等发达国家不遗余力，其中，美国提供了3亿多美元的资助，西欧国家的贷款也以全面开放为条件。1992年初，俄罗斯宣布开放外贸、货币、市场和价格，自此长达十年的严重经济衰退开始了。1992年底通货膨胀高达2500%，恶性通货膨胀和货币贬值吞噬掉了俄罗斯人民几十年的积蓄和投资。然而，“震荡疗法”却为之后的新自由主义创造了新的机会，他们以俄罗斯国有企业效率低下，没有竞争力为由大力推行私有化，为国际资本洗劫俄罗斯、催生极少数寡头资本提供了条件。新自由主义的“震荡疗法”几乎摧毁了俄罗斯的经济基础，使俄罗斯陷入长时间的衰退，然而，对美国而言，它的经济理论“奏效”了。

正如吴易风（2004）所说：“新自由主义推行到哪个国家和地区，

哪个国家或地区的社会和经济发展就会遭到巨大的风险和灾难，甚至成为重灾区。”事实上，即使是发达资本主义国家也从来没有像新自由主义所提倡的那样放松政府对经济的管制，把它们自己的产业开放给外国资本。相反，美国等发达国家在外国公司并购本国高技术企业和战略能源企业上的审查极为严格，新自由主义倡导的“公平”“效率”“自由”在发达国家的国家利益面前被彻底“遗忘”了。

如今，面临发展中国家的迅速追赶，美国等发达国家为了维持其自身的优势地位撕掉了虚伪的面具，自由贸易不再被奉为圭臬，贸易保护主义随手捻来，政府对经济的放松管制成为一句空话，拜登政府通过的《通胀削减法案》和《芯片与科学法案》对产业政策的指导和对经济活动的干预达到了前所未有的程度。对外则通过技术民族主义和贸易保护主义不断打压竞争对手，在处理对外关系的过程中，技术安全化、经济安全化比比皆是，美国在极短的时间里抛弃了曾经引以为傲的经济哲学。美国的政策转向表明，社会科学的研究必然遵循立场、观点和方法的逻辑顺序，只有站在自己国家的立场上，从维护自己国家利益出发，才能避免西方学术霸权的影响，才能真正学以致用。

三 “均码”（One Fits All）经济理论的实质

> 新自由主义是一场意识形态领域的战争。
>
> ——美国经济史学家赫德森，2010

对于“世界主义”经济学的批判从李斯特时代就开始了。李斯特在谈到斯密的自由贸易理论时认为，斯密的理论是世界主义的，有个人利益，有世界利益，就是不提民族国家。直到今天，这种“普世”的经济学仍然有着巨大的影响力。埃里克·赖纳特认为，新古典经济学之所以处于无法撼动的支配地位，是因为在今天的经济学中，缺乏一种名为“经济政策史”的子学科。的确，如果你不深入重商主义的“创造”

本质，就无法知晓英国从一个受制于低地国家的边陲岛国如何成长为“日不落帝国”的；如果你不了解美国学派对美国政治的影响，就无法判断同为殖民地的北美洲、印度和拉丁美洲为何在发展路径上产生了如此之大的区别；如果你不知道日本发展主义与熊彼特的渊源，就无法知道日本创新能力的源泉。

以日本为例。日本战后对产业政策范式有最大影响的一批经济学家都是在第二次世界大战前受的教育，信奉马克思、熊彼特和凯恩斯，而没有人信哈耶克。这样一种独特的学术背景是日本发展主义的理论基础。“这些经济学家……的经济思想与政策理念经常通过国家权力的放大，变为主导国家政策范式的纲领性原则。这正是为什么日本走上了一条与西方完全不同的发展道路的根本原因之一。”（高柏，1997）事实上，“自重商主义以来，在经济思想史中就形成了一种在德国历史学派、马克思经济学、美国制度主义和现代熊彼特经济学中得以延续的传统。这是一种把生产、技术、创新和由此所引致的制度变迁看作经济发展核心问题的传统”（贾根良、于占东，2006），然而，这种传统被主流经济学家“意外地”忽视了。由于并不存在一种既适合领先国家又适合落后国家的经济学，在领先国家所主导的世界体系里，很难想象适用于落后国家追赶的经济学可以成为“主流”。美国等发达国家深知经济思想对一国发展战略的重要影响，为了建立一种“科学”的理论，为了让后来者相信“世界主义”经济学的存在，它们用尽全力宣传新自由主义经济学，又用尽一切手段来阻止“异端”的发展，因为这才符合发达国家的利益。

新自由主义经济学在本质上企图将发展中国家纳入不平等的竞争体系中，并强化其报酬递减的分工地位。新自由主义日益成为一种“基于权力的国际机制论的经典模式”（Hasenclever，Mayer &Rittberger，1997），世界银行和国际货币基金组织作为主要推手，是宣传主流经济思想的重要阵地。所有的首席经济学家几乎都是新自由主义的推崇者，但是也有例外。斯蒂格利茨作为 20 世纪末十分重要的新自由主义经济学家之一，直接参与了“后华盛顿共识”的起草。然而，也许是在世界银行的实践工作使然，也许因为他有着良好的学术操守，他越来越发现世界经济制度的不平等，发现他所推崇的“全世界都受益的经济学理论”在现实当中并没有那么成功。

经过调查发展中国家参与全球化的得失，斯蒂格利茨开始从一个绝对支持新自由主义的经济学家变成了一个现有经济制度的批判者。当斯蒂格利茨认识到世界贸易组织和世界银行在规则制定上越来越对发展中国家的发展不利，从而影响到全世界的公平竞争的时候，当他通过对发展中国家的长期发展做出考证，提出“贸易自由化有利于推进发展中国家经济必须具备一系列必要和充分条件”时，当他在被英国记者采访时描述了“国际货币基金组织带你去‘地狱’的四个步骤”时，他作为世界银行首席经济学家已经走得太远。斯蒂格利茨认为，发达国家需要向发展中国家做出更大的让步，才能保证发展中国家一定从全球化中受益，但以美国为首的发达国家不需要一个唱反调的首席经济学家，尽管他的理论和观点符合经济事实。

左大培（2000）和埃里克·赖纳特（2004）在研究新贸易理论中的“战略性贸易政策”时发现，在拥有与现实更相关的经济理论如战略性贸易政策的情况下，却拒绝在真实的世界经济政策中推广和应用这些原理。战略性贸易政策是指政府通过鼓励、支持特定产业产品出口或限制其进口来达到改善经济绩效的政策体系，20 世纪 80 年代新贸易理论的一个重要贡献就是为政府介入和战略性贸易政策的有效性提供了理论依据，包括“布兰德—斯潘塞模型”（Brander & Spence，1981、1983、1985），证明了政府通过关税或补贴能够转移垄断利润以提高本国福利水平；克鲁格曼（1984）的“学习效应模型”指出，在国内市场不规范的情况下，政府能够运用干预手段使幼稚产业获得“学习效应”以及规模效应从而降低成本曲线，增加产业国际竞争力，提高市场份额从而改善本国的整体福利水平，“该理论直接复活了被自由贸易理论所批评的幼稚产业保护理论”（雷达和刘元春，2005）。

然而，新贸易理论的代表人物克鲁格曼（1986）却又提出，虽然我们不能证明此类政策毫无用处，但是我们可以证明它们并不总能发挥作用。如此模棱两可、含糊不清的表述让我们不禁怀疑其真实意图。“对一种理论上完全有道理、历史上又是行之有效的贸易政策，却硬要说它不适用于今天的发展中国家。我们有理由怀疑他是……从某种偏见出发来说话……这种偏见就是由美国的利益而产生的对落后国家发展的敌视。”（左大培，2004）事实上，有大量的案例证明，当今多数巨型跨国公司都在关键时刻接受了政府直接或间接的支持和帮助（查尔斯·希尔，2004）。这种发现了好的理论却不在实践中广泛推广的现象被埃里克·赖纳特称为“克鲁格曼恶习”。西方主流经济学家在研究中只关心基本的宏观经济变量和“普遍适用的”制度，而不理会决定市场成功或失败的决定性因素：“初始的”技能、技术吸收能力、知识创造的规模报酬递增等，也因此他们向发展中国家推行的是以“交换制度”为核心的改革方案，“忽视了生产和为生产而创立制度的重要性，根本就不了解生产率增长最重要的根源”（贾根良、于占东，2006）。

新自由主义经济学力图建立一种普世的、均码（One Fits All）的经济学理论，希望研究者抛弃他们自己的价值观和世界观是不切实际的。爱因斯坦曾说，不是经验观察为理论研究提供基础，而是理论研究决定我们可观察到什么。对社会科学而言更是如此，任何一位学者在研究之初就已经有了价值判断，然后把这种判断自始至终融入研究过程中。脱离国家和民族利益，脱离每个国家不同的发展阶段和特殊国情来研究经济理论正是美欧等发达国家“学术霸权”的目的。在200年前，当英国向美国推销自由贸易的时候，美国学派的经济学家们认为，不存在能够指导一国各个阶段经济发展的先验规律，各国之间存在着制度和历史背景的巨大差异，他们拒绝缺乏时间观和所谓具有普遍性的自由贸易学说。自由贸易学说在当时反映的是英国的自身利益，而如今，新自由主义反映的是以美国为首的发达国家的利益。

为了实现新自由主义经济学的统治地位，发达国家和跨国公司可谓煞费苦心。发达国家政府由于其自身身份的限制，虽然能够公开影响国际组织的运作，但向发展中国家推销自由主义和比较优势的影响有限。跨国公司作为发达国家对外战略的实施主体，成为新自由主义经济学的幕后推手，通过培训、公关、媒体、资助研究和学术交流达到推广自由主义经济学的目的。经过学术加工的新自由主义哲学剔除了意识形态，剔除了国情差异，成为“放之四海而皆准的科学真理”。但是，如果发展中国家不拒绝这种缺乏时间观和历史观的所谓普世原理，不“采用情景与脉络特定的分析方法把问题放到特定的历史和地理环境中分析”（贾根良，2004），那么必将导致经济政策与国情的背离，导致对发达国家的经济依赖，最终在国家利益的博弈中失去自我。缪尔达尔感叹道：“在这个伟大的觉醒的时代里，如果不发达国家的年轻经济学家迷醉于发达国家的经济思想中，将是令人遗憾的……我希望他们有勇气抛弃那些……不适当的教条结构和理论方法，通过研究他们自己的需要和问题产生新思想。”发展中国家所需要的是多元政策，而不是“均码政策”。

第三节 “中心—外围”结构的新形态

自20世纪中叶“中心—外围”理论的诞生到今天已经过去了四分之三个世纪，该理论所描绘的世界经济结构并没有消失，而且变得更加隐蔽。从发达资本主义对全球的资本输出到金融寡头对民族国家的深刻影响，从生产垄断到资本对世界的瓜分，这些都在全球价值链的掩盖下变得更加隐蔽，在世界贸易组织、世界银行和国际货币基金组织的法律框架下显得更加合理，在新自由主义经济学的论证下变得更加科学。第二次世界大战以后，殖民地纷纷独立，随着民族国家的力量前所未有地增强，以往发达资本主义国家通过战争、侵略所进行的资本输出和财富掠夺已经变得不切实际。与此同时，落后国家通过发展经济参与国际经济事务、追求其自身利益的愿望也更加强烈，这对发达国家资本进行全球逐利构成了挑战。对于领先国家而言，它们非常清楚它们从落后到达领先所走过的道路，唯有“踢掉梯子”阻断现代落后国家的追赶，才能保证它们的领先优势，才能为资本扩张减少阻力。

那么，什么才是从落后到领先的必经之路呢？众多发达国家的崛起历史以及发展中国家沉痛的教训告诉我们，只有实现了经济中的核心生产活动从报酬递减向报酬递增的过渡，才能带来国家的可持续发展和国家实力的质变。可以肯定的是，技术结构所产生的权力关系通过经济结构对剩余分配产生影响，是国家间利益分配的一个重要机制。因而，一旦实现这种质变，一个国家就能获取持续性的报酬递增，在国际经济交往中保障其国家利益，使企业和员工共享技术创新和经济发展所带来的丰厚租金。

完成这种质变需要几个关键因素的支持：第一，政府必须有高瞻远瞩的眼光和强大的执行力，索菲斯·赖纳特和埃里克·赖纳特（2006）认为，应“有意识地控制政策环境来提高报酬递增经济活动在经济中的比例并降低报酬递减的经济活动的比例”。第二，落后国家必须摆脱与具有生产力优势的先进国家的正面、直接竞争，才能避免成为领先国家的经济和技术附庸。一个“强有力”的政府是实现这种转变的必要条件。为了遏制落后国家从这两个方面实现转变，发达资本主义国家开始了“新帝国主义”战略。

跨国公司成为“新帝国主义”的先锋，对生产的全局性垄断转变为对核心技术的垄断，对廉价原材料的追逐转变为对廉价劳动力的追逐，发达资本主义国家通过国际组织和国际规则为跨国公司提供贸易和生产全球化的空间，为跨国公司实行技术垄断、技术控制和资本输出提供法律基础。同时，为了让发展中国家心甘情愿地放弃政府干预，发达国家大力推行新自由主义经济学，企图通过“学术霸权”影响发展中国家的对外贸易政策，使它们自动地进入不平等的竞争体系中。“新帝国主义”的最终目的就是保持发达国家对发展中国家的绝对优势，固化现有的利益分配格局，使发达国家和发展中国家持续地被锁定于报酬递增—报酬递减的两极分工模式里。

那么，为什么发展中国家比发达国家高得多的经济增长速度并没有带来国民福利的同幅度改善呢？出口导向的经济在美元本位制的前提下既为美国消费者带来了廉价商品又为美国提供了生产扩张的资本，而中国的廉价劳动力只能拿到一张张“白条”。这是一种崭新的国际剩余分配模式，从中国以及几个较大的发展中国家来看，跨国公司所青睐的外商直接投资与外包多数都投向了发展中国家的出口部门，这些部门通过低附加值的组装加工赚取外汇，然后用这些外汇购买来自发达国家的高附加值资本货物以及咨询服务。事实上，除了接受这种不公平的贸易外，发展中国家并没有太多的选择。赫德森（2010）曾建议，发展中国家“必须购买生产资本而不是金融资产，因为金融资产的作用是为国外资本积累提供补贴，而不是为国内的资本积累提供补贴”。尽管这种建议为发展中国家的外汇储备提供了出路，但却缺乏现实意义。

对于那些手持大量美元希望购买美国优质生产资本的发展中国家而言，它们的努力是徒劳的。美国对于外国企业购买其工业资本股份有着极其严格的限制，这种严格限制的历史可以追溯到美国建国之初对外商直接投资的限制（贾根良，2010）。直到20世纪80年代，当外汇储备巨大的OPEC成员提出收购美国企业时，美国的回应是，除了购买美国国债没有任何限制之外，其他“商品”都有限制，在没有政府的许可下，外国投资者不能购买任何企业超过5%的股份。不仅是美国，其他发达国家对外国企业收购本国战略和高科技资产都有严格限制①（见表3－2）。

今天，美国政府严格的外国投资管制仍在继续，并且对美中贸易和中国的对外投资产生了巨大的副作用。首先，它加剧了中美之间的贸易顺差，间接增加了贸易摩擦和汇率争端；其次，迫使中国高技术企业在拓展海外市场和技术升级时面临重重困难。按照自由贸易的思想，中国

① 这种限制只针对发展中国家，从表3－2中我们可以看到，未被中国公司收购的公司有些被美国和欧洲的公司所收购，由此从侧面论证本章后面的观点，即中心和半外围国家在共同维护其对外围国家的技术和资源优势上，利益是共同的。

在国际贸易中的比较优势是劳动力密集型产业，美欧等国在高科技领域具有优势，中国与发达国家之间的互补性极强，如果以美国为主导的发达国家改变其高科技禁运政策以及不公平的并购审查机制，那么中美与中欧之间的贸易顺差将大为降低，同时加快中国的技术升级和改造。但是，这显然不符合美欧高技术企业的垄断利益，将中国锁定在低技术水平扩张的道路上是美国和欧洲在对中国的贸易中首要考虑的因素。中国等发展中国家希望通过进口高技术和用美元直接购买海外资产来增值美元资产的做法是行不通的。

表 3－2　**美国等西方国家对中国企业采取的不公正措施**

年份	项目	结果
1990	中国航空技术进出口公司收购西雅图飞机零件制造公司	美国前总统老布什亲自否决此项并购
1996	中国远洋集团租用美国长滩港码头	CFIUS① 以国家安全为由不予批准
2005	中海油收购优尼科公司	美国众议院以 333：92 的投票结果否决中海油的收购计划，最终被雪佛龙收购
2009	中国有色矿业集团收购澳大利亚稀土矿业公司 Lynas	FIRB 以投资比例过高为由否决收购
2009	中铝收购澳大利亚力拓铝业公司	收购失败，原因不明
2009	华为收购美国 3Com 公司	CFIUS 以国家安全为由不予批准，最终被 HP 以 27 亿美元收购

① CFIUS，美国外国投资委员会，该委员会由 12 名政府高官组成，财政部长是主席。成员还包括美国国务卿、国防部长、商务部长、司法部长、管理和预算办公室主任、美国贸易代表、经济顾问委员会主席、科技政策办公室主任、总统国家安全事务顾问和经济政策顾问。该委员会涉及八个行政部门，其中包括财政部、国务院、商务部、国防部、司法部、国土安全部、能源部和劳工部，此外还有七个白宫机构参与审查过程，包括美国贸易代表办公室、科技办公室、管理和预算办公室、经济顾问委员会、国家经济委员会、国家安全委员会和国家情报总监。委员会成员中因各自代表的行业利益不同，对外资并购也存在分歧。一般来讲，商务部、财政部多从活跃经济、提高就业方面考虑，对外资并购较宽容；国防部、司法部则更多地考虑国家安全，想方设法阻止或逼迫收购方签署妥协条款。

续表

年份	项目	结果
2008	华为收购美国北电网络公司	CFIUS 以国家安全为由不予批准，北电最终被诺基亚—西门子以 6.5 亿美元收购
2010	华为收购美国 2Wire	2Wire 由于担心无法通过 CFIUS 审查，主动放弃与华为的收购要约
2010	华为收购摩托罗拉网络基础设施部门	因为政治原因被诺基亚—西门子以低于华为的报价收购
2016	中国大康集团收购基德曼公司牧场	FIRB 以安全为由拒绝
2018	华为公司和中兴公司对澳大利亚 5G 建设项目的投标	FIRB 以安全为由禁止投标
2018	在美国 FBI 要求下，加拿大警方逮捕华为副总裁孟晚舟	美国出具证据，华为在中国香港的子公司通过汇丰银行向伊朗公司出口技术
2020	台积电宣布停止向华为供货	在美国的压力下，华为面临芯片断供、手机无法生产的困难局面
2018—2023	包括中国科研机构（研究院/中心）117 家、人员 16 名、高校 9 所、国家机关 19 个，相关企业 586 家被美国政府列入实体清单	美国商务部工业与安全局根据美国《出口管理条例》（EAR），通过实体清单和其他出口管制清单，管控向特定最终用户出口受 EAR 管制的物项，以实现维护美国国家安全及外交利益的目标。截止到 2023 年 10 月，BIS 涉华实体清单共发布 32 次，其中 2018 年 2 次、2019 年 5 次、2020 年 7 次、2021 年 6 次、2022 年 2 次、2023 年 10 次。

资料来源：作者根据相关资料编制而成。

与此同时，发达国家之间共享报酬递增带来的高额租金并获取巨大的消费者剩余，发展中国家由于从事报酬递减的生产活动尽管实现了经济增长却损失了国民福利，发达国家与发展中国家在国际贸易中的不平等交换日趋严重，“新帝国主义”在手段上从对殖民地的控制和战争变成了“学术霸权”和“制度霸权”，一个是在理论上为原有的分配格局披上科学的外衣，另外一个则是通过现实经济中的制度和规则保证原有分配格局的延续，发达资本主义国家对于低成本生产要素的追逐没有改变，对于垄断和寡占的追求也没有改变，只是跨国公司作为新的主体发挥了更加重要的作用。

这里我们借用沃勒斯坦对于世界的划分标准根据当前的世界经济格局进一步将它明确：中心国家——美国，半外围国家——除美国之外的发达国家，外围国家——世界其余国家。世界经济的运作在总体上呈现出中心国以绝对的影响力和控制力制约半外围国家和外围国家，而中心国又和半外围国家联合起来制约外围国家，这反映出国际经济体系的两个基本矛盾：中心国与所有其他国家之间的矛盾以及中心国、半外围国家与外围国家的矛盾。第一个矛盾是美国维护其自身作为世界领导者的需要；第二个矛盾则是美国和其他发达资本主义国家维护其技术、经济优势地位的需要。近年来，美国等国打着“脱钩”“去风险”的名义与中国划清界限，减少对中国的经济依赖更加说明其试图巩固“中心—外围”结构的战略目标。

第四章　现代国际分工的逻辑：全球价值链治理

全球价值链理论的产生以新国际分工和全球生产网络为基础，其首要研究主题是生产全球化。20 世纪 90 年代的信息技术革命引发了以信息通信技术（ICT）产业为主导的国际分工的巨大变化，分工格局实现了从产业间到产业内、从产品间到产品内、从国家间到企业内的重要转变。跨国公司的逐利本质和归核化战略，发展中国家的低劳动力成本优势以及随着 WTO 扩大所带来的世界范围内投资和贸易壁垒的降低，共同促进了全球供应链的扩张。

在世界市场不断融合的同时，生产活动在空间上加速分散（Robert，1998），生产功能在地理上不断集中。新国际分工带来的不仅仅是分工在全球范围内的深化和广化，也直接导致了经济全球化在地理上和产业上的发展不平衡（Gibbon & Bair，2008）。从“全球商品链”到“全球价值链”和“全球生产网络”，这些概念的共同之处在于突出了世界经济正在变成一个由公司间和公司内关系所驱动的复杂和动态的经济系统。而全球价值链理论为这个包括几乎所有国家和地区在内的全球体系提供了一种有效的分析工具。在涉及全球化时代生产什么，如何生产，谁来生产，生产多少以及生产收益如何分配等一系列问题时，全球化的深层机制及其微观基础就显得尤为重要了。即生产活动的分散化是怎样发生的？全球化过程中各个经济主体之间的协调机制是如何实现的？全球价值链治理就是在回答上述问题的过程中发展起来的。

全球价值链治理作为全球价值链理论的核心，聚焦于全球化语境下以领袖企业（Lead Firm）为中心的治理研究。当一些企业由于它在全球价值链中所处的地位而获取特定的权利，能够决定价值链中其他企业的经济行为（包括控制生产价格、执行标准、交货时间等）时，这些企业通常处于领袖企业的地位。显而易见，作为掌控价值链高端并能主导相关产业发展的领袖企业在全球价值链的分析中极为重要。全球价值链治理关注领袖企业与供应商之间的协调与互动，关注全球化参与各方（包括供应商、零售商、分销商、经销商、承包商以及中间商品和服务提供商）的壁垒构建和租金分配，关注全球价值链给不同国家带来的机遇、挑战和风险，特别关注在碎片化生产和专业化分工过程中全球价值链的治理主体、治理方式和治理逻辑，在理论上为发端于20世纪末的新一轮全球化提供着多层次和多维度的解释。

本章着重于梳理全球价值链治理理论的发展脉络，比较和分析十分具有代表性的四种分析框架：作为全球商品链驱动机制的治理，作为企业间协调和连接机制的治理[①]，以质量标准和惯例为核心的“一般化”治理，以微观—中观—宏观架构为基础的“模块化”治理。通过分析和比较相关理论，更好地把握全球价值链治理的内在逻辑以及现代国际分工的发展逻辑。

第一节 全球价值链治理理论的源泉

自从1994年Gary Gereffi提出“全球商品链”概念至今，全球价值链理论已经发展了整整30年，治理理论也由于研究重点的不同而呈现出多样化的发展趋势，其内涵随着全球化的变化而不断丰富。全球价值

---

① 对建立在企业间相互关系和权力结构上的研究，Ponte和Sturgeon等学者倾向于使用连接（Linkage）的概念，Gibbon，Bair等学者倾向于使用“协调”（Coordination）的概念，但二者本质上都是为了阐述全球价值链体系中公司间关系的治理。

链治理理论的起源是全球商品链驱动机制研究。格里芬最早通过借鉴世界体系理论中的商品链概念来分析治理模式。

与 Ternce Hopkins 和 Wallerstein Immanuel 对商品链的理解不同，格里芬没有把资本主义和马克思主义政治经济学的逻辑作为研究基础，而是从微观着手，把领袖企业及其对全球化的影响作为研究重点。他认为，领袖企业在选择供应链伙伴（吸纳和排挤商品链参与者）、确定生产活动的地理位置以及附加值创造的环节和多少等众多方面起着决定性作用，这种决定性作用在商品链治理中构成驱动力。在此前提下，领袖企业被分为生产者驱动和购买者驱动两种类型，它们都在各自的商品链中获取最大的收益并设置有利于其自身的进入壁垒。其中，生产者驱动的企业多为工业资本所主导的制造商，而购买者驱动的企业多为商业资本主导的零售商，格里芬讨论了上述两种企业参与全球化的时机、方式和动机，重点讨论了购买者驱动型领袖企业的兴起。

20 世纪 90 年代初，新一轮全球化刚刚萌芽，以福特制生产模式为特征的垂直一体化大规模工业生产尚未退出历史舞台，生产汽车等工业制成品的跨国公司在全球商品链中的地位依然强大，大量研究的焦点集中于生产者驱动的跨国公司。通过对亚洲服装制造商及其海外买家的关系研究，格里芬发现，由于购买者驱动的领袖企业越来越把设计、品牌和市场营销等商业环节作为核心竞争力，而劳动密集型的生产环节的重要性和附加值不断下降，这促使领袖企业将制造活动交由独立的供应商和承包商完成，它们通常位于劳动力成本低廉的东亚和拉丁美洲。因为这一时期东亚和拉美国家逐渐从进口替代型的经济体向出口导向型转变，为购买者驱动的跨国公司加速外包劳动密集型的生产活动提供了重要机遇。尽管在全球商品链中并不存在正式的等级关系，但整个外包过程由领袖企业决定，它与供应商之间的地位并不平等。

以格里芬的驱动理论为基础，众多学者进行了一系列的全球商品链案例研究，这些研究既包括购买者驱动，也有生产者驱动。然而，在对具体领域和产业进行分析的过程中，学者们发现，格里芬对于全球商品链的分类过于简单也过于抽象。Michael Clancy（1998）指出，旅游业的国际化既不属于生产者驱动，也不属于购买者驱动，虽然商品链的分析有助于认清全球化背后的驱动力和交换关系，但是关于治理的类型仍然需要细化。Peter Gibbon（2008）的研究也指出了同样的问题，即在初级产品形成的商品链中，国际中间商才是最终“驱动”者，生产者驱动或者购买者驱动都无法准确解释该商品链的治理模式。

Niels Fold（2002）分析了来自加纳的可可产业和阿姆斯特丹的巧克力产业的相互关系，认为两者形成了一种“两极”型的购买者驱动商品链。换言之，全球商品链的治理模式不仅仅局限于生产者驱动和购买者驱动。随着国际分工和国际贸易的深化，特别是21世纪初模块化生产和标准化生产的介入，以往生产者驱动的领袖企业通过国内生产来维持技术壁垒和生产秘密的做法大大改观，越来越多的来自发达国家的技术密集型企业开始将大量的制造环节进行外包。生产者驱动商品链和购买者驱动商品链呈现出“你中有我，我中有你”的发展态势，这给已有的治理理论带来了巨大的挑战。

与此同时，更多的学者开始以“全球价值链”代替“全球商品链”进行相关研究。2000—2001年，以苏塞克斯大学的发展研究院（IDS）为研究阵地，包括Gary Gereffi、John Humphrey、Timothy Sturgeon及Raphael Kaplinsky在内的学者以全球价值链为研究对象开展了一系列学术讨论并撰写了大量工作论文，标志着全球价值链作为研究主题的确定。从全球商品链到全球价值链的主题转换，部分原因在于“商品链”的概念在某种程度上限制了治理理论的发展。在产品内分工迅速崛起的全球化时代，部件和中间产品的生产和交易所占比重越来越大，价值创造的内涵、外延和形式已经大大超出“商品”的范畴，而价值链的概念能够容纳更广的分析对象，更好地揭示经济活动的一般规律，也更形象地体现了价值增值的过程。于是，治理理论的核心从最开始的全球商品链的驱动机制，转向全球价值链下企业间协调和连接机制的研究。

第二节 全球价值链治理的分化（一）

由于生产者驱动和购买者驱动商品链之间的界限日益模糊，以及生产者驱动领袖企业不断扩大的外包行为，都需要新的分析框架来对发展中的全球化做出解释。为了改进和完善治理理论，John Humphrey 和 Hubert Schmitz（2000）从价值链升级的视角区分了四种治理模式，包括市场模式：领袖企业和供应商不需要在决定产品细节方面进行协作，由于产品的标准化以及供应商拥有足够的能力满足制造需要，领袖企业几乎没有风险；网络模式：领袖企业与供应商共同决定产品规格，双方实现优势互补；半层级模式：领袖企业定义产品规格并对供应商实现高度控制，领袖企业可能由于供应商出现生产问题而蒙受损失；层级模式：领袖企业直接拥有位于海外的供应商，定义产品细节，由于这些产品通常包括专利技术，领袖企业完全主导生产过程。

在上述分类的基础上，Gary Gereffi，John Humphrey 和 Timothy Sturgeon（2005）共同发展了新理论框架，用以观察和预测以公司间协调机制为核心的全球价值链体系是如何实现治理的。该理论致力于解决三个问题，首先是哪些经济活动会聚集在全球价值链中的某个节点（Node）上，或者分散在不同的节点上；其次是知识和信息是如何在节点之间传递的；最后是全球价值链中的节点位置怎样确定。为了回答上述问题并对治理进行分类，格里芬等确定了三个变量，即价值链各节点之间知识与信息交易的复杂程度、解码交易信息的难度以及供应方满足交易需要的能力。

通过区分上述三个变量的难易程度和水平高低，全球价值链被分为五个治理模式：（1）市场型治理：交易完成较为容易，产品规格较为简单，供应商通常不需要买方的支持就拥有完成合约的能力，价格为主要的协调机制；（2）模块型治理：复杂信息被编码化和数字化后传递给供应商，供应商具备提供整套模块的能力而无须买方监督和控制生产流程，（产品、产业、质量）标准为主要的协调机制；（3）关系型治理：买方提供隐性信息，供应商拥有独特的或不可复制的能力获取买方信息，信任和声誉为主要的协调机制；（4）俘获型治理：供应商能力较弱，完全依赖买方的监督、指导和干预完成生产和交易，协调机制就是买方对供应商实现全局控制；（5）层级型治理：产品规格无法被编码化，生产过程无法外包，不存在有能力的供应商，所有环节都在公司内部进行，自上而下的管理为主要协调机制（参见表4－1）。

表4－1　**全球价值链治理的主要决定因素**

<table>
<tr><th>治理类型</th><th>交易的复杂程度</th><th>解码的能力</th><th>供应方的能力</th><th>内部协调和权力不对称的程度</th></tr>
<tr><td>市场型</td><td>低</td><td>高</td><td>高</td><td>低</td></tr>
<tr><td>模块型</td><td>高</td><td>高</td><td>高</td><td rowspan="3">⇕</td></tr>
<tr><td>关系型</td><td>高</td><td>低</td><td>高</td></tr>
<tr><td>俘获型</td><td>高</td><td>高</td><td>低</td></tr>
<tr><td>层级型</td><td>高</td><td>低</td><td>低</td><td>高</td></tr>
</table>

资料来源：Gary Gereffi，“The Governance of Global Value Chains”，*Review of International Political Economy*，2005，Vol. 12，No. 1，p. 87.

上述分析框架的核心在于揭示了领袖企业与供应商之间的权力结构，即从以价格为主要协调机制的市场型治理到直接控制和管理的层级型治理，权力不对称的程度不断加深。不同于全球商品链驱动理论，以研究协调和连接机制为对象的治理理论将视野缩小至全球价值链的节点和连接上，具体而言，聚焦于领袖企业与供应商的不对称权力结构，更加重视交易成本、隐性信息及资产专用性在治理结构中的重要作用。这在很大程度上解释了迅速崛起的以模块化组织为主导的ICT企业的“合约制造”行为。

格里芬等在随后的案例分析中指出，全球价值链治理的五种模式的区分取决于价值链中参与者之间的关系是如何管理的，以及知识、信息和技术是如何被应用到设计和生产等具体环节的，即使是在同一产业内部，在不同的时间不同的节点其治理模式也可能发生巨大的变化。通过借鉴交易成本经济学、生产网络和技术能力等理论的研究成果，全球价值链治理理论进一步深化，特别是对公司间协调机制和权力结构的分析为学者理解全球化背后的微观逻辑提供了重要基础。

第三节　全球价值链治理的分化（二）

在作为协调的治理理论被提出的同时，Stefano Ponte 和 Peter Gibbon（2005）通过引入惯例理论（Convention Theory）将标准，特别是质量标准及其相关的质量惯例，作为全球价值链治理的基本要素，力求借助规范分析和认知分析构造一个“一般化”的治理理论。惯例理论源于20 世纪 70 年代法国的社会学研究，到了 90 年代开始融入经济学研究，成为一个新的分析框架，用以揭示不同经济协调机制的产生、强化和转换过程，其研究重点是为了解释不平等的主体如何在信息不对称的环境下完成经济交易，以及如何相互协调来降低产品质量可能出现的不确定性。

Stefano Ponte 和 Peter Gibbon 在质量惯例及其组织原则和全球价值链之间建立起映射关系，以六种惯例原则为基础分析领袖企业及其治理逻辑。它们分别是:①

（1）以竞争为原则的市场惯例：价格是质量的主要标准。

（2）以忠诚度为原则的内部惯例：产品的规格和质量的定义依赖于长期建立起来的人际关系和反复合作的历史。

① 六种惯例模式对应的英文原文：市场惯例（Market Convention）；内部惯例（Domestic Convention）；行业惯例（Industrial Convention）；公民惯例（Civic Convention）；启发惯例（Inspirational Convention），评价惯例（Opinion Convention）。

（3）以生产力为原则的行业惯例：由第三方通过强制测试、认证和检验保障产品符合规范和标准。

（4）以福利为原则的公民惯例：基于对共同福利的承诺，产品的生产、营销和出售应当达到一定的标准以满足公众在安全、健康和环境问题上的诉求。

（5）以创造性为原则的启发惯例，视创新和创造能力为核心，关注质量，强调产品的新奇性和突破性。

（6）以声誉为原则的评价惯例：质量的不确定性问题通过媒体、品牌、口碑以及专家意见解决，质量取决于公众的认可程度。

显然，不同的质量惯例具有不同的传递和影响范围，在全球价值链中有些质量惯例更容易覆盖整个价值链，而有些只能对价值链中的某个或部分节点起作用，这就决定了不同类型领袖企业对相关领域价值链的控制力、影响力和获取租金的能力。以高科技产业为例，在不同价值链范围内不同惯例的覆盖范围存在显著变化。在研发和设计的价值链中启发惯例和评价惯例占主导，在生产和外包的价值链中市场惯例、行业惯例和公民惯例占主导。如今，领袖企业越来越多地把复杂的质量信息内化于被广泛接受的标准、编码和认证之中，利用质量控制和管理完成对价值链的主导，这已经成为经济全球化十分显著的现象之一。

不同于以往对治理类型进行的具体分类，Stefano Ponte 和 Peter Gibbon 试图为全球价值链治理给出一个以惯例分析为中心的更加全面的解释框架。在作为企业间协调和连接机制的治理框架中，随着从层级型治理向市场型治理推进，价值链主导者的权力不断下降，而惯例分析则认为，即使是松散型的治理体系也不意味着领袖企业控制力的减弱，权力的变化并不简单地取决于在企业间关系基础上建立的协调机制，更为重要的是领袖企业通过各种方式，特别是惯例体系的影响，来获取权力。

惯例分析所指出的六种模式渗透于全球价值链的方方面面，使我们更容易理解领袖企业的行为准则以及不同价值链背后的深层治理逻辑。此外，惯例分析更加注重质量信息的传递机制，例如，市场惯例和行业惯例能够更容易地沿价值链传递和扩展，而内部惯例和启发惯例则仅仅在有限的价值链范围内发挥作用，这有助于我们区分不同价值链的治理模式及其发展趋势。

惯例分析力求跳出预先设定的变量及其所决定的协调机制，其所容纳的历史、社会等因素与当今全球化中日益受到关注的劳工制度、企业责任、环境保护、食品安全等议题相契合。换言之，作为惯例的治理理论将这些日趋活跃的经济社会因素纳入分析中，为发展中的全球化提供了更加“一般化”的解释。

第四节　全球价值链治理的理论融合

上述全球价值链治理理论尽管研究视角各异，采用的方法和研究思路也颇不相同，但是在运用某些具体的概念（如驱动、质量、模块等）时有着很强的联系。这使得全球价值链在整体上具有较大的理论“弹性”，为治理理论的融合提供了可能。在微观—中观—宏观的系统框架下，Stefano Ponte 和 Timothy Sturgeon（2014）试图使用新的方法和理论工具，通过融入更多的宏观要素使用“模块化”的分析方法整合和发展已有的价值链治理理论。

这种“模块化”的治理框架包括三个部分：微观层次描述决定价值链节点的因素及交换机制；中观层次描述节点之间的连接方式是怎样的并在什么程度上扩展至价值链的上游和下游；宏观层次描述全球价值链的整体运行模式及其导致的结果。其中，微观层次的分析重点在于连接机制和惯例体系如何作用于价值链中的节点以及节点之间的相互关系，而中观层次注重节点之间的比较以及价值链变化的因素，这两个层次的研究以综合现有的三个治理理论为主，真正的创新发生在宏观层次。

首先，微观和中观的全球价值链治理由关联模块、惯例模块和价值链节点构成，关联模块与惯例模块共同作用于价值链节点，确定各个节点（包括消费者、零售商、领袖企业、一级供应商、二级供应商）之间的关系性质（参见图4－1）。其次，其他宏观变量构成一个模块，包括规则、支撑体系的质量、商业系统的性质、消费形式的变化以及非政府组织、工会和社会运动的影响。最后，微观与中观的价值链治理和其他宏观变量共同决定价值链的整体治理，包括单极驱动、两极驱动和多极驱动三种模式，驱动单元的数量依次增加，驱动力依次减小（参见图4－2）。

全球价值链中的微观和中观因素

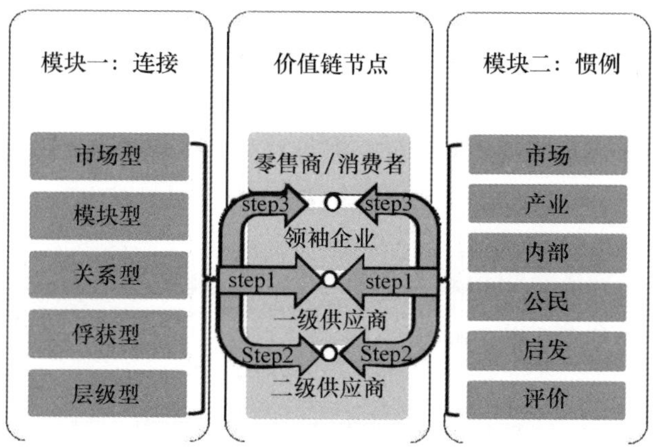

图4－1　两个模块作用下的微观治理分析

资料来源：Stefano Ponte，Timothy Sturgeon，“Explaining Governance in Global Value Chains：A Modular Theory-building Effort”，*Review of International Political Economy*，2014，Vol. 21，No. 1，p. 214.

Stefano Ponte 和 Timothy Sturgeon 认为，将微观和中观治理中的要素整合并形成新的宏观治理框架有助于我们理解分工的实现，价值的创造、消失、分布和分配，经济主体被容纳、排斥和边缘化的过程，以及经济、社会和环境问题对生产和就业的影响。这种模块化建构的优势在于其高扩展性和高动态性，即随着微观和中观要素的变化以及其他宏观要素的影响，全球价值链的驱动力量、驱动主体和上下游厂商之间的关

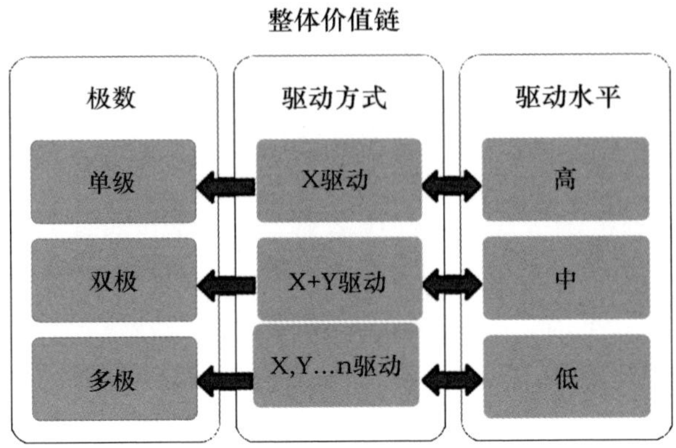

图 4－2　整体价值链的运行模式

资料来源：Stefano Ponte，Timothy Sturgeon，“Explaining governance in global value chains：A modular theory-building effort”，*Review of International Political Economy*，2014，Vol. 21，No. 1，p. 214.

系都是可以变化的，价值链中的各种行为主体都有可能成为驱动单元，唯一确定的是在驱动单元由单极向多极转变的过程中，驱动力变得更加分散。

上述动态关系得到了一些案例研究的支持。Momoko Kawakami（2011）在分析计算机产业的发展后指出，计算机行业的领袖企业已经由最初的 PC 制造商单极驱动转变为 PC 制造商、以英特尔为主的芯片供应商和以中国台湾企业为主的一级供应商多极驱动的价值链体系。在此过程中英特尔的产业策略起到了关键作用，如通过直接外包等方式改变价值链节点的连接机制从而使整个产业的权力结构发生重大变化。Stefano Ponte（2014）研究了影响生物燃料产业的主要力量，认为随着大型生物科技企业的兴起、国际粮食交易商以及燃料分销商的强大，生物燃料价值链逐渐由单极驱动的治理模式向多极治理演化。换言之，无论是微观层次的企业行为还是中观层次的产业变局都是导致价值链整体治理发生变化的重要原因。

这种“模块化”的分析框架汲取了以往治理理论中的精华，把全球商品链中的驱动分析、以企业间关系为核心的连接分析和以惯例为中心的质量分析有机地融合在一起，不仅仅考察各种具体变量和机制对价值链的影响，而且注重关键要素和协调机制的共同演化对价值链的动态影响。通过引入新的宏观变量——包括非政府组织、标准制定组织、工会、社会团体、消费者协会等——拓展全球价值链的研究范畴，为学者更加历史地、系统地进行治理分析提供了宽广的平台。

第五节　全球价值链治理的理论意义和现实意义

当前，全球价值链治理已经和企业治理、全球治理并列成为学术界十分具有影响力的三大治理理论。与其他两种治理理论相比，全球价值链治理理论稍显年轻，但其对现代国际分工特征的把握以及对国际分工新发展、新变化的跟踪分析使全球价值链治理受关注的程度越来越高。

首先，随着最终市场开始从发达国家向发展中国家转移，国际政治经济力量的平衡不断被打破，区域贸易协定正在加速兴起，全球范围内供应商与领袖企业的议价能力发生变化，上述世界经济的崭新格局为全球价值链治理的理论创新提供了素材。在理论发展方面，一直以来，学者们秉承开放的态度通过跨学科研究为价值链理论注入新鲜血液，从经济学到社会学再到政治学，从主流学派到非主流学派，通过融入交易成本经济学、技术能力理论、模块化分析和惯例理论等新的研究思路和研究工具，大大提升了治理理论的容纳力和解释力。随着新事物、新情况的不断涌现，理论融合和理论借鉴将成为全球价值链治理理论与时俱进的重要保障。

其次，以全球价值链治理为基础建立起来的全球价值链升级理论也逐渐成为发展中国家和国际社会关注的重要议题。由于发展中国家越来越深地嵌入全球价值链体系当中，能否处理好随之而来的机遇、风险和挑战直接关系到发展中国家能否从全球化中获得收益和发展，特别是在如何融入全球价值链、采用什么样的产业政策、技术能力如何提高、国内需求与国际市场如何平衡等重要问题上，升级理论提供了有益的参考。

对发展中国家而言，随着科学技术的迅速发展，生产、投资、贸易形式的不断变化，新国际经济规则带来的深刻影响以及跨国公司经营战略的调整，无论是微观层次的企业创新还是中观层次的产业升级都面临着剧烈的环境变化和外部不确定性。以往升级理论中的案例研究多为静态分析，考虑的因素较为单一，适用范围较为狭窄。因而，升级理论的案例研究亟待丰富，特别是要明确各个国家、各个产业发展的不同阶段，考虑其发展过程中所面临的不断变化的外部约束，这样的研究才能真正为发展中国家的“发展”做出贡献。

最后，在众多国际组织承办的国际会议和发布的研究报告中越来越多地将全球价值链作为探讨的主题，这一做法直接扩大了全球价值链理论的全球影响力，使全球价值链的研究进入“主流”视野。事实上，尽管全球价值链理论已经发展了20年，但一直以来并没有得到学术界和政策界的过多关注，它的研究主要来自少数几个研究机构和一些非主流经济学家。这是因为该理论并非继承或发展于某种既有的主流经济思想，它的存在是为了解释全球化中出现的新的经济规律和新的动力机制，而这些规律和机制是现有国际贸易理论所未涉及的。

随着WTO和OECD在2013年合作建立“增加值贸易”（TiVA）数据库，主要国际经济组织、各国政府和学术界对全球价值链的关注达到了一个新的高潮，全球价值链理论的强大生命力也体现出来。在全球价值链基础上建立起来的增加值贸易统计方法彻底改变了人们对国际收支、贸易水平、产业发展甚至国家间经济关系的传统认知，为我们更加深刻地认识全球化提供了实证研究的基础。

中国政府也持续关注全球价值链的发展。2020年，习近平主席在亚太经合组织工商领导人对话会上的主旨演讲中明确提出：“在新发展格局下，中国的对外合作将不断深化，同世界各国实现互利共赢。我们将更加积极地参与国际分工，更加有效地融入全球产业链、供应链、价值链，更加主动地扩大对外交流合作。”全球价值链的理论研究始于现代国际分工，以全球价值链治理理论为基础的政策实践将持续在中国的对外经济交往中发挥重要作用。

第五章　模块化与全球价值链

全球价值链是新国际分工的必然产物，而“模块化”生产为产品内分工提供了技术基础，它直接催生了跨国公司生产活动的垂直解体。在20世纪80年代以来的40年时间里，模块化所导致的生产结构的重组，极大地促进了贸易和分工的全球化，模块化在生产中的普及是中间产品贸易激增的一个重要原因。Timothy Sturgeon（2002）指出，“模块化网络”已经成为新国际分工体系的核心。从集成化产品向模块化产品的过渡使生产的片段化成为可能，为发展中国家融入全球价值链降低了门槛，即发展中国家只需要通过组装、加工以及生产低知识密集度的子模块就可以进入产品的生产链条。

然而，随着嵌入全球价值链的程度不断加深，中国相关产业在关键技术领域并没有形成我们自身的竞争优势，如汽车行业的发动机制造以及ICT行业的集成电路和晶片圆的生产。企业技术创新能力的提高是产业升级的重要基础和来源，中国企业在核心技术发展上的滞后已严重制约着中国从全球价值链低端向高端迈进的步伐。本章尝试通过分析模块化生产的特点和内在机制解释中国在全球价值链体系中升级缓慢的原因。

第一节　全球价值链升级的路径

全球价值链理论研究对中国当前经济的一个重要启发是，它清晰地描述了不同国家在融入价值链过程中所处的不同地位、获得的不同收益以及价值链结构的驱动力量。如何从附加值低、技术能力弱的低端环节向高附加值、创新能力强的高端环节迈进是全球价值链理论研究的一个重点。有大量的国内外学者致力于全球产业价值链的升级研究。Raphael Kaplinsky 和 Mike Morris（2001）分析了四种升级模式：

（1）过程升级，主要指生产体系的改善，通过生产过程的重新组织或新技术的获得提高投入产出水平。

（2）产品升级，即从低级产品生产向高级产品生产演进，从而增加产品的附加值。

（3）功能升级，即进入价值链中附加值更高的生产环节，拓展企业在价值链中的生产潜能。

（4）价值链升级，指企业从整体附加值较低的价值链转向整体附加值较高的价值链。

John Mathews 和 Dong-Sung Cho（2000）通过总结东南亚地区（以中国台湾和韩国为主）的产业转型，指出发展中国家尽管存在原始技术储备上的不同，但总体上都是通过从 OEM（贴牌）向 OBM（自有品牌生产）转变实现升级。技术基础较好的国家可以沿着 OEM—ODM（自行设计制造）—OBM 的路径实现创新和升级，技术能力薄弱的国家则沿着 OEM—GLC（全球物流契约）—OBM 迈向价值链高端。

张辉（2004）认为，全球产业转移实际上是高低不同附加值的价值环节在空间上的一次优化调整和再配置，并指出全球化使得价值链条的升级轨迹并非不可逆转，“只要融入全球价值链，不要太介意是低端融入还是高端融入”。其他学者的研究多数是在以上升级理论的基础上进行细化，并没有发展出新的框架。尽管学者们总结出众多的经验，提出了很多升级和创新的方式，但多数融入全球价值链的中国产业，如传统汽车产业和信息通信产业（ICT）在升级上并没有实现以往的“东亚奇迹”，没有大规模地从贴牌生产过渡到自有品牌生产，也没有完成从劳动密集型分工向知识密集型分工的过渡。与之形成鲜明对比的是，从中国市场起步和发展的新能源汽车正在成为中国的创新高地。

本章认为，中国在传统产业和高技术产业领域的升级障碍主要源自企业层次的创新能力薄弱，而企业创新能力薄弱与中国产业深度嵌入模块化全球价值链体系密切相关。首先将模块化生产纳入企业和产品升级视角的是 Henry Chesbrough 和 Ken Kusunoki（1999），他们从产品建构的角度阐述了集成化生产、模块化生产与企业组织形态演变的相互作用，如果组织的变迁与产品建构方向不一致，则会陷入“模块化陷阱”，导致企业无法进入新的生产阶段。宋磊（2008）将“模块化陷阱”的原理应用到中国，分析了中国企业作为“设计规则的接受者和关键部件的购买者”的特殊地位，指出“模块化陷阱”是中国等发展中国家本土企业研发模式被锁定的根本原因。本章将从模块化本身的特点出发，在模块化生产与全球价值链之间建立联系，厘清模块化生产对中国产业升级和参与国际分工的影响。

第二节 模块化全球价值链的实现机制

模块化本身的特点决定了它在全球价值链中的关键地位。童时中（1995）指出，模块化就是为了取得最佳效益，从系统观点出发，研究产品（或系统）的构成形式，用分解和组合的方法，建立模块体系，并运用模块组合成产品（或系统）的全过程。该定义清晰地指出了模块化生产的根本途径和主要目的，即使用“分解和组合”的方式来实现复杂产品生产的“利益最大化”，这种机制符合跨国公司生产全球化的目的。一些国外学者分析了模块化的运行机制，如 Richard N. Langlois（1999）把模块化视为一系列管理复杂系统的规则，复杂系统的可分性是其组成部分通过共同的界面信息进行交流的前提。

Carliss Y. Baldwin 和 Kim B. Clark（2000）认为，模块化是用相对独立的，能够共同实现特定功能的子系统建构复杂产品系统的过程，所以模块化是一种有效组织复杂产品和过程的战略。青木昌彦（2003）

指出，“模块化”是指半自律性的子系统，通过和其他同样的子系统按照一定的规则相互联系而构成更加复杂的系统的过程。国内学者朱瑞博（2004）将模块化与价值链联系起来，指出模块整合是指按照某种界面标准将可进行独立设计的具有一定价值功能的模块整合起来的过程，价值链与价值模块分解和整合的都是社会分工深化和细化的产物。

模块化是一种组织形式，模块产生的目的是企业能够驾驭日趋复杂的技术架构和产品系统，通过把产品分解为模块这一子系统，设计者、制造者和用户都获得了很大的灵活性。但是这种灵活性有一个前提，那就是“看得见的设计规则”，而灵活性也只限于子模块内部。因此，在整个产品系统中必须存在一个“舵手”来处理专业的系统信息以及模块之间的联系规则。“各模块的活动开始后，即使系统环境发生了很大的变化，也只有‘舵手’有权决定是否改变联系规则——就是说‘舵手’起了总设计师的作用。”

在全球价值链体系中，“舵手”就是系统整合者（System Integrator）；从价值链治理的角度来看，“舵手”就是治理者（Governor）。系统整合者界定了同一系统中所有中间产品和最终产品的生产规则和生产标准。从“舵手”的特点来看，系统整合者在整个价值链体系中拥有至高无上的权力，它决定了各个子模块的存在价值和发展方向，并进行“中央集权式”的管理。所以系统整合者是模块化全球价值链中的一个决定性变量，它决定着以下三个重要元素：

（1）结构，确定哪些模块是系统的构成要素，它们是怎样发挥作用的。

（2）界面，详细规定模块如何相互作用，模块相互之间的位置如何安排、联系，如何交换信息等。

（3）标准，模块在系统里是否能发挥作用，检验模块是否符合设计规则，并测定模块的性能。

一个成熟完整的模块化系统必然包括以上三个要素，否则集成化产品系统就不可能实现向模块化的过渡，全球价值链也不可能分解。

除了系统整合者的关键地位外，模块化全球价值链体系还有一些重要特点。首先是子模块之间的非对等地位。这种不对等首先表现在核心模块与边缘模块的区分上，核心模块在整个产品系统中居于主导地位，包括结构、界面、标准在内的三个要素都围绕核心模块而设计，其他子模块依附于核心模块。

此外，子模块之间还因为资产专用化程度以及内部信息的外溢程度而有所区分，这两个因素决定了模块所创造的附加值的高低。从构筑壁垒以产生租金的角度来看，一个模块的内部信息越复杂，越封闭，则越能构筑较高的壁垒以维持垄断租金，创造高附加值的模块总是倾向于不断提高信息扩散的门槛以保持租金收益，构筑壁垒与产生租金互为因果（Kaplinsky，2008）。子模块之间的非对等地位表现在全球价值链体系中，就是不同的分工者的技术能力以及创造附加值能力的差异。

其次是子模块之间的组合。以往的模块化研究对于组合较为轻视，原因在于当确定了结构、界面和标准三要素之后，组合的工作就顺理成章了。事实上，随着技术的提升，生产效率的提高，人力资源成本日益成为产品成本中的关键变量。考虑到当今发达国家与发展中国家劳动力成本的巨大差异，子模块之间的组合过程也成为系统整合者降低成本的一个重要环节。然而，参与组合生产环节的企业仅仅接触到了界面信息以及标准检测，对于整体结构、标准的内涵以及各个子模块的特点则一无所知。

模块化的以上特质也被跨国公司的实践所证实。30 年来，随着新科技革命的进展，以信息通信技术（ICT）行业为先锋，开始了全球制造的模块化时代。模块化生产适应了跨国公司“归核化”的战略要求，即放弃附加值低的模块，放弃劳动力成本高的组装环节，专注于高附加值的核心模块生产和产品系统的整体研发，把主要精力放在了设计结构、界面和标准上。而中国等发展中国家的企业多数承担了模块化系统中的两种工作：按照界面信息组合各种模块，以及生产次要的低知识密集度模块。这种模块分离的生产趋势尽管给中国带来了大量的就业机会以及贸易增长，但同时也将中国的产业发展锁定在了全球价值链低端。

在个人计算机领域，中国缺芯少魂的问题长期存在；在汽车领域，中国的发动机制造始终落后于发达国家；在液晶电视领域，中国的液晶面板长期依赖进口。核心模块生产能力的缺失直接导致了企业发展受制于人，企业利润长期在低水平上徘徊。华为之所以能够脱颖而出，正是因为它从早期阶段就将核心技术的研发列为首要任务，聚焦高附加值模块的研发与生产。华为与联想构成了中国企业两条完全不同的发展路线，华为所代表的路线是以核心模块的研发推动企业发展，而联想代表的是通过模块的装配与组装推动企业发展。

制造业企业根据市场竞争强度权衡技术和成本，选择生产分割方式和程度，在竞争强度较高的产业，企业优先考虑营造成本优势，倾向于选择外购（刘戒骄，2011）。在融入全球化之后，中国大部分企业因为无法承担高额的研发成本、无法突破严格的知识产权壁垒而放弃了对核心模块的开发，仅仅通过组装和加工融入全球价值链，只能是为他人作嫁衣裳，为跨国公司节约了成本，其自身却没有形成核心竞争力。那么，探索中国企业从价值链低端向高端迈进、实现产业整体升级的路径就成为理论研究的关键，下面将从模块化与知识溢出、子模块与产品系统的关系两个角度讨论嵌入全球价值链的中国企业实现升级和创新的可能路径。

第三节　模块化与知识溢出

在对全球价值链创新和升级的研究中，包括 Garry Gereffi、Raphael Kaplinsky 和 Mike Morris 等在内的学者都有一个暗含的前提，即认为在足够的竞争压力和清晰的战略指导下，企业通过一定的步骤（生产过程升级→产品升级→功能升级→价值链升级）都能完成从低级到高级的转变。现实并未如此发展，20 世纪 90 年代以来，相较于 20 世纪 60—80 年代的“东亚奇迹”，沿模块化全球价值链升级的速度和力度都大大减缓甚至停滞了。一个显著的现象是，中国在改革开放融入全球化之后，经历了40年的高速经济增长，高新技术开发区建设了十多年，"缺芯少魂"问题至今依然存在，中国高科技企业被"卡脖子"的情况屡见不鲜。那么，OEM—ODM—OBM以及OEM—GLC—OBM的升级之路是否还有借鉴意义？处于价值链低端进行组装和生产次要模块的企业和工人能否通过"干中学"和"学中干"实现全球价值链的升级和创新呢？

青木昌彦（2001）指出，模块之中"信息包裹"（Information Encapsulation）程度加深的过程——强化个别模块的内部信息，弱化模块之间的界面信息——是模块化的核心思想。信息包裹最初被用来分析一种组织形式，即两个任务单元独立地进行信息加工，各自只观察其自身的特质性部分，相互之间的行为是"隐蔽"的。在技术层面，"信息包裹"指内生于模块化的封闭的知识和技术结构。而界面信息是一种不构成生产约束的信息，这种信息并不包含太多的价值，企业获得界面信息和模块之后可以轻易地进行子模块的组合。但是，模块的信息却因为内生于模块之中而具有极强的隐蔽性和垄断性，没有这种信息就没有模块，没有模块，任何企业都无法进行生产。这也是系统整合者控制核心模块生产和研发的重要表现。

对以组合子模块融入全球价值链的中国企业而言，员工们所从事的工作是按照已有的图纸和流程处理模块之间的连接关系，即处理界面信息，在所有的流程中都无法接触到模块的内部信息。知识获取和技术创新通常经过两种方式进行，一种是可整理知识，即可以用语言和符号表达且易于交流的知识；另一种则是无法言传的，通过实践和实例来学习的意会性知识。贾根良认为，由于信息革命极大地方便了可整理知识的传播与吸收，由此所引起的模仿与竞争已使竞争力维持的时间大大缩短。相反，意会性知识无法以信息的形式加以传输，难以被竞争对手所模仿，因而对于维持竞争力更为基本。即意会性知识在技术创新中的作用要大于可整理知识（贾根良，2001）。在全球价值链的低端生产环节，各个模块内部信息的包裹化使每个模块内部的信息都难以外溢，由于不能深入有价值的模块内部进行观察和实践，通过意会性知识进行创新和获取信息的路径被切断了。而作为可整理知识的界面信息，由于受到系统整合者的严格限制和规定，并不存在改进和学习的可能性。换言之，在组合模块的过程中，利用“干中学”实现创新和技术提升是不现实的。

同样，对于生产低知识密集度模块的企业而言，由于核心模块的封闭性以及“信息包裹”的存在，企业员工无法获取高级模块的知识，其认知能力被限制在了较低的水平。此外，低知识密集度的模块通常有着较低的进入门槛，竞争异常激烈，会出现子模块生产商相互杀价以保证系统整合者订单的状况。这种情况的严重之处在于企业失去了对经济利润的自主控制，更加没有资本和动力进行子模块的创新与学习。

系统整合者为了获得持续的垄断租金，通常独占核心模块的生产和研发，利用其技术储备和创新能力上的优势将标准制定从模块外部的接口延伸到内嵌于模块的知识结构，以“专利包”的形式构成一整套产业技术标准从而固化其技术优势。这在很大程度上压制了核心模块的竞争对手，如果一个企业试图直接进入核心模块，则要么接受这种标准，要么重新开发一种标准。然而，一旦一种技术标准确立下来，所有相关产业和产品都将围绕这种标准进行研发和生产，“另立门户”的成本高昂，市场前景无法预计。往往产业越成熟，原有的技术标准就越难以打破。

全球价值链的一个主要特点就是生产的垂直解体，在解体的过程中，技术标准的重要性更加明显，因为它是各个子模块最终实现对接和组合的基础，所有参与价值链生产环节的企业都必须遵循这个标准。“专利包”是实现技术标准的手段和工具，它包括一系列相关的专利，由核心、外围和边缘专利三个部分组成。“专利包”的存在从制度上巩固了模块化的“信息包裹”，系统整合者则通过掌握核心专利控制了整个生产链条的技术演进和利益分配。企业如果有产品需要与核心模块对接，则必须购买模块接口，即标准的授权和许可，这种行为不仅构筑了强大的技术壁垒，而且为制定标准的系统整合者（有时是厂商的联合）提供了额外的利润来源。由于技术标准和“专利包”的存在，中国等发展中国家围绕核心模块进行生产的企业每年都要向标准制定者和专利持有者缴纳数额巨大的特许权使用费和授权费，由于专利包的内容更新极快，这一费用就像无底洞一样不断吞噬着企业的利润，直接影响了企业的创新能力和创新意愿。

值得注意的是，企业所购买的只是接口或者模块的有限期使用权，模块本身对使用者仍然是封闭的。根据世界银行的统计数据（见图5－1），中国的特许权使用费与授权费从1997年到2008年的11年间，在收入上几乎没有变化，而支出却翻了5倍，中国企业不仅没有通过创新实现全球价值链升级，对发达国家技术标准的依赖反而加深了。

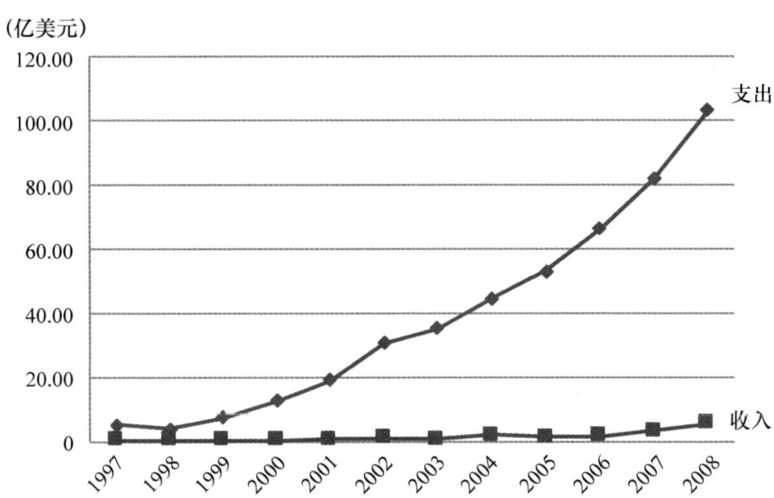

图5－1　中国特许权使用费与授权费（1997—2008）

资料来源：笔者根据1998—2009年《中国高技术产业统计年鉴》的数据整理而成。

第四节 子模块与产品系统

模块化的形成是一个艰巨而复杂的过程，对相互依赖的系统进行模块化以及为了实现模块化系统的潜在价值而开展的必要实验都构成了整个产品系统从集成化到模块化的巨大成本。为了使整个产品系统的运行保持连贯性，系统整合者通常倾向于稳定的联系规则。一旦一种系统内部的联系规则确立下来，如果改变界面信息和子模块之间的接口模式，即进行局部调整，系统整合者将面临巨大的调整成本，这是“牺牲整体最优化的代价”。因此，随着时间的演变，产品系统对于子模块的变革产生了戏剧性的态度变化。

在一个产品系统形成的早期，模块化过程刚刚开始，系统规则刚刚建立，面向同一接口的子模块之间处于一种相互竞争的状态；不同的子模块之间则处于磨合阶段。系统整合者对子模块的期望值很高，子模块之间的竞争为实现整个系统的最优化提供了便利，在创新和改进方面有较大的自由度，这一时期是技术创新和技术升级的最佳时期，能够在这一时期成功融入的模块往往能够与整个系统在较长的时期内共同演进。整个产品系统开始了由核心模块出现所导致的创新浪潮，我们认为，这就是 Carlota Perez 和 Luc Soete（1988）所阐述的“机会窗口”。

由于产品系统的不成熟，系统整合者还没有能力形成强制性的标准来制约子模块的升级与创新活动，此时任何能够与核心模块对接的子模块都有机会成为一个惯例化模块。但随着产品系统越来越成熟，不同模块之间的竞争趋缓，创新的“机会窗口”也越来越小，直到所有子模块磨合完毕，模块化就完成了。一旦达到一定程度上的最优化，系统整合者就不倾向于鼓励和支持价值链的各个环节进行模块层次上的升级和创新，这样会打乱已有的体系。

子模块通过与产品系统不断的磨合，不断强化其自身优势，使后来者进入产品体系更加困难。事实上，模块化全球价值链的实现过程不仅仅是技术上和组织上的，还有制度上的，特别是系统整合者在确定与子模块的组合之后，将产生一系列的契约关系，以保证模块化全球价值链能够持续、稳定地创造产品和价值。这里的要点在于，模块化全球价值链在本质上以系统整合者自身的利益为最高诉求。这也就决定了各个子模块的创新和升级绩效与整个产品系统的形成周期有密切关系。

产品系统与子模块之间的关系也从微观技术角度阐释了东亚增长与创新模式的历史特定性。从推动产业结构调整和转型的角度来看，中国期望达到日本和韩国20世纪60—70年代引进、消化、吸收、再创新的水平面临极大的障碍，主要原因是新国际分工中技术高度集中的模块化生产大大加剧了这一过程实现的难度（张其仔）。中国所面临的技术环境与50年前大不相同，由于当时的ICT产业发展方向尚不明确，高技术产品普遍集成度不高，模块化不明显，当“信息包裹”较弱的时候比较容易通过反向工程实现拆解、分析、再创新并升级原有的子模块，形成其自身的技术优势。“干中学”和“学中干”在推进技术创新和组织创新的过程中作用明显。

一方面，如今的模块化生产在使加工和组装变得越来越容易、进入门槛越来越低的同时，保证了模块内部的知识不外溢，寄希望于引进、消化和吸收外来技术特别是高精尖技术进行再创新，已经失去客观上的可行性。另一方面，“东亚奇迹”发生的时期新科技革命尚未完成，日本、韩国和中国台湾正是在这一时期抓住了模块融合的机会实现了产业转移，形成其自身在信息科技领域的国际优势。由于成熟的“模块化”生产体系直接封闭了“技术创新的窗口”，中国期望在相关产业里获得发展不仅面临着模块化的技术制约，还面临着专利、版权等方面的法律制约。华为之所以能在封闭的模块化生产时代找到突破口，一方面它较早就开始了核心模块的研究，另一方面更为重要的是它通过交叉许可专利打破了知识产权保护对企业发展的限制。但是，华为只是华为，并没有成为华为现象。自融入全球化以来，中国在关键产业和生产领域的自主技术创新水平迟迟无法提高，印证了模块化生产对产业升级构成了巨大挑战。

第五节　“模块化”全球价值链对中国的挑战

根据“模块化”全球价值链的发展特点，我们初步提出三种在当前技术制约条件下实现中国企业技术创新和产业升级的途径。

第一，在利用产品系统进行“模块操作”的时候实现全球价值链升级。鲍德温提出了五种“模块”操作形式：（1）分离模块；（2）用更新的模块来替代旧的模块；（3）去除某个模块，增加迄今为止没有的模块，扩大系统；（4）从多个模块中归纳出共同要素，将它们组织起来，形成设计层次中的一个新层次；（5）为模块创造一个“外壳”，使它成为可以在原来设计的系统之外也能发挥作用的模块。

其中，第二个“模块操作”是产品系统的一种需求，通过投入人力物力进入子模块之间的激烈竞争中并脱颖而出，凭借功能、设计、质量等优点进入系统，那么随着时间的推移，该子模块很有可能成为产品系统中的惯例化子模块，与整个产品系统共同演进。

中国汽车行业当前对新能源汽车的大力投入就是希望通过“模块操作”实现技术创新和产业升级，其核心是用动力电池替换掉传统汽车的汽油发动机。汽油发动机作为一种非常成熟的汽车模块，在技术积累和研发水平上中国企业都大大落后于欧美企业，实现高质量创新的难度非常大。而在混合动力和纯电动汽车的研发方面世界各国的起点相差不远，通过“模块操作”进行升级的可行性非常大。

日本专利分析公司 Patent Result 的调查显示，在纯电动汽车充电和电池更换的专利申请领域，从 2010 年至 2022 年的累计申请数来看，中国企业以 4.1 万项排在首位。排在第二位的日本企业为 2.7 万项，排在第三位的德国为 1.6 万项，排在第四位的美国为 1.4 万项，排在第五位的韩国为 1.1 万项。中国的专利优势说明，中国企业在新的核心模块——充电和电池更换系统的技术优势已经建立起来。“模块操作”还体现在中国动力电池龙头企业宁德时代在动力电池的设计制造方面。电动汽车产业将动力电池打造成了一个全新的汽车核心模块，宁德时代并不是在发动机领域进行创新，而是在新旧模块——发动机向动力电池转换的时期加大了对新模块的研发和创新，继而完成了动力电池模块的国产化，通过模块替代实现整个汽车产业的升级。根据 SNE Research 的统计，2022 年，宁德时代全球动力电池使用量市占率为 37%，较去年同期提升 4 个百分点，连续六年排名全球第一。

海关数据显示，2023 年，中国每出口 3 辆汽车就有 1 辆是新能源汽车，全年出口 177.3 万辆，增长 67.1%。与中国出口的计算机、手机等产品不同，中国的新能源汽车已经有了“中国心”，新能源汽车的大量出口不是基于劳动力成本的比较优势，而是基于在新模块领域的技术领先。

第二，从 R&D 到 A&D（Acquisitionand Development）。鉴于模块本身的“信息包裹”特质，当一个产品系统比较成熟而模块化全球价值链又在一定程度上对该子模块有所依赖时，期望深入模块内部获取信息实现升级，无论是在技术上还是在法律制度上（知识产权保护）已经不再可能，只有通过 A&D（并购与研发），即采用并购来直接获取必需的子模块以及“胶粘”其上的知识产权和专利，这样不仅能够取得研发的知识基础实现技术水平的提高，还能为企业开拓新的市场空间。在模块化生产遍及全球制造行业的今天，A&D 越来越成为企业升级和创新的一个重要手段。

思科（Cisco）是最典型的通过 A&D 成长起来的网络硬件公司，也是最早认识到模块化时代并购与研发同等重要的高技术公司。思科通过直接购买专利弥补其自身在技术上的空白，打开新的市场，并消灭潜在竞争对手，实现了在网络协议制定上的霸主地位。目前，中国只有少数高技术企业将 A&D 作为提升技术能力的战略选择，华为作为其中的代表通过 A&D 不仅获取了大量的先进通信技术的知识产权，而且以此为基础形成其自身的研发优势、构建其自己的知识产权体系。

根据德国专利数据公司 IPlytics“5G 标准专利声明的实情调查”报告，截至 2020 年 1 月 1 日，全球共有 21571 个 5G 标准专利项声明，其中华为拥有 3147 项，排名第一，其次分别是三星（2795）、中兴（2561）、LG 电子（2300）、诺基亚（2149）和爱立信（1494）。截至 2021 年底，华为在全球共持有有效授权专利 4.5 万余族（超 11 万件），其中 90% 以上专利为发明专利。此外，华为在中国国家知识产权局和欧洲专利局 2021 年度专利授权量排名均为第一。华为在信息通信领域已进入了关键通信模块的内部，而不再被“信息包裹”所限制。也正因为此，对于华为在美国的 A&D 策略，美国政府想尽办法打压和禁止，目标就是阻止华为通过 A&D 进入核心模块内部。中国高技术企业应当认识到，在信息技术“爆炸式”发展的模块化生产时代，把 A&D 与自主创新置于同等重要的战略地位是更加理性的选择，也是突破技术瓶颈和现有价值链制约的有效途径。

第三，成为新的系统整合者，再造新的价值链，重新定义产品系统的接口、结构和标准，与原有的系统进行竞争。前文已经提到，重新设计标准和结构面临着巨大的风险，通常只有当旧的标准随着时间的推移而日渐显示出其缺陷或者新的产品系统得到了强有力的支持时才能成功。

中国移动的 TD-SCDMA 第三代移动通信技术正是通过构建新的产品系统实现了中国企业在电信技术上的突破，同时也确立了真正的中国标准。需要指出的是，TD-SCDMA 技术尚未商用之前，工业与信息化部冻结了采用 WCDMA（美国标准）和 EVDO-2000（欧洲标准）的两种通信牌照的发放，直到 TD 技术试商用、商用之后才开始允许以欧美技术为基础的 3G 牌照发放。显然，如果在 TD 技术还没有开发出来或者尚不成熟的时候就对移动通信领域进行全面的市场化和国际化，中国的通信标准必将被扼杀于襁褓之中。因而，对于拥有自主知识产权以及关系到国计民生的技术标准和核心模块，政府必须动用行政力量进行支持和引导。作为一个人力资源丰富、拥有巨大市场的发展中大国，中国有能力也有必要为相关产业成为新的系统整合者参与国际竞争提供政策基础。

随着中国经济越来越深地嵌入全球价值链体系，我们必须认识到“模块化”生产对企业创新和产业升级所带来的全新挑战，只有深刻理解“模块化”的内涵和机制才能有针对性地制定创新战略，才能摆脱“模块化”全球价值链的技术约束，实现自主创新能力和技术水平的真正提高，扫除产业升级的障碍。

第六章　高技术与全球价值链

从特朗普政府到拜登政府，美国在高技术领域对中国的遏制和打压使我们重新认识到：尽管中国大量出口计算机、手机等带有“高技术”标签的产品，但真正的“高技术”大多不掌握在中国企业手中；尽管中国境内的研发投入越来越大，但自主知识产权的开发难以获得突破性进展，“卡脖子”问题依然突出。中国高技术产业“高技术不高”已经成为人们较普遍的印象。

本章认为，这在一定程度上源于人们混淆了“高技术”与“高技术产品”这两个在内涵和外延上都有巨大差别的概念。一个“高技术产品”的生产环节并不都是高技术的，相对笼统的“高技术产品”概念对分析当前的实际问题已显得力不从心。换言之，一些学者依赖OECD公布的高技术产业分类标准以及参照美国先进技术产品（ATP）进出口目录所建立起来的研究工作大大忽视了生产的全球化、产业转移和中间产品贸易问题，也大大忽视了高技术本身所具备的核心要素，仅仅将注意力集中在了最终产品和统计数据上。

因此，本章将研究对象的主体锁定为高技术及其生产环节，而不仅仅是高技术产品；将高技术的国别属性置于极为关键的地位，而不是仅仅讨论R&D投入，下面将以高技术的本质特征为出发点，厘清有关的认识误区，从全球价值链的利益分配和系统协同效应两个角度分析中国“高技术不高”背后的深层原因及其对中国分工地位的影响。

第一节 高技术产品进出口的“统计幻觉”

自20世纪80年代以来的全球化浪潮远远不同于始于19世纪末的全球化，尽管这两次全球化都以全球贸易量的大幅度攀升为主要特征，但无论是在生产分工、贸易商品的种类还是对各国财富的影响等诸多方面都有着巨大的区别。从结构上看，1870年到1913年国际贸易的绝大部分是属于部门间贸易，主要是初级产品和工业制成品的交换，这种贸易在很大程度上是建立在绝对优势基础之上的分工体系（高乐咏，2000），基本上可归结为工业化国家和农业国之间的水平产业分工。对原材料（如石油、粮食、矿产）而言，它们基本上不经加工就直接出口；对制成品而言，其所有生产环节都将在本国完成，出口就意味着产品生产过程的终结，产品本身就代表着一个国家的技术能力和科学水平。这次分工的背后体现了第一次科技革命所带来的供给规模扩大与发达国家国内市场相对饱和之间的矛盾，工业国不得不通过国际贸易来掠取廉价原材料并拓展世界市场。

到了20世纪80年代后期，信息技术革命将第二次全球化浪潮推向新的高点，世界贸易结构和分工体系发生了前所未有的变化。跨国公司成为新的主角，产业和企业内贸易成为新的贸易形式，20世纪90年代跨国公司的企业内贸易已占到了全球贸易总量的三分之一。从产品的角度来看，前一轮全球化过程中所表现出来的初级产品贸易的重要性不断下降，而中间产品贸易的地位越来越突出。

在新的国际分工形成过程中，以ICT为主导的高技术产业发展和全球化可谓你中有我，我中有你，相互促进，相互影响。一方面，目前的高技术产业受益于全球化，WTO所倡导的自由贸易使分工国际化的成本和风险不断降低，各国开放程度的加大也逐渐消除了投资壁垒，这为生产和服务外包以及外国直接投资（FDI）提供了良好的环境以及便利的条件。

另一方面，高技术产业本身的特点也极大地促进了贸易和分工的全球化，特别是高技术产品具有核心功能集成化、整体功能模块化的特点，发达国家将具有核心功能的中间产品出口，在劳动力成本低廉的发展中国家组装，能够极大地降低高技术产品的成本，整个制造过程被分解为不同的工序和环节，在不同的国家和地区生产、销售。从研发、设计到生产再到营销、服务，新的国际分工意味着最终产品已不再是某一个国家的产品，而是来自不同国家的企业合作的结果。即使在生产部分，也分为核心部件生产、附属部件生产、原料加工以及组装等多个环节。

中国目前所参与的分工体系表现为一种典型的三角贸易形式：处于领先地位的企业向中国出口中间产品，以中国为出口基地将中间产品组装为制成品后销往美国和欧洲（Gaulier，2005）。尽管这种标准化的产业转移给包括中国在内的发展中国家带来了大量的就业机会和贸易增长，但其参与高技术产品的生产过程却主要集中于五个方面：原材料的采购与加工、附件的生产、核心部件进口与组装、中间产品的进口与组装、制成品的销售，进料加工与来料装配占了高技术产品出口的绝大比重。

这些低技术活动的转移以外包和FDI为主要形式。分工专业化以及跨国公司“归核化”的战略调整（Markides，1995）使得外包成为必然，即企业运用外部资源来进行它过去用本地的人力物力进行的非核心的经济活动；而为了在控制技术专有权的同时降低人力资源成本，FDI成为跨国公司最好的选择。显而易见，真正的高知识密集活动和高研发投入的部分发生在核心部件的制造上，该过程体现了前沿知识和科学理论的最新应用，而中国在高技术产品的整个生产链条中恰恰最缺乏这个环节。究其根本，真正满足高技术特性的部件和核心产品的生产都被先进国家所垄断，高技术部件与其最终产品已在国家层次上实现了分离，高技术产品的出口已不能作为判断一个国家技术水平的唯一标准。

有学者指出，中国制造业的大规模出口对美国制造业企业的就业、利润以及研发投入存在一定的冲击，但从长期来看它并没有对美国核心制造业行业形成冲击，反而促进了核心制造业行业以至整个国家创新能力的提升（刘志东和高洪玮，2019）。相反，中国出口的技术含量几乎锁定在世界最低端，远低于美日等发达国家，根本无法对美日等发达国家构成技术威胁（倪红福，2017）。在美国对华高技术产业不断打压的过程中，中国高技术发展存在的问题也暴露出来了。这不得不让我们反思，目前中国高技术不高的现状是如何形成的呢？自 20 世纪 80 年代以来，随着改革开放的深入，中国为了融入新一轮的全球化，制定了一系列以市场换技术为核心的政策，这些政策强调外资的重要性，强调引进外来技术的重要性，忽视了对本土民族企业的保护以及它们的自主发展。众所周知，在全球竞争加剧、企业不断寻找低成本生产的动因下，外资进入发展中国家最重要的意图在于利用价格低的劳动力，其次是开拓市场，最后才是技术转移。这一顺序也间接决定了中国必然以其传统的比较优势融入全球分工。

尽管合资企业和外资企业一直享受着政府给予的优惠政策，尽管跨国公司声称不断加大在中国的研发力度，建立各种形式和规模的研发中心，但其对中国高技术发展的推动作用却非常有限。一方面，发达国家，尤其是美国，对境内的高技术保护从未放松，更不可能主动向中国转移技术。另一方面，无论一种技术有多么的高深，也不过是人类思想的物化，取决于其背后的高智能工程师，只有人的知识、能力、素质提升了，技术进步与高技术发展才成为可能。而跨国公司设在中国的研发中心有些纯粹是出于成本的原因而从国外转移到了中国，多数研发人员还是外国工程师，本国员工根本无法参与核心技术的研究，这显然对中国高技术发展毫无益处。另外一些虽然大量使用当地的人力资源参与新技术的开发，在一定程度上实现了技术溢出，但在研发的比例上，母公司和外商独资企业仍然占据着绝对优势，民族企业根本无法分享其技术成果。单纯地期望依靠 FDI、跨国公司、依靠市场换技术显然不能实现中国的技术追赶和跨越。

更为关键的是，无论跨国公司的研发中心设在何处，其研发必然以母公司的总体战略为核心，而不是以研发所在国的实际技术需求为核心，换言之，尽管中国的 R&D 投入年年攀升，但真正受益于此的却是跨国公司。一项新技术刚开发出来就立刻被投入国外市场，这种现象已屡见不鲜。因而，仅仅将研发投入作为一国高技术发展状况的判定标准已经不合时宜，并且常常会带来“统计幻觉”。

Martin（2006）认为，作为众多研究基础的 OECD 产业划分体系将 R&D 投入视为唯一指标模糊了产业特征与国家界限，发展中国家近年来在高技术产品上的出口额大幅上升，然而技术能力的提高却非常有限，原因就在于发展中国家从事的是高技术产业劳动密集部分的生产环节，尽管整个产业从 R&D 角度来看是高技术的，但这些发展中国家是否具有真正的高技术值得怀疑。跨国公司研发部门在发展中国家实现的 R&D 投入被计入该国统计数据中，但其研究成果却在跨国公司总部或其他分支机构所在国首先得到应用，这样一来，我们所统计的 R&D 数据就无法对该国高技术的发展水平形成有力的解释。所以，R&D 决定论是产生高技术“幻觉”的主要原因，只有当我们全面综合地考察高技术的各个特征时才能真正认清中国的高技术发展现状。

第二节 “高技术不高”的经济社会效应

高度集成化和自主品牌作为高技术的两个重要特征，对企业的发展特别是价值创造发挥了巨大的作用，它们保证了持久的竞争力和高额的利润。然而，中国大多数企业往往对品牌营销和产品研发重视不够，缺乏独立的知识产权和民族品牌。尽管近年来随着华为等高科技企业的崛起和比亚迪等中国新能源汽车企业的迅速发展，这种状况有所改善，但是整体而言，中国真正的高技术企业仍处在艰难的爬坡过程中。

对高技术产品而言，其核心部件通常是高度集成的，而整体产品则具有模块化的特点。高度集成意味着生产更加集中，知识密集度更高，模仿更加困难。由于知识产权的存在，进入壁垒就更难打破，同时利润也就更加丰厚。上一章提到，风靡全球的模块化生产的重要特征就是生产允许分散，产品允许组装，对工人技能要求不高。由于模块组装多是劳动密集型产业，进入门槛较低，这就必然导致较低的平均利润率。

以计算机和手机为例。芯片作为其核心组件，集成度非常高，研发投入巨大，生产基本由美国的 Intel 和高通所垄断。整机则完全相反，由于其模块化和标准化特性，对研发投入和高级工程师的依赖很小，组装几乎是这个产业最主要的生产环节，进入这个市场非常容易。无论是计算机领域的 HP、联想和 DELL 等知名计算机品牌，还是苹果、三星、华为、OPPO、VIVO 等知名手机品牌，任何一个企业都远远没有达到垄断的程度。反观芯片的生产和制造，2022 年，在上游光刻机生产制造领域，ASML 市场占有率超过 80%，在计算机 CPU 领域，Intel 的市场占有率超过 60%，在智能手机芯片领域，高通和苹果市场占有率之和接近 50%。在美国的打压下，中国芯片设计制造的龙头——隶属于华为的海思芯片市场占有率直接归零。市场垄断必然带来利润垄断，中国计算机行业的平均利润率多年徘徊在 3% 左右，根据 2022 年的统计数据，第一财季 Intel 的运营利润率高达 23.7%。这种强烈的反差促使我们思考，中国的高技术产业发展是否真正改善了中国的分工地位。

在全球价值链体系中，高技术与品牌分别位于供给驱动与需求驱动的两端，是附加值最高的两个区域（张辉，2006），集中体现了一个企业价值创造的能力。中国高技术产业不仅在核心技术的发展上没有显著突破，在品牌建设上也捉襟见肘。在改革开放之后的 30 年时间里，中国民族企业在不平等的待遇下忍气吞声，在高技术没有得到快速发展的同时也丧失了我们自己的品牌。大飞机也好，微处理器也罢，在跨国公司的许诺面前，我们主动放弃了我们自己的研究和民族品牌。直到最近十年，在中国制造 2025 的路线图指引下，在对抗美国的高强度打压下，中国企业才真正开始自主品牌的建设和自主技术的攻关，C919、华为、比亚迪等企业日益脱颖而出。

中国在融入国际分工初期，在高技术产品出口的过程中，外商独资企业一直占据着主导地位，且比例越来越高，不断挤占民族企业的空间。但外资企业并不能够代表中国的技术水平和研发能力。而且这些企业的生产大多通过外包和FDI的形式进行，中国所承担的生产环节中技术传播和外溢的通道非常有限。长此以往，中国由全球价值链低端向高端迈进就更加困难，如果不能优化产业结构，不能带动传统产业的升级，不能促进技术创新与进步，那么，发展高技术产业的意义何在？高技术产业的优势又体现在哪里呢？

从表面上看，中国高技术产品的出口创造了大量的外汇，但这并不代表企业获取了大量的利润。从高技术产品出口十分集中的珠三角与长三角经济区来看，由于大多数企业从事的是简单劳动环节（组装、加工），产业内恶性竞争成为常态，企业利润越来越薄，工人工资越来越低，从事研发的资金也严重不足（胡国良，2005）。在如此境况下，要形成技术集群，要发挥产业之间的集聚效应根本无从谈起。观察中国高技术产品进出口的概况，在出口量惊人上升的同时，中国对国外高技术产品，特别是核心零部件的需求也大幅同步上升，这在一定程度上说明了在高技术产品的出口价值中，源于中国的多数是原材料、劳动力的价值以及加工费用，而不是高技术所带来的利润。企业在创造外汇的同时却没有创造真正的价值及其自身的竞争优势。

在演化经济学家埃里克·赖纳特和贾根良（2006）看来，高技术活动具有典型的高质量特征，其对生产率的提高采取共谋模式，技术进步意味着较高的进入壁垒和竞争的不完全，表现为企业利润的提高和员工工资水平的上涨。此外，高技术活动对一个国家的整体福利水平具有决定性的影响，这在一定程度上取决于系统协同效应，即经济活动之间的相互联系、强化和反馈对社会生活产生的影响。埃里克·赖纳特认为，真正的高技术（高质量）活动能够带来“系统性的报酬递增”，从而使技术进步所带来的高增长惠及整个社会。贾根良和于占东（2006）指出，国民财富的增加主要包括三个方面：利润增加、实际工资收入增加和就业增加。李俊（1999）说明了企业利润和租金可以通过跨国公司从国外获得，但以高工资和税收的方式流回母国，从而提高母国的国民福利。正如我们所看到的，20 世纪 90 年代美国、日本、芬兰等高技术产业占主导的国家不仅使其自身的经济发展处于全球领先水平，财富迅速积累，也同时使其自己的国民享受到了较高的福利待遇。

在外围福特制盛行的今天，柔性生产体制使劳动市场出现了分化：第一类是根据国际市场定价的高级管理者和高级技术工作者；第二类是国内市场拥有高技能的核心工人阶层——这两类工人和管理人员拥有就业保障、高工资和所有的福利待遇；第三类则是外围的附属工人，他们属于半熟练或者简单劳动力，没有就业保障，接受低工资和低福利。刘刚（2007）认为，由于福利国家详尽的劳动法、最低工资保障、环境标准和日益增加的税收负担，大批跨国公司开始规避政府的这些调节手段，通过产业链的纵向分解，向发展中国家进行生产转移。转移的结果必然是这些处于价值链生产低端的工人为国家创造了大量外汇而他们自己却无法得到真正的实惠，国民财富的增长非常有限。

因此，只有从事高技术生产环节、加大对高集成度产品的研发和生产才能创造内生的工业租金（Kaplinsky，2005），实现生产率、企业利润与工人工资的共同提高，才能最大程度地发挥系统协同效应，让广大国民分享技术进步带来的财富增长。反之，无论所生产和出口的产品是不是贴上了“高技术”的标签，仅仅从事低端的加工和中间产品的组装对提高社会福利的贡献必然是非常有限的。

第三节　重新界定全球价值链中的高技术

从 20 世纪 60 年代高技术一词出现到现在，不同时期不同国家对高技术都有不同的看法，这在一定程度上反映了高技术并不是一个静态的抽象概念，而是一个具体的、历史的、动态的概念。综合上述讨论，本章认为，一个国家的高技术应当包含四个要素：第一，高技术必然具有国别属性，该属性外在化为自主品牌与自主知识产权，这是高技术最为关键的一个属性；第二，以某一特定时期的新知识或新的科学理论为基础发展起来的已经实现或者即将实现产业化的技术；第三，具有高知识密集度、高研发投入、高附加值以及高度集成化的技术；第四，能够带动相关产业的发展并形成技术群，对国民经济、社会发展和人民生活产生深刻影响的技术，即具有较强的系统协同效应。只有满足以上四点，才能被称作高技术。

按照上述定义，一个从事高技术活动的企业应当具有更强的创新能力，雇用高素质的员工，有更大的成长性，能够通过高技术的扩散和溢出对相关产业部门产生正的外部性（Srholec，2006），但在中国，一些头顶“高技术”花环的企业并没有达到真正的高技术标准，并没有实现真正的价值创造，而仅仅是通过低廉的劳动力成本被动地服从于国际分工。高柏（2005）认为，与日本坚决发展国内品牌、注重独立的知识产权和发明创造相比，中国的高技术产业参与国际分工更多地依靠外资带来的生产技术，哪怕是已经过时的。

随着全球经济放缓、贸易保护主义和民族主义不断抬头，中国必须改变以低廉劳动力参与国际分工的旧思维，打破比较优势的禁锢，尽快建立其自身明确的竞争优势来应对变幻莫测的国际经济环境。早在2007年就有学者指出（张燕生，2007），中国的技术能力被夸大了，中国高技术顺差的产生只是产品链全球化生产分工、国际对华产业转移及鼓励加工贸易发展的必然结果。

从英国到美国，再到日本和德国，作为成功的赶超者和领先者，它们无不是其所在时代高技术发展的受益者。中国作为一个立志于在21世纪中叶达到中等发达程度的发展中大国，应当虚心学习发达国家的发展经验，吸取它们的教训，如日本、韩国和芬兰在其技术强国地位确立的过程中FDI的作用是相当有限的（高柏，2010；贾根良，2010），如何处理FDI与中国自主创新政策之间的关系值得深入思考。认清国情，特别是中国目前高技术的发展状况，才能制定符合中国实际的高科技发展战略，也唯有此才能趋利避害，实现高技术产业从被动服从国际分工向主动影响国际分工转变，从仅仅依赖外生租金（低劳动力成本）向创造内生租金（技术变革）转变。

第一，在新的国际分工和全球生产链条碎片化的大环境下，我们研究和制定政策的对象已不能再是笼统的“高技术产业”或“高技术企业”，而应当锁定为具体部件和环节。过去，政府所支持的高技术产业和企业总体上仍是依赖低廉的劳动力成本、以组装和加工为主，盈利能力很弱，集中于通信电子行业。目前来看，即使一个企业不属于 ICT 行业，只要它生产的产品、从事的生产环节满足高技术特征，有潜在的技术发展能力，政府就应当通过各种政策给予支持。

比如近年来农产品的创新就很突出，通过新的技术改良农产品的某些特性，使其产量更高，更易生长，更符合大众口味，等等，从而实现巨大的经济效益和社会效益。总之，通过明确和细化所支持的主体，鼓励企业完成从价值链低端向价值链高端的转变，使企业能够着眼于其自身能力的提升和未来的长期发展，而不仅仅满足于眼前利益。这在一定程度上也为中国的产业升级和优化提供了微观基础。

第二，政府应当为企业的发展提供完善的基础设施，鼓励企业进行研发，只有具备了自主知识产权才能掌握技术发展的主动权，在这方面我们一定要吸取教训，涉及知识产权与核心技术的问题一定要站在国家利益的高度、立足于长远来权衡利弊得失。自主品牌是获取高技术附加值的前提条件，也是打开世界市场的重要手段。没有自主品牌，就没有民族企业，就没有高额利润，这也是跨国公司不惜血本进行品牌营销的原因所在。

此外，政府应当在保护民族品牌的过程中发挥重要作用，对美国而言，企业代表着国家，国家是企业的后盾，一旦企业利益受到威胁，政府就动用国家力量予以干预。例如，外国公司想要兼并或控股美国高科技企业非常困难，要通过一系列的调查、听证和审议，最后还要经国会批准，其过程之繁杂超乎想象。美国海外投资委员会频繁否决中国高科技企业对美国企业和技术的收购、美国商务部工业和安全局频繁指定实体清单遏制中国高技术企业发展，这些行为背后的原因很简单，就是要保护本国的品牌和知识产权，企业利益与国家利益密不可分，不容侵蚀。

对于那些从事高技术产品研发和高技术环节生产的企业，政府应当在金融融资、税收方面给予特殊政策，在大宗商品的采购上给自主创新产品以优先权，等等，使企业在发展初期能够更容易地进入市场，有机会发挥其自身的巨大潜能，实现价值创造，通过外部制度和内部组织的共同演化，逐步成长和壮大，实现从模仿和适应性企业向主动创新性企业转变。有关政策的探索和制定需要深入企业调查和研究，有关政策的实施也要严格按标准进行，否则，政策的效力和效果必将大打折扣，甚至适得其反。如何提高政策效率，更好地达到政策目的是我们需要不断总结和思考的。

第三，高技术的发展战略应当高瞻远瞩，超前规划。一些学者，特别是来自发达国家的经济学家，将后发国家对先进国家的模仿视为必然，认为成熟产业的转移可以带来双赢的结果，或是将自由贸易与比较优势推向神坛（Roberts，2006），甚至认为发展中国家发展高科技产业是浪费纳税人财富的无底洞。这些观点完全不顾发展中国家贸易条件的不断恶化以及发达国家增加的巨额研发投入。一个国家的未来取决于经济发展，而经济发展取决于技术突破和应用，只有不断探索适合中国发展并且顺应全球化趋势的“技术—经济”范式，确立技术立国的长远战略，而不是亦步亦趋的跟随战略，才能实现中国跨越式发展的目标，才能实现国民财富和社会福利的共同增进，为实现“两个百年”奋斗目标奠定坚实的技术基础。

第七章　生产性服务业与全球价值链

自20世纪70年代以来，世界主要发达经济体的增长源泉逐渐从制造业向服务业转移，其中，生产性服务业的迅猛发展发挥了巨大的作用。生产性服务是指那些为其他商品和服务的生产者提供中间投入的服务，不同于直接满足最终消费需求的消费者服务（Grubel & Walker, 1989）。作为当今世界经济中增速最快、吸纳高层次劳动力最多、知识密集度最高的产业，生产性服务业的崛起是分工深化和全球价值链延伸的重要体现，也是改变全球产业结构、产业分布以及产业间利益分配的重要驱动力。

2017年，美国服务业增加值占所有产业增加值的78.9%，达到13.1万亿美元，就业人数占私营部门就业总量的86.3%，达1.24亿人。2016年，服务贸易的增加值占全球贸易接近40%，服务业对世界经济的重要性已经和制造业旗鼓相当。其中，生产性服务业作为服务业的重要组成部分源于发达国家，不仅改变了以往制造业跨国公司所主导的新国际分工，而且重新塑造了全球价值链的治理结构。

进入21世纪，制造业跨国公司和生产性服务业跨国公司开始共同主导新国际分工的演化。本章认为，生产性服务业跨国公司的兴起是这种新变化产生的基础性力量，在生产性服务业跨国公司和制造业跨国公司并驾齐驱的全球经济中，全球价值链发生了前所未有的横向裂变，需要深入探索生产性服务全球化与制造全球化的内在联系及其互动关系，才能理解全球价值链横向裂变的动力机制及其发展趋势，从而更加明确知识创造和价值增值的实现过程。本章将从生产性服务业的崛起对全球价值链的影响、生产性服务业与制造业全球化对全球价值链的共同塑造以及生产性服务业全球化对中国本土产业的影响三个角度进行分析。

第一节 生产性服务业崛起与全球价值链横向裂变

20 世纪 40 年代，Colin Clark 在第一产业、第二产业、第三产业分类的基础上探讨了由于经济进步而产生的产业结构变迁，形成了配第—克拉克定理（Petty-Clark Law），同时对服务性行业的范围进行了初步的界定。随后，华尔特·罗斯托（1960）等学者在他们各自的研究框架下都指出了工业经济向服务经济转变的必然性。这一时期的研究可以被看作对服务经济的初步研究阶段，对于服务业的增长原因，主要集中在国民收入水平、城市化率、人口密度以及服务业劳动生产率等方面，其共同特征在于研究的对象大多以消费者服务业为主。

由于受到当时经济发展、市场容量以及企业制度的限制，生产性服务业的发展还没有成为服务经济的主流。这种局限主要表现在两个方面：首先是战后企业的发展正处于“纵向一体化”的高潮时期，钱德勒所描述的大企业是当时制造业的主流模式，“交易成本内部化”被认为是降低总生产成本的积极措施，企业生产经营活动大多被限制在内部完成，这种集权式的企业组织以及为了“消除生产中的不确定性”而对上下游及相关企业的并购都压制了对生产性服务的需求。其次，人口数量的增加以及被压制的消费需求的释放刺激了消费者服务业的迅猛增长，使得对消费者服务业的研究成为这一时期的热点，主要的研究任务就是将服务业纳入与制造业同等重要的地位。

随着市场规模的扩大特别是跨国生产和贸易的增加，企业的规模也在扩大，企业对于内部资源的协调越来越困难，特别是大企业的科层制管理成本越来越高，借助于外部的专业化组织来替代企业内部的部分职能成为一种趋势。在这种大趋势下，企业对于专业化服务的需求日益增加，作为中间投入的生产性服务进入了迅速发展的时期。学者们在研究服务业的同时也开始将生产性服务业独立出来。最早提出生产性服务业的美国学者 Patricia Greenfield（1966）认为，生产性服务业是企业、非营利组织和政府面向生产者，而不是最终消费者提供的服务和劳动。Harley Browning 和 Joachim Singelmann（2002）进一步深化了上述概念，指出生产性服务业是那些知识密集，为顾客提供专业性服务的行业，如研发与人力资源开发、金融、保险、物流、法律、商务服务、中介服务等。

此后，学者们从不同角度对生产性服务业的概念和范畴进行了讨论。其中，Peter Daniels 等（1985）从服务对象的角度把服务业分为生产性服务业和消费者服务业两大类：服务于生产者的服务属于生产性服务业，服务对象是消费者的服务属于消费者服务，即消费者服务业以外的专业服务领域属于生产性服务业。还有学者基于生产性服务的中介功能，认为生产性服务是服务于其他部门的生产过程的活动，能够在生产各个阶段提高产品的附加值。尽管没有使用价值链的概念，但是学者们已经开始注意到生产性服务对于原有产业价值链的冲击。以上述研究为基础，国内外学者对生产性服务业的功能、具体类别进行了细化，但是，在理论上并没有对上述服务业发展的两个阶段的特征进行比较分析，也没有进一步探讨生产性服务业的崛起影响产业价值链横向裂变的内在机制。

只有少数学者注意到了生产性服务业与消费者服务业在服务经济中所发挥的不同作用，但是关于两者对于分工的影响却少有提及。根据 WDI 和德勤的统计数据，20 世纪 70 年代高收入经济体服务业占 GDP 的比重约为 58%，而到了 90 年代，这一比例升至 70%，进入 21 世纪，尽管服务业所占比重上升缓慢，但是已经成为高收入经济体发展的风向标。对于这段时期内的服务业增长，不少学者都给出了他们自己的解释。

早在20世纪80年代，Thierry Noyelle和Thomas Stanback（1983）在对美国的经济转型做实证分析时就指出，在美国服务经济的增长过程中，生产性服务业对整个服务经济的贡献最大，而消费者服务业则扮演着相对次要的角色。他们指出，最终消费取决于消费者的消费偏好和商品本身的属性，而这些因素在中短期内不会发生巨大的改变，即消费者服务业和生产性服务业在推动经济转型过程中存在差异。Steven Shugan（1994）更加深入地讨论了两者的区别：随着人均国民收入水平的提高，消费结构将逐步向服务转移的结论只适用于具有较高需求收入弹性的消费者服务业（如教育、医疗、娱乐等），而对于当代经济中最具活力的生产性服务业（如金融、信息服务、商业服务等），这种理论则无法支持。

黄少军（2000）、江小涓和李辉（2004）的研究均表明，人均GDP和服务业增加值之间尽管存在正相关关系，但同时也表现出一定的阶段性特征，即人均收入水平并不能完全解释服务业的发展趋势。刘志彪（2006）在研究了美国、日本、新加坡等发达经济体生产性服务业的增长数据后，认为“服务业比重上升趋势主要是由于生产者服务比重的明显上升所带来的”，并指出消费者服务的增长与居民收入的增加呈正相关，消费者服务比重的平缓上升主要与居民收入水平的增加难度较大以及消费者需求从长期来看的渐进式变化有关（2006）。

消费者服务业之所以无法继续引领服务经济的走向，最为根本的是因为其只能继承已有的分工结构，发展严重受制于人均收入水平和消费偏好。生产性服务业的发展则完全不同，它提高了服务的专业化水平，拓展了现有的分工网络，创造出了新的分工结构，“即使在没有人口大量增加或大量投资的情况下，生产率的巨大增长也可实现”（贾根良，1999）。正如杨格所言，在初始要素与最终产品之间插入越来越多的生产工具、中间产品、知识的专门化等生产部门……造成越来越迂回、越来越间接的生产方式，是实现报酬递增的主要手段。生产性服务业正是通过迂回生产和产业链条的延伸实现了持续的增长，创造了新的价值源泉，它的发展与生产和贸易全球化所带来的市场规模、专业化水平以及生产组织模式巨大变迁直接相关。

在此过程中，生产性服务业在满足其他企业中间需求的同时，其自身也不断地创造着新的需求和新的价值，对全球价值链体系形成巨大的冲击。从分工的角度来看，生产性服务业与消费者服务业的根本差别不仅仅在于“中间需求”和“最终需求”，更为关键的是它们对既有分工结构和分工水平的不同影响。这是理解生产性服务业取代消费者服务业成为现代服务业主导力量并对整个经济发展提供动力的主要逻辑。由于生产性服务业的崛起以及它对原有产业结构的变革，服务业的价值创造能力大大增强，全球价值链体系实现了深层结构上的拓展，“服务”已经不再是“制造”的附属品，原有的产业价值链也因此横向裂变为相对独立而又深度融合的服务链和制造链。

第二节　生产性服务业与跨国公司

要理解生产性服务业与制造业的内在联系，就必须将二者的发展置于国际分工变迁的大环境下。从20世纪70年代到20世纪80年代末，是发达国家生产性服务业起步并加速发展的时期，也是新国际分工形成的时期。发达国家的制造业在经历战后30年的黄金发展时期之后，面临着原材料价格上涨和人力资源成本不断上升等不利因素，开始将成熟产业的低端生产环节转移到劳动力价格低廉的发展中国家。

由于上述原因，发达经济体制造业领域的就业率不断下降，制造业在GDP增长中的贡献率不断降低。发达国家逐渐将经济发展的重点向服务业转移。这一阶段的生产性服务业发展主要是位于发达国家内部的制造业服务外部化的过程。随着经济活动的复杂化以及生产链条的不断延伸，很多公司开始依赖于来自外部的专业化服务以提高生产效率，最终产品的生产环节从以“制造”为主向“制造”与“服务”融合转变，生产性服务在整个产业价值链增加值中所占比例越来越高，特别是蕴含着前沿科技的高端制造所需要的风险投资、研发、设计等生产性服务发挥着越来越重要的作用。进入 20 世纪 90 年代，生产性服务业的迅速发展以及制造业未来发展的不确定性引发了学者们的讨论。

Steven Shugan（1994）和刘志彪（2006）指出，生产性服务业与制造业之间存在着相互作用与反馈，相互依赖与支撑的互动关系，它们具有同等的重要性，都是分工链条上不可或缺的一环。Paolo Guerrieri（2003）等学者以 20 世纪 90 年代 OECD 国家为样本，研究了生产性服务业的国际竞争力和国际专业化的决定问题，发现一个国家的制造业和生产性服务业发展之间存在着重要的正向联系。Peter Daniels 和 John Bryson（2002）认为，知识密集的生产性服务所包含的研发、设计、品牌创造、广告等服务已经构成制造业企业的主要利润来源，制造与服务的界限越来越模糊，人为地将制造和服务过程割裂开来不利于对现代生产过程的理解。

刘兵权和王耀中（2010）认为，现代生产性服务业有助于提高制造业竞争力，特别是在高端制造业的投入中包含大量密集的人力资本、技术资本和知识资本，从而使产出中含有更多的难以竞争以及持续创造价值的要素。刘书瀚（2010）等指出，制造业是生产性服务业产出的重要需求部门，制造业的发展创造出对生产性服务业的需求，促进生产性服务业发展；生产性服务业的发展、生产效率的提高，可以使制造业外包的服务业成本降低，从而提高制造业的利润，两者之间存在互为供求、相互依存、相互融合的关系。上述学者的论述极具启发性，但是本章认为，把全球价值链的分析框架引入对制造业和生产性服务业的关系研究，将有利于我们更加深刻地理解生产性服务业全球化的重要意义。

随着发展中国家陆续加入 WTO，贸易和投资壁垒的降低使得生产和贸易自由化的浪潮席卷全球，来自发达国家的跨国公司开始了新一轮的对外扩张，但是，此次扩张的主体已经由单一的制造业跨国公司演变为制造业跨国公司与生产性服务业跨国公司共同进行，以往由制造业所主导的全球价值链裂变为全球服务链和全球制造链。生产性服务业的国际化成为一种显著的经济现象，那么，如何理解生产性服务业国际化的动力机制以及它与制造业的相互联系呢?

进入21世纪，来自发达国家的制造业面临着在降低生产成本的同时保留高端制造环节的挑战，垂直非一体化以及归核化的思想应运而生。来自发达国家的制造业跨国公司通过FDI和外包将产业链深入广大的发展中国家，一方面，利用当地廉价的劳动力资源降低了制造企业的总成本，另一方面，通过技术壁垒、专利保护和知识产权又将附加值高的高端制造业维持在国内（秦升，2011）。为了减少本地化过程中的不确定因素、降低投资成本和提高合作效率，国际化和标准化的生产性服务成为制造业跨国公司的重要需求，而这种需求也成为生产性服务业对外扩张的原动力。

生产性服务业跨国公司更加重要的功能体现在制定国际化标准和全球融资两个方面，而这些恰恰是以往学者所忽视的。对制造业跨国公司而言，无论是对外直接投资、生产外包还是并购重组，都需要一整套的法律、会计和咨询等服务，而国家与国家之间在标准、协议和语言上的差异都会对跨国公司的经营活动造成不可预知的影响。生产性服务跨国公司的出现解决了以上问题，通过在东道国设立办事机构或者合伙人的方式，不仅能够向跨国公司提供本地化的政策咨询、具有东道国文化教育背景的人力资源，还能够根据跨国公司的全球战略提供统一目标下的差异化解决方案。这种提供专业的、标准化的、能够获得国际认可的服务成为生产性服务跨国公司的主要特点。经过生产性服务跨国公司的长期发展，它本身就成为国际标准的制定者和相关产业的垄断者。如跨国的会计审计服务，基本上被四大会计师事务所垄断，它们所开具的审计报告已经成为企业进入国际投融资市场的首要条件。

生产性服务业中的金融服务对高科技企业和高端制造业尤为重要，这里以纳斯达克股票交易所为例。纳斯达克的成立是生产性服务业进入信息和网络时代的重要里程碑，其意义不仅仅是为投资银行和风险投资提供了交易和赚取高额利润的平台，更为重要的是它深刻影响了世界科技和经济的发展趋势，造就了一批改变全球产业发展和演化方向的超级跨国公司。如果没有纳斯达克这样一个为潜在的科技创新和新兴需求提供初期金融服务和信息交换的平台，包括惠普、苹果、思科、甲骨文等在内的高科技制造企业就很容易失去最初的也是最为重要的发展机会，而由这些公司所引导的技术创新、科技进步以及给社会、经济所带来的巨大变革都无从谈起。

从表面上看，纳斯达克并不是一家标准的跨国公司，但事实上，世界上任何一家具有潜力和符合要求的高科技企业都能够从这里向全球的投资者融资，从这个意义上讲，它是一家不折不扣的生产性服务跨国公司。可以看到，生产性服务业创造的价值远非全球服务链所带来的利润增加，它与高端制造业的融合和发展还拓展了全球制造链，增加了更多迂回生产和报酬递增的可能性。

综上所述，生产性服务业的崛起首先源于制造业的全球扩张，尽管它与制造业，特别是高端制造业的关系比以往任何时候都更加密切，但它已经不再是制造业的附属，生产性服务业具备了更加独立的功能和特点，甚至某些制造业企业果断地将发展重心由“制造”转向“服务”（如 IBM），因为它不仅能够更加专注于服务，还能获得更高的利润水平。

Niles Hansen（1990）曾经从价值链的角度指出，生产性服务业既包括上游的活动（如产品的研发），也包括下游的活动（如市场营销）。在今天看来，生产性服务业所包含的领域更加广泛，它贯穿于企业的产生，企业的生产经营，企业的跨国并购与重组，产品的全球研发、制造和流通以及产品的营销等几乎所有的环节，它和消费者服务业共同形成了一条比全球制造链更加重要也更加复杂的价值链。全球价值链已经横向裂变为全球服务链与全球制造链两条并行不悖的价值链条。

一方面，以原材料生产和采购、核心部件生产和加工、中间产品组装、运输、仓储等涉及实物生产的部分构成了全球制造链，在全球制造链当中，核心部件的制造和稀有原材料的生产开发处于价值链的高端。生产核心部件的高端制造业具有较高的技术含量，通常包括一系列的专利并受到知识产权的保护，因而它的进入壁垒较高，知识和资本密集度较高，能够带来丰厚的回报。而稀有原材料由于其自身的物理属性、稀缺性以及生产过程中的不可替代性，往往在最终产品需求旺盛的时期改变整个价值链体系，大幅增加原材料生产者的收益，占领价值链高端。除去以上两个方面，全球制造链的其他生产环节（组装、加工）对劳动者的技能要求不高，附加值和进入壁垒较低，基本处于价值链的低端。

另一方面，以生产性服务和消费者服务为主体的产业价值链构成了全球服务链。主要包括金融（融资）服务，如投资银行、商业银行、保险公司、券商、评级公司等，它们决定了公司的初期发展和持续发展的资本基础；专业服务，如律师事务所、会计师事务所、IT 服务商（对企业的信息化和网络化提供软硬件支持），决定了公司在全球市场上的交流水平和拓展能力；管理营销服务，如咨询公司、广告公司、各种媒体媒介，决定了公司的管理水平、战略规划、企业文化和品牌声誉。与全球制造链相似，在全球服务链中，各个产业在创新水平和知识密集度方面也存在巨大的差别，其中既包含附加值高、创新能力强、知识和资本密集的高级生产者服务业，也存在着以部分消费者服务为代表的低端服务业。对跨国公司而言，在资本流动、信息流动、产品更新和技术创新不断加快的全球化时代，生产性服务业的重要性更加凸显。

第三节　生产性服务业全球化对中国的影响

生产性服务业对于国民经济增长的助推器作用已经被发达国家的经济实践所证明，生产性服务业的发展水平直接关系到中国经济可持续发展的质量和经济转型的效率。《中华人民共和国国民经济和社会发展第十四个五年规划和 2035 年远景目标纲要》在其第十章“促进服务业繁荣发展”中将生产性服务业的发展放在了首位：

> 以服务制造业高质量发展为导向，推动生产性服务业向专业化和价值链高端延伸。聚焦提高产业创新力，加快发展研发设计、工业设计、商务咨询、检验检测认证等服务。聚焦提高要素配置效率，推动供应链金融、信息数据、人力资源等服务创新发展。聚焦增强全产业链优势，提高现代物流、采购分销、生产控制、运营管理、售后服务等发展水平。推动现代服务业与先进制造业、现代农业深度融合，深化业务关联、链条延伸、技术渗透，支持智能制造系统解决方案、流程再造等新型专业化服务机构发展。培育具有国际竞争力的服务企业。

在中国产业结构调整以及经济发展方式转变的双重压力下，迫切要求生产性服务业加快发展并在产业升级过程中发挥重要作用，生产性服务业的发展将成为影响中国制造业从产量增长向质量提高转变的关键变量，也是中国制造业高级化的前提条件。当前，国际经济调整导致了服务业跨国投资和离岸服务外包的加速，中国生产性服务业在获得巨大发展的同时也面临着巨大的挑战，特别是已经占据先行者优势的生产性服务业跨国公司对中国本土企业的冲击值得我们深思。

对中国而言，在本土制造业领先优势尚未树立，相关行业仍被跨国公司压制在全球制造链低端的同时，生产性服务业跨国公司已经毫不犹豫地通过各种方式进入中国，开始占领中国的高端服务业市场。特别是生产性服务业跨国公司的寡占行为压制了本土生产性服务业的健康成长，也间接提升了中国制造业企业的生产经营成本。

以评级机构为例。目前在中国评级市场上的前四位中，有三家企业都是中美合资企业，惠誉、标准普尔以及穆迪基本上控制了合资企业的管理和运营。中国的评级市场现状不仅仅会让中国未来在资本市场的话语权上处于尴尬境地，更为重要的是，评级公司将掌握各行各业骨干企业生产经营的一手信息，这对中国的产业安全极为不利。在国际金融市场上，主权信用评级已经成为美国三大评级公司在特定的时期对他国进行经济威胁和政治讹诈的重要手段，从欧洲债务危机到俄乌军事冲突，评级公司对主权国家不断下调评级事实上加重了危机的延续，对主权国家的社会稳定和经济发展带来非常消极的影响。

此外，四大会计师事务所在中国市场上的寡占严重侵蚀了中国的企业利润。作为生产性服务业中的高端服务领域，每年数以十亿美元计的审计费用被外资轻松拿走。生产性服务业中利润最为丰厚的投行业务本土企业更是难以企及，摩根大通、高盛、里昂、摩根士丹利、花旗等外资投行长期重度参与中国企业海外上市进程，获利丰厚，中资投行只能“望洋兴叹”。

生产性服务业跨国公司在抢占中国市场的同时还凭借其自身长期发展所积累的优势不断吸纳高端人力资源，对本土生产性服务业的发展形成巨大的挑战。由于中资企业在市场份额和经营上长期受到外资压制，运营成本高昂，利润率低下，无法对优秀人才形成吸引力，造成了中国高端人力资源的流失。生产性服务业作为当今服务经济中的重中之重，中国本土企业的发展缓慢直接导致了中国服务业整体劳动生产率的低位徘徊。

中国服务业近 40 年来增长迅速，占总体经济的比重从 20 世纪 80 年代初的 22%、到 90 年代初的 32%（李善同等，2008）、再到 2022 年的 52.8%。与此同时，必须深刻认识到，中国服务经济增长的真正原因不是基于分工拓展的生产性服务业的发展，而是随着人均收入水平提高而增加的消费者服务。代表现代服务业发展趋势的生产性服务业相对滞后，对制造业的渗透力和支撑作用还很有限（夏杰长，2015），这两者的本质区别前文已有论述。因此，在政策方面不可笼统地提倡扩大服务业外包的承接力度，不能直接套用过去发展制造业的经验（程大中等，2017），特别是生产性服务领域，更要全面考虑外资对中国本土产业发展的各种影响，特别是其长期效应，应仔细考察、区分并加以应对。

正如李慧中（2002）所言，因规模、技术、资本、人力资本以及信息、信誉等方面的优势，发达国家的跨国公司会在发展中国家短缺的优质服务市场作为寡头垄断的高端补充性产品进入，必然为东道国企业今后进入该市场带来障碍。以大型企业的审计和IPO为例，从政府到证交所再到企业，无不倾向于上市过程“国际化”，即通过“国际四大”审计，通过国际知名的投行融资，殊不知这种“国际化”的思想长期存在将迫使中国的生产性服务业永远被锁定在“本土化”的阶段，发展空间不断被挤压，最终被全球服务链排除在外。

全球价值链横向裂变为制造链和服务链凸显了生产性服务业在现代经济发展中的重要性。然而，和发达国家“去工业化”和经济“服务化”同时进行的历史经验不同，中国面临着更加复杂的局面。对发达国家而言，“去工业化”或者说制造业的向外转移对发达国家以生产性服务业为重点向服务经济演变形成了一种“倒逼”机制，即在制造业企业由于自动化程度不断提高而导致就业大量萎缩和由于制造业向外转移而导致城市“空心化”的阶段，发达经济迫切需要改变原有的产业发展模式，创造新的价值链满足经济发展特别是大中城市发展的需要，这是发达经济体服务经济占比不断提升的主要动力机制。

中国在当前的发展阶段，存在以下三个发展服务经济的不利因素：

首先，传统制造业，特别是融入全球价值链低端的制造业为中国巨大的人力资源提供了不可替代的就业市场，大量的资源和资本目前甚至在今后相当长的时期内都将被用来发展低端制造（加工、组装等）以满足就业需要，迫使高端服务业发展动力不足。

其次，中国高端制造业的技术创新能力始终没有得到显著地提升，特别是在高端制造（微处理器、发动机等）领域仍然没有摆脱对外资的依赖，所以从对经济的贡献率来说，相较于中国巨大的发展仍显单薄，没有高端制造业做基础，实现向服务经济“跨越式”发展只是纸上谈兵。制造业服务化发展相对滞后是中国产业结构转型困难的重要原因（刁莉，2019）。

最后，尽管政府大力提倡发展服务经济，提高服务业在整体经济中的比重，但高端生产性服务业作为服务经济的重中之重，知识密集度最高、对整体经济贡献最大、在全球价值链体系中附加值最高，却面临着来自强大的跨国公司的不对称竞争。

中国在全球制造链中存在的高度路径依赖和在全球服务链中承受的巨大“瀑布效应”和集约压力（诺兰等，2006）都使得中国的产业升级和经济转型面临挑战。中国的制造业发展仍然需要资金、资源和政策，而面对来自发达经济体服务业的巨大压力我们又不得不加大对服务业发展的投入，这本身就构成了一对资源配置上的结构性矛盾。因而，中国生产性服务业发展所面临的局面比发达国家经济“服务化”的过程更加艰难和复杂。必须清醒地认识到中国与发达国家在经济转型过程中的产业发展阶段的巨大差别，只有因地制宜、因时制宜地制定相关政策才能让中国的生产性服务业真正发展起来，在全球价值链体系中占据一席之地，为中国进一步提升国际分工地位提供助力。

第八章　保护主义：割裂全球价值链的美国方案

从 2017 年开始，以加征关税为标志的贸易保护主义政策开始在美国对外经济战略中占据主导地位，特别是美国不加区分地对西方发达国家和发展中国家的产品同时加征关税，世界各国都给予巨大的关注。特朗普的贸易保护主义政策远远超越了奥巴马时期，并在拜登执政期间得以延续，至今美国政府对包括中国在内的很多国家的关税水平仍然处在高位。包括贸易保护主义在内的“经济方略”（Economic Statecraft）日益成为地缘政治竞争的重要方面（Aggarwal & Reddie，2020），经济因素与安全因素不断交织。本章把特朗普对华相关产品加征关税作为案例，研究分析美国贸易政策向保护主义转向的逻辑以及美国的政策转向对全球价值链的影响。

特朗普执政时期挑起的中美贸易摩擦涉及金额高，对双边政治和经济关系影响大，标志着美国贸易政策中的保守主义逐渐占据主导地位。从全球的视角来看，中美之间的贸易摩擦是美国精英阶层宏大经济战略的重要组成部分，美国的贸易政策既针对中国，也包括其西方盟友，这种无差别的打击对全球价值链的发展形成了极大的冲击。美国的贸易政策旨在解决美国面临的日益严重的国际收支不平衡以及确保美国在国际分工地位上对中国的压倒性优势，从而稳固美国的霸权根基。

当前，美国的经济实力越来越不足以支撑其全球霸权的地位，也越来越无法满足全球对于美国提供公共产品的要求。从加征关税的策略来看，特朗普的国家关税策略不断变化，节奏有快有慢，力度有轻有重，表明特朗普贸易政策的调整经过了深思熟虑，绝非一时之计。在人员使用上，选择了在加征关税领域经验丰富的莱特希泽以及对中国充满敌意的内瓦罗。在顺序上，首先在国内通过减税赢得大企业的支持，然后加征关税。在策略上，先进行全球性的普遍加税，然后豁免西方盟友，争取支持以共同打压中国。特朗普计划周密、咄咄逼人的对抗性贸易政策不仅使两国的双边经贸关系走向谷底，也使中美两大影响全球价值链走向的关键力量难以同向而行。

第一节　美国贸易保护主义政策的短期目标和长期目标

进入 21 世纪，中美贸易摩擦趋于缓和。其中有三个原因：首先，加入 WTO 之后，大多数的双边贸易摩擦都转移到了 WTO 框架下解决；其次，在美国重点关注的知识产权领域，中国政府从 20 世纪 90 年代开始就加大了打击盗版软件的力度，中国的知识产权保护取得了长足的进步；最后，中美之间已经形成超过 90 个对话沟通机制，经贸领域包括中美战略与经济对话机制、中美联合经济委员会、中美商务贸易联合委员会等，这些机制为解决双方关切的问题以及经贸领域潜在的矛盾和摩擦提供了缓冲和讨论的平台，这些平台发挥了重要的预警和预防的作用。此次中美在经过多种机制沟通无果、多个回合的较量和多轮商谈后都没有达成共识，显示出中美对双边经贸关系存在相当大的认知不一致。本章认为，特朗普政府的贸易保护主义政策包括短期目标和长期目标。

从短期来看，特朗普旨在达到三个目标：

第一，解决中美之间贸易不平衡的老问题。由于中国经常把标准不统一作为中美贸易逆差过大的解释，特朗普在签署加征关税备忘录的时候明确指出，无论是哪种统计方式，5040 万美元也好，3750 万美元也罢，美国对中国的贸易逆差都是不可接受的。中美之间的贸易不平衡问题影响因素众多，最为核心的是两国在全球价值链体系中的分工不同。中国出口的迅猛增加主要源自所承接的来自跨国公司的加工、组装等劳动密集型生产环节以及产品内分工所带来的中间产品再出口。

中国商务部2017年5月发布的《关于中美经贸关系的研究报告》指出，中国货物贸易顺差的59%来自外资企业，61%来自加工贸易。换言之，中美大量贸易顺差的产生是美国跨国公司全球资源配置的结果。对此，特朗普认为是中国抢走了美国的就业机会。一方面，克林顿时期的美国总统经济顾问委员会主席劳拉·泰森在《美国跨国公司是否“遗弃”了美国?》一文中指出，从1999年到2009年，美国制造业跨国公司在国内裁减了210万名美国员工，美国制造业公司（非跨国公司）裁减了330万名员工。泰森总结道，技术变革以及业务外包是美国跨国公司和其他制造业就业出现重大周期性下降的重要因素。另一方面，美国长期对中国采取高科技禁运政策，中国通过技术贸易增加进口的渠道也被美方堵死。中美之间的贸易不平衡是中美产业结构差别、国际分工和经济发展阶段不同共同导致的，无法作为一个短期贸易问题来对待。

第二，解决中国政府创新政策导致不公平竞争以及帮助中国企业获得美国知识产权的问题。美国发起的对华301调查主要集中在中国政府是否强迫美国企业转让知识产权，是否削弱美国企业在华技术谈判能力，是否直接或不公平地帮助中国企业收购美国先进技术与知识产权，是否非法窃取商业机密等方面。尤为重要和吊诡的是301调查把以上内容和《中国制造2025》联系在一起，含沙射影地认为中国对美国技术的“觊觎”和“窃取”是为了完成《中国制造2025》的国家战略目标，并明确指出这是对美国技术领先地位的重大挑战。

《中国制造2025》是2015年中国政府提出的“三步走”实现制造强国战略目标的第一步，聚焦新一代信息技术产业、高档数控机床和机器人、航空航天装备等十大重点领域。美国对中国高科技产业的担忧由来已久，外国投资委员会（CFIUS）多次以国家安全为由否决中国企业对美国高科技公司的收购，2017 年这种担忧转化为严重的焦虑和不安全感。2017 年 1 月，美国总统科技顾问委员会发布《关于确保美国在半导体行业长期领先的报告》，该报告在肯定美国半导体产业的领先优势之后，表达了对中国政府设立国家基金支持中国企业海外疯狂并购的警惕。

2017 年 3 月，美国商会发布《中国制造 2025：建立在地方保护主义基础上的全球野心》（Global Ambitions Built on Local Protections），质疑中国通过政策优惠和政府补贴等反市场的做法为中国高科技发展提供帮助，给美国企业造成了不公平竞争的市场环境。2017 年 8 月发起的 301 调查同样也是聚焦于上述领域和议题，那么这些报告对中国的指责是否符合事实呢？

在当今世界，技术创新和科学进步已被公认为是发展经济、推动社会进步、造福人类的最为重要的手段，各个国家和地区都为此做出了大量努力，特别是政府在制定发展战略、引导科技进步方面发挥着不可替代的作用。如果说冷战以后有一位“让美国再次伟大”的总统，那么非克林顿莫属，他所制定的“信息高速公路”国家战略使美国领先于世界进入了信息化时代，不仅激发了市场活力，实现了久违的财政盈余，而且为美国在之后 20 多年的时间里保持全球科技霸主的地位奠定了坚实的基础。

近年来，欧盟的工业复兴战略、美国的先进制造业国家战略计划、德国的“工业 4.0”战略都是将科技创新和高技术发展融入国家战略的鲜活案例，是任何一个希望强大的国家实现自我发展的正常手段。中国近年来以国家战略引领经济发展，技术进步之快大有超越美国之势。美国的政治精英和企业家对此深感恐惧，特朗普将这种恐惧感转化为对中国的无理指责和贸易制裁，认为可以通过外部力量干扰中国的自主发展战略，显然是天方夜谭。

第三，解决赢得中期选举的问题，美国大选年往往是中美关系的高风险时期（梅新育，2018）。2018 年 11 月 6 日，美国迎来国会选举，在选举之前将贸易问题扩大化，很显然是为了赢得中期选举。彼时，美国参议院的1/3（33 席）和众议院所有的议员（435 席）均将改选，能否在即将到来的选举中保持共和党既有的优势，直接决定了之后 2 年特朗普能否顺利施行其执政理念。加征钢铝等产品的关税无疑是为了赢得代表制造、钢铁和运输的"铁锈地带"选民。问题在于，加征关税就能让美国制造业回到特朗普声称的 20 世纪 50 年代的水平吗？

对这一问题，无论是从现实还是逻辑上，都无法得到肯定的答案。一方面，美国聚焦于全球价值链的高端生产环节已经数十年，这期间不断外包非核心的生产模块，导致了美国制造业在一定程度上的空心化。就在特朗普宣布向所有国家征收钢铝关税时，日本财长麻生太郎明确表示，会坚决避免与美国进行双边贸易谈判，因为部分钢铁产品是美国无法生产的，只能从日本进口。不仅仅是钢铁产业，美国很多制造业也出现了断层。

另一方面，为了制造业回流而将资源投入夕阳产业和落后产业无疑是逆时代潮流而动。中国政府在提出"大众创业、万众创新"口号、在制定《中国制造 2025》战略鼓励更多的人才从事高精尖产业的时候，特朗普却动用大量政治资源挑起贸易争端，为的是保护已经被淘汰的产业工人而获得这些地区的选票。事实证明，特朗普的贸易保护主义政策并没有给他带来预想中的中期选举胜利。

"让美国再次伟大"在美国国内主要是为了提升美国的技术、经济、军事实力，增强"美国梦"的吸引力，在国际上则是牢牢把握住美国在国际分工中的地位、扩大美国的经济收益，降低美国的制度成本，巩固作为霸权根基的经济。从长期来看，特朗普认为"让美国再次伟大"的主要障碍是中国的崛起。中国在技术发展领域不可逆转的势头让美国无法接受，中国日益强大的经济实力和综合国力让美国感受到了霸权旁落的威胁。此外，意识形态和价值观差异也在此次贸易摩擦中推波助澜。

加入 WTO 之后，中国越来越遵守国际规则，与西方国家之间的经济关系越来越密切，中国与西方的交流也进入历史上最频繁的时期。对于这种现象，相当数量的美国政客和学者认为，随着中国不断融入经济全球化，当中国经济发展到一定程度时，中国的政治体制也将逐渐向西方靠拢，直至接受民主制度，迎来“历史的终结”。

事实却是，党的十八大以来，中国共产党在政治上的地位不断得到强化，国家治理现代化进展顺利，中国共产党的威望前所未有地提高。美国认为，意识形态上的重要分歧意味着，当中国按照现在的趋势在若干年后超越美国，中国独特的东方文化、社会主义价值观以及共产党引导的意识形态将对美国所主导的国际秩序构成直接的威胁。中国已经在多个领域要求对现有国际秩序进行变革，中国在国际组织中的投票权和话语权都在加大，美国感受到了前所未有的挑战。

“让美国再次伟大”还意味着美国必须保持全球经济的领先地位，这是美国霸权的基石。如果美国经济的国际收支长期恶化，债务水平居高不下，就业岗位不断流失，尽管美国拥有美元作为世界货币，但是美国人民的幸福感以及美国伟大的根基将受到严重削弱。经济地位的相对下降使美国难以承担起霸主的责任，经济实力的绝对衰落意味着日益失去为全世界提供公共产品的能力。这也是特朗普不断退出国际协定并要求盟友增加军费预算的主要原因。特朗普认为，美国当前承受的制度成本过于高昂，美国虽然是国际经济秩序的缔造者，但是越来越无法获得制度红利。

与此同时，中国的产业升级有条不紊地进行着。中国加入 WTO 以后先是在劳动密集型产业的发展上创造了一个又一个奇迹，推动中国成为一个贸易大国，在最近十年里中国在技术创新领域发展迅速，“中国制造 2025”更是提出了一个更加宏伟的技术发展目标，旨在将中国打造成技术强国。无论是贸易大国还是技术强国，中国都在以不可逆转的趋势逼近美国。这种经济实力的此消彼长，特别是中国经济一片光明与美国经济的停滞不前形成鲜明对比。特朗普认为，只有通过对外加征关税、重新谈判自贸协定、瘫痪 WTO 等方式才可以解决外部世界带给美国的经济难题，包括促进制造业回流，解决美国制造业空心化以及产业过度金融化的问题。因而，从长期来看，贸易保护主义政策的终极目标是维持美国在现代国际分工中的领先地位。

第二节　美国贸易政策的保护主义转向

特朗普对来自中国、日本等国家的商品加征关税是美国贸易政策不断趋于保守的过程。从奥巴马政府开始，美国贸易政策经历了从以多边为主到以区域为主，再到以双边为主的阶段性变化。

战略转向首先是应对多哈回合谈判的失败。从 2001 年开始，世界贸易组织开启新一轮多边贸易谈判，由于无法克服一系列重大挑战，多哈回合谈判遭遇重大失败。随着 20 世纪 90 年代发展中经济体加入 WTO，WTO 的成员构成发生了重大变化，发展中国家成为一股重要的力量。发展中经济体和发达经济体在发展诉求上的不同直接体现为多哈回合谈判的对抗，双方在农业和非农产品市场准入上的分歧迟迟无法解决。2008 年 7 月 29 日，在经历了六个回合的谈判之后，多哈回合谈判宣布失败，与此同时，美国决定启动 TPP 谈判。

美国并没有放弃多边谈判，但是其贸易政策的重点显然已经转移到区域层面。这是一个重大的转变。美国作为多边贸易框架的缔造者和维护者，一直以来不提倡区域贸易框架，认为区域自贸协定将破坏以 WTO 为主的多边贸易框架，降低 WTO 的影响力。然而，随着发展中经济体的群体性崛起，多哈回合谈判的失败意味着以美国为首的西方发达国家无法再像以前那样主导 WTO 的议程和改革，难以将 WTO 作为维护美国利益的工具。美国在 WTO 所遇到的挫折是美国转向 TPP 的重要原因。

奥巴马政府为了 TPP 协议的达成，和成员国进行了长期艰苦的谈判，并做出了大量的妥协。对于特朗普而言，TPP 的让步和妥协极大地损害了美国的利益，并没有实现维护美国经济利益的目标。特朗普在竞选阶段就做出了废除 TPP 协议的承诺，在成功当选总统之后，特朗普进一步改变了美国的贸易政策，从以区域为主转向以双边为主（Salvatore，2018）。在放弃 TPP 后，特朗普的经济外交重点集中在三个方向：第一，北美自贸区的重新谈判，也是特朗普上任后最早启动的自贸区重新谈判，已经完成；第二，与中、日、韩三个对美贸易顺差大国展开双边谈判，其中美韩自贸区再谈判已经完成，以加征关税的方式逼迫中国和日本进行谈判；第三，美欧贸易谈判，减小对欧洲的贸易顺差。

特朗普倾向于双边，而不在多边框架或者区域性贸易安排如 TPP、WTO 中达到他的经济目标有两个原因。其一，多边框架众口难调，达成的协定通常是各方妥协的产物，且谈判效率低下，可谓费时费力不讨好。其二，美国作为当今世界上的超级大国，在任何国家面前都具备全面的、压倒性的优势，双边谈判能够最大化美国的利益（Robinson & Thierfelder，2018）。在此前提下，特朗普又采取了齐头并进、先易后难的策略选择。如在重点攻克北美自贸区和韩国的同时，对于中、日、欧三个实力较强的经济体采用了试探、绥靖、挑衅、拉拢等多种手段。因而，加征关税可以看作美国利用其自身经济霸权进行双边谈判的一个筹码，其最终目标是形成一个符合美国经济利益的双边贸易协定。

从中美之间贸易争端的几个回合来看，特朗普显然做了极其充分的准备，并极为严格地恪守他的竞选承诺，在策略上步步为营，在用人上铁血无情。美国本质上是一个企业家帝国，特朗普从减税出发，笼络“民”心，颇有“攘外必先安内”的意味。经商数十载的特朗普深知美国商业的积弊，大企业在海外设厂和投资的主要原因是降低成本，所以他开启了美国 31 年来最大规模的税制改革，把公司所得税从 35% 下调至 21%，这是降低企业成本最直接最简单的办法。

此外，在政策上将企业减税放在加征关税之后是经过深思熟虑的，因为关税增加带来的成本增加必将引起国内企业的不满，而先减税再加征关税能够在一定程度上降低企业的损失，从而获得商界支持。事实证明，特朗普确实得到了大企业的背书，在签署备忘录的时候，特朗普特邀美国最大的军火商洛克希德·马丁公司总裁玛丽琳·休森（Marillyn Hewson）讲话，就是在向外界传递这一信号。

在用人方面，特朗普前首席经济顾问科恩作为对国内减税贡献巨大的核心人物，由于抵制加征关税，在贸易争端尚未到来之时就“解甲归田”，特朗普施政的决心得以体现。此外，2017 年 1 月（对中国启动 301 调查的半年之前），特朗普提名罗伯特·莱特希泽（Robert Lighthizer）为贸易代表，说明其早已做好挑起贸易争端的准备。莱特希泽是里根政府时期的美国贸易副代表，在 20 世纪 80 年代对日本的关税战中可谓功勋卓著，后来成为国际反倾销领域的诉讼律师，具有极为丰富的贸易谈判经验，这也是随后特朗普授权其主导对中国 301 调查的重要原因。

拜登执政以后，美国贯彻了特朗普时期的贸易保护主义，但形式上有所变化，从“一对一”向“小多边主义”转变（沈伟、胡耀辉，2022），通过拉拢西方盟友继续围堵中国。从中美贸易摩擦开始前的 2017 年到 2021 年，美国、欧盟和日本共发表七次联合声明，这些声明中所提到的非市场政策和做法、产业补贴和国有企业、强迫技术转让政策、WTO 改革等议题都是针对中国的。此后，美国通过主导“印太经济框架”继续拉拢亚太地区的发达国家和发展中国家以“去风险”名义孤立中国。从奥巴马到特朗普再到拜登，美国贸易政策显示出一定的延续性，贸易保护主义已经成为美国重要的经济战略。

第三节 贸易保护主义对全球价值链的破坏

美国的保护主义政策不仅破坏了中美两国的经济合作，而且极大地阻碍了全球价值链的发展。在中美贸易摩擦之前，特朗普曾认为对华相关产品加征关税可以阻止中国对美国的产品出口，减少美国的贸易逆差，改善美国的国际收支。事实恰恰相反，美国的贸易逆差在特朗普一系列贸易保护主义政策实施后仍持续恶化。2018 年，美国贸易逆差扩大10%，达到8913 亿美元，创下了自2008 年来的历史新高。美国相关政府部门的统计数据显示，2018 年全美家庭农场和家庭渔民破产申请总数为498 份。值得注意的是，美国中西部地区的破产率也是2008 年的两倍，是十多年来的最高水平。

一方面，本就疲弱的海外需求受到针对美国商品的报复性关税影响，进一步削弱了美国的出口能力，这些关税对美国农产品出口的打击尤其沉重。2018 年7 月中国提高关税后，美国大豆出口下降20%，至171 亿美元，为9 年来最低水平。另一方面，企业由于惧怕关税上升所导致的成本增加，在中美贸易摩擦的暂停期加大了对中国商品的进口，这些都导致了美国更高的贸易逆差。至少从短期来看，美国实施贸易保护主义政策的成本非常高昂，国内企业和民众都付出了惨重的代价。

对中国来说，经过了5 年时间的“一带一路”建设，2018 年中国与“一带一路”沿线国家货物贸易进出口总额达到1.3 万亿美元，同比增长16.3%。其中，中国对沿线国家出口7047.3 亿美元，同比增长10.9%；自沿线国家进口5630.7 亿美元，同比增长23.9%。中国依托共建“一带一路”获得的发展远大于因为美国加征关税所受到的损失。与此同时，在受到约2000 亿美元加征关税影响的企业中，外资企业数量约占50%，其中很多外资企业是美国企业，这些美国企业生产的产品主要市场是美国。美国加征关税行为，影响的不仅是中国企业和消费者的利益，也伤害了美国消费者、企业和出口部门的利益（Murphy，2019），更危及全球价值链的平稳运行。

不论是特朗普的短期目标还是长期目标，由于世界各国经济的密切联系，特别是中美双边贸易的复杂性，希望不依赖中国市场而实现经济增长和发展是无法想象的。对中国高技术跨国公司的封锁也不符合科学技术发展的规律和自由贸易的市场规则。

中国国家主席习近平在2017 年达沃斯世界经济论坛上的演讲中指出：“想人为切断各国经济的资金流、技术流、产品流、产业流、人员流，让世界经济的大海退回到一个一个孤立的小湖泊、小河流，是不可能的，也是不符合历史潮流的。”在 2018 年博鳌亚洲论坛开幕致辞中，习近平主席又指出：“一个国家、一个民族要振兴，就必须在历史前进的逻辑中前进、在时代发展的潮流中发展。”的确，好的经济是在清晰把握时代脉搏的前提下发展出来的，不是通过限制竞争对手实现的。真正的创新和发展来自于政府前瞻性的引导、金融资本的介入、产业政策的支持以及市场活力的迸发，近年来，中国在这些领域取得了长足进步。特朗普作为美国总统，致力于维护美国企业和美国人民的利益无可厚非，但如果方向错误，其结果必将是作茧自缚、得不偿失。

在本书即将完成之时美国大选刚刚开始，特朗普已经成为拜登的有力竞争者。无论谁当选总统，美国对其霸权地位的严重焦虑将导致中美战略竞争的长期化（Onea，2014），中美贸易争端是其重要变数。考虑到上述背景，中国至少需要在以下三方面采取应对措施：第一，在开放步伐上保持独立自主。扩大开放是中国近 40 年来最为重要的对外经济战略，中国因为改革开放而获益，今后也必定会迈出更大更快的开放步伐。习近平主席在刚刚结束的博鳌论坛上提出了一系列扩大开放的重大举措，表明了中国对外开放的决心。然而，中国的开放不是通过牺牲经济主权换来的，而是一步一个脚印地稳扎稳打出来的；更不是被逼的无奈之举，而是与我们自身的发展战略、发展阶段和发展目标高度匹配的开放。

第二，守住《中国制造 2025》的战略目标不放松。没有强大的制造业就没有强大的国家，中、美两国对此都有很深刻的认识。美国此次贸易争端直指《中国制造 2025》就是想破坏中国发展的“核武器”，阻碍中国的发展道路。可以预见，美国未来将从国际制度、国内法律、产业政策等多个维度干扰《中国制造 2025》的实施，中国政府一定要高瞻远瞩，保持定力，排除干扰，以持之以恒的精神实现制造强国的伟大目标。

第三，加快形成以国内大循环为主体、国内国际双循环相互促进的新发展格局。在金融危机之后，中国经济就开始进行自我调整，依靠我们自身强大的造血能力抵御外来风险和挑战。美国的贸易保护主义政策使中国意识到，必须进行经济发展战略的调整以有效应对外部挑战。“双循环”就是中国经济发展战略的最新定位，不仅辩证地说明了国内国外两个市场的关系，更加明确了超大规模国内市场是联结中国和世界的重要机遇。中国依靠我们自己推动技术创新、提升国家分工地位的决心更加明确。

第九章 “一带一路”：重构全球价值链的中国方案

全球价值链的重构是一个重大命题，重构意味着基础、结构、动力和趋势的巨大变革，不仅需要新的理念和蓝图，而且需要切实可行的方案。当前，面对经济全球化的发展方向日益模糊、世界经济增长前景更加不确定的时代背景，“一带一路”在四年多的时间里已经从最初的概念和倡议经过各个参与国的共同努力成长为当今世界举足轻重的发展平台，其理论内涵日益丰富，发展思路日益清晰，发展目标日益明确。“一带一路”以人类命运共同体作为崭新的世界观，以共商、共建、共享、共赢作为新时代的价值观，以共同发展、持续发展、绿色发展作为面向未来的发展观。“一带一路”的平台力量和理念力量是全球价值链重构的重要保障。

从 20 世纪末开始到金融危机爆发之前，经济全球化迎来了黄金时代，随着融入其中的国家和产业数量急剧增加，全球价值链拓展的速度和范围达到了空前的程度。信息通信技术的发展、模块化生产的大规模应用以及贸易和投资便利化程度的提升共同推动国际分工完成了产业间向产品内的重大过渡，跨国公司所主导的对外直接投资、外包和订单生产蓬勃发展，全球价值链成为经济全球化的重要推动力量。尽管各个国家融入全球价值链的路径、目标和收益不尽相同，全球化进程也曾遭遇挫折，但全球价值链总体上呈螺旋式上升的态势。

在新冠疫情暴发之后，随着全球经济走向的不确定以及时代背景的巨大变化，全球价值链迎来新的挑战。在技术发展方面，第四次工业革命悄然到来，智能制造、人工智能、互联网+等冲击着全球化生产的基础，各行各业都面临着革命性的变化；在经济增长方面，全球经济复苏乏力，发达国家需求持续疲软，发展中国家产业升级缓慢，新的经济增长点尚未形成，全球终端市场正在转移；在经济治理方面，各国贸易政策取向分歧加大，多边经济合作受非经济因素影响日渐显著，黑天鹅事件的频发折射出各个国家在全球经济治理和发展道路选择上的巨大分歧。

与此同时，中国推动的“一带一路”正在对世界经济格局产生重要影响，“一带一路”倡导的崭新世界观、价值观和发展观正在获得沿线国家越来越大的认可。面对全球化趋势的巨大不确定性，人们开始反思全球价值链的发展方向。在新的时代背景下，全球价值链的框架和结构存在巨大的改进和变革空间，全球价值链重构成为亟待探索和研究的重要方向。

当前，在关于全球价值链重构的研究中，有些对全球价值链的时代背景变化进行了分析，有些指出了全球价值链发展机制存在的问题，部分学者把“重构”和“升级”等同起来。杜传忠和杜新建（2017）认为，第四次工业革命带来了传统制造模式和组织模式的变革，促使全球价值链分解、融合和创新，使国际产业分工的“微笑曲线”发生变形。还有学者指出，国际分工市场失效是当前全球价值链存在的主要问题，全球价值链重构要求全球价值链的主导者从初期的发达国家企业向新兴经济体优秀企业转变，新兴经济体自身巨大的市场空间及其企业家精神有助于发展中国家的企业从价值链低端向品牌营销、研发设计等高端环节延伸，提升原本生产制造环节的附加值（毛蕴诗和郑奇志，2016）。

也有研究从中国产业变迁的视角出发，指出随着人力、土地及资源等成本的上升，中国制造基于要素成本的比较优势已不复存在。在发达国家重振制造业及新兴国家快速发展的背景下，中国制造正面临来自发达国家高端先进技术及发展中国家低成本竞争的双重压力，价值链的重构与跃迁已成为中国制造摆脱全球价值链低端锁定并向高端突破与跃迁的必由之路（邵安菊，2016）。屠新泉（2022）认为，全球价值链的重点在于防止“脱钩”和“去中国化”对中国的负面影响。学者们的普遍共识是，中国作为全球价值链的最重要节点与全球中间品贸易的中心和枢纽，在全球价值链重塑过程中可以发挥更大的作用。

在不到五年的时间里，“一带一路”已经从最初的概念和倡议经过各个参与国的共同努力成长为当今全世界举足轻重的发展平台，其理论内涵日益丰富，发展思路日益清晰，发展目标日益明确。2023 年，时值“一带一路”倡议提出 10 周年，中国举办以“高质量共建‘一带一路’，携手实现共同发展繁荣”为主题的第三届“一带一路”国际合作高峰论坛，共 150 多个国家的代表参会。此次论坛聚焦三大主题：深化互联互通、建设开放型世界经济；共建绿色丝路、促进人与自然和谐共生；发展数字经济、挖掘经济增长新动能。此次论坛全面总结了“一带一路”提出以来所取得的丰硕成果，指出中国将推动共建“一带一路”进入高质量发展的新阶段，为促进国际合作、推动全球经济增长、加速落实联合国 2030 年可持续发展议程做出更大贡献。

十年共建“一带一路”的成果集中体现在中国政府发布的《共建“一带一路”：构建人类命运共同体的重大实践》这一报告中。从 2013 年到 2022 年，中国与共建“一带一路”国家进出口累计总额为 19.1 万亿美元，年均增长 6.4%，这个增速既高于同期中国外贸整体增速，也高于同期全球贸易增速。在投资领域，中国与“一带一路”共建国家的累计双向投资超过 3800 亿美元，其中对共建国家的直接投资超过 2400 亿美元，共建国家累计对华投资超过 1400 亿美元，在华新设的企业接近 6.7 万家。在工程建设方面，中国在共建国家的承包工程年均完成营业额大约 1300 亿美元。在推进绿色化、数字化发展合作方面，2023 年前 8 个月，中国与共建国家新签的节能环保类项目合同额同比增长 22%。

世界银行发布的《“一带一路”经济学》报告显示，共建“一带一路”使参与方贸易增加 4.1%—7.2%，外资增加 5%，使低收入国家

GDP 增加 3.4%，并预测到 2030 年，共建“一带一路”每年将为全球产生 1.6 万亿美元收益，占全球 GDP 的 1.3%。上述事实和数据说明，在全球价值链重构的过程中，“一带一路”不仅能够提供美好的远景和崭新的发展思路，更有坚实的贸易、投资和基础设施作为有力的保障，这为中国引领全球价值链重构奠定了理念基础和现实基础。

第一节 全球价值链面临的发展困境

全球价值链的实现基础主要包括两部分：技术基础和制度基础。技术基础主要指信息通信技术（ICT）的发展和模块化生产方式的大规模普及。制度基础指 WTO、FTA 等多边贸易安排为全球化的生产、贸易和投资以及全球价值链的形成和发展带来了制度上的便利。信息通信技术的巨大突破以及相关产业跨国公司的迅速壮大奠定了全球价值链的技术基础。尽管经历了 21 世纪初网络泡沫的破灭，以 ICT 为基础的产业发展和相关产品贸易至今仍是全球价值链的重要组成部分，生产活动在地理上的分散以及大规模的模块化生产带来了中间产品和零部件贸易的指数级增长。即使是当今大量涌现的对全球价值链产生重大影响的新技术、新事物和新产品，其内核仍然是信息通信技术。无论是信息通信技术还是自由贸易的制度安排都诞生于发达国家，发达国家以其强大的经济实力和技术创新能力长期成为全球价值链的实现基础。

然而，近年来，发达国家反全球化呼声日益高涨，民粹主义、贸易保护主义不断抬头，英美两国作为数百年自由贸易的捍卫者，英国在全民公投后脱离欧盟，美国在特朗普总统上台后展现出其藐视多边贸易安排的政策取向，拜登政府在推进贸易保护主义方面丝毫不亚于前任政府。全球价值链的制度基础在全球范围内受到了削弱（杨丹辉和渠慎宁，2021），全球或区域经济治理正在进入一个瓦解、重构和新创的过程（张宇燕，2019）。在技术发展领域，中国作为后起之秀在大数据、云计算、互联网 + 、人工智能以及基础设施建设等众多领域体现出强大的发展潜力，成为推动全球价值链技术基础演进的重要力量。

由于发达国家的跨国公司直接推动了现代国际分工的形成，自然而然成为领袖企业中的核心力量。一直以来，跨国公司不断在全球范围内寻找成本更加低廉、环境约束更弱的国家和地区进行投资、生产和采购，发展中国家以及来自发展中国家的中小企业长期处于不对称的治理体系中，它们的命运和发展极度依赖跨国公司。一方面，跨国公司凭借长达数十年的技术积累牢牢控制住全球价值链的高端生产环节，使价值链上中小企业的转型升级非常困难；另一方面跨国采购商的压价行为不断挤压中小企业供应商的生存空间。由于一些发展中国家劳动力成本上升，资源环境约束加大，再加上金融危机对投资和需求的不利影响，转移投资和撤资成为跨国公司的新常态，“走动的工业”使发展中国家的产业发展和就业严重地受到跨国公司自身战略的冲击。因而，现有的全球价值链治理结构集中体现了跨国公司的利益却大大忽视了发展中国家以及中小企业的发展权益。

全球价值链的动力机制包括两个维度：首先是通过提升投资和贸易便利化程度、统一全球贸易规范，加快全球化生产、贸易和投资的速度；其次是跨国公司在“归核化”战略下以要素价格和比较优势为基础的全球资源配置过程，通过东道国政策、基础设施、劳动力成本、人力资源优势、法律制度等多方甄选和考量进行跨国投资和生产决策以追求利润最大化。前一个维度在本质上是通过降低交易成本推动全球化，后一个维度则是跨国公司为了投资收益的最大化而不断拓展全球价值链。

上述动力机制集中体现了发达国家以及跨国公司的意志，发展中国家经济是否健康发展、产业结构是否合理、价值增值能力能否获得提升等一系列问题被选择性地忽视了。一个简单的事实是，贸易门槛越低，新兴发展中国家的产业在发达国家的优势产业面前越是不堪一击，以降低交易成本为核心的动力机制对部分后发国家发展能力的提升就越难以发挥积极的作用。中国作为全球化的最大受益国却在全球价值链升级的过程中屡屡受挫。究其原因，跨国公司为了实现利润最大化必须保持其在全球价值链中的领先地位，必然想方设法维持其在技术和品牌上的优势，利用其自身在治理体系中的强大控制力阻挠处在价值链其他位置上的企业进行技术创新和产业升级，当前的全球价值链动力机制在维护发达国家和跨国公司优势的同时却对发展中国家实现经济发展的跃升构成了极大的挑战。

在利益分配方面，发达国家的跨国公司长期以来占据着“微笑曲线”的两端，而发展中国家的企业却处在收益的谷底。领先企业在由买方驱动的全球价值链中拥有品牌、营销的传统优势，在由卖方驱动的全球价值链中拥有长期积累的技术和知识产权优势，发展中国家在全球价值链增值中的份额长期处于低位，获利水平得不到提升。原因在于，模块化的全球价值链体系固化了系统整合者领先的技术结构，降低了各个生产环节技术创新的相互依赖，特别是模块化生产所具有的信息包裹特征（青木昌彦，2001）以及技术标准的专利包特点，阻碍了代工和组装企业通过“干中学”和“学中干”进行技术创新和知识积累的过程（秦升，2011）。

因此，进入21世纪，沿模块化全球价值链升级的速度和力度都大大减缓甚至停滞了（相较于20世纪60—80年代的“东亚奇迹”），高度集成的模块和严格的知识产权保护彻底阻断了以逆向工程为核心的研发和设计，发展中国家参与到全球价值链中的企业再也无法像日本和亚洲“四小龙”一样沿着OEM（代工）—ODM（设计）—OBM（品牌）顺利实现产业升级。一个显著的事实是，在新兴工业化国家里很少出现具有核心模块生产能力的OBM（自有品牌生产）厂商。

虽然参与全球价值链改善了东道国的就业和经济增长，但是产业升级受限，企业创新能力薄弱，总是游走甚至锁定于全球价值链的低端，导致了发达国家和发展中国家在利益分配上长期处于不平等的地位，而且由于发达国家和跨国公司的强势地位，这种不平等有长期化的趋势。以中国为例，华为是极少数从OEM—ODM—OBM路径成长起来的高科技企业，但是，华为刚刚成为一家名副其实的高科技跨国公司，就遭到美国政府的强力打压和西方跨国公司的围追堵截，目的就是阻断中国企业创新升级之路，使其价值创造能力锁定在低端水平。

综上所述，全球价值链已有的架构大大忽视了发展中国家企业和产业的发展诉求，发达国家所奠定的基础正在发生变化，全球价值链以跨国公司为主的单极治理体系亟待变革，全球价值链的动力机制和利益分配机制存在巨大的改进空间，全球价值链的重构势在必行。“一带一路”的发展壮大为全球价值链重构提供了一个重要的机遇和平台。下面我们将从实现基础、治理结构、动力机制以及利益分配四个角度阐述“一带一路”和全球价值链重构的关系与前景。

第二节 数字基础设施建设：新基础

推动构建公正、合理、透明的国际经贸投资规则体系以及打造开放型合作平台是“一带一路”建设的重要目标。经济全球化是社会生产力发展的客观要求和科技进步的必然结果，为世界经济增长提供了强劲动力，促进了商品和资本流动、科技和文明进步、各国人民交往。“一带一路”作为“开放之路”维护了全球价值链长久以来的制度基础。与此同时，中国作为一个花费30多年时间不断融入国际经济体系的发展中大国，深知各国国情、发展水平各不相同。

对于经济发展适应性较好、抵御外来冲击能力较强以及本国产业结构较为合理的国家，尽快融入开放、规范的贸易和投资体系能够促进生产要素有序流动、资源高效配置、市场深度融合，能够对本国的经济社会发展和国民福利提升发挥巨大的积极作用。而那些由于受到发展水平、发展特点和发展阶段的限制，尚没有能力和意愿进入高水平自由贸易安排的众多发展中国家和欠发达国家，“一带一路”为它们提供了基础设施建设和数字技术发展相融合的新基础。

以基础设施建设为推动力的合作倡导包容性、开放性以及不附加任何政治和经济改革的前提条件，既不需要FTA或者RTA长期复杂的谈判过程，又可以获得来自丝路基金和亚洲基础设施投资银行的金融支持，对大多数发展中国家而言是一个千载难逢的发展机遇。基础设施是价值创造和价值交换的重要载体，罗伯特·吉尔平（2011）非常重视基础设施对全球化的影响，他总结道，跨国公司发展的基础是交通通信领域的革命性变化，随着陆路、海上、空中交通以及现代通信技术的进步，为制造业的全球一体化创造了可能性。“一带一路”倡议的提出，特别是对互联互通的重视，重新挖掘了基础设施建设在经济发展中的巨大潜能，这种潜能对有效推动全球价值链的深化和长期发展将发挥新的基础性作用。

第一，优良的基础设施能够使欠发达国家和发展中国家更好更快地融入全球价值链。中国 40 年改革开放取得了巨大成功，成为发展中国家融入全球化的典范，总结中国的经验，其中非常重要的是长时间、大规模的对基础设施进行投入和升级。如果没有发达的高速公路、铁路网络和港口，没有保障经济强劲增长的电力供应和通信网络，仅凭低廉的劳动力，中国不仅无法迅速成长为世界工厂，也不可能深度融入全球价值链体系。

事实上，中国在基础设施建设上的技术优势和规模优势被大大地忽视了。“一带一路”作为一个以基础设施建设为核心的发展框架，参与其中的国家将获益匪浅，欠发达国家和发展中国家能够以此为契机早日满足全球价值链的“门槛”，通过吸引更多的投资和产业转移实现其自身的经济发展。

第二，从战略高度加强欠发达国家和发展中国家的基础设施建设将为全球价值链的发展提供持续的动力。20 世纪 90 年代以来，发达国家不仅是全球重要的投资来源，而且一直是发展中国家最为重要的海外市场。进入 21 世纪，信息科技革命为全球经济增长带来的积极影响不断减弱，特别是美国作为全球经济霸主，其实体经济与虚拟经济的发展越来越不匹配。金融危机的爆发从表面上看是债务连锁反应和金融过度创新，实际上是由于已有的技术进步对经济发展的贡献不断减弱，新的技术革命和创新浪潮尚未到来造成的。

金融危机和新冠疫情两大事件直接削弱了发达国家的市场需求并导致了投资意愿的下降，至今发达国家仍无法为全球经济复苏提供稳定的动力。新兴发展中国家很难像以前一样依靠发达国家的需求和投资长时间保持领先势头，提升基础设施建设在发展战略中的重要性不仅是它们经济实现持续增长的关键，也将为全球价值链的持续发展做出巨大贡献。

第三，数字基础设施建设作为“一带一路”互联互通的重要一环将对全球价值链产生革命性的影响。习近平主席在第一届“一带一路”国际合作带路峰会上指出，我们要坚持创新驱动发展，加强在数字经济、人工智能、纳米技术、量子计算机等前沿领域的合作，推动大数据、云计算、智慧城市建设，连接成21世纪的数字丝绸之路。全球价值链的技术基础正在发生变化。

世界银行发布的《2016世界发展报告》的副标题直接以“数字红利”命名，该报告认为以互联网为基础的数字技术的蓬勃发展能够有效地扩大贸易、改善资本利用。数据表明，出口国互联网使用率提高10%，双边贸易的产品数量就会增加0.4%。数字技术在降低交易成本、促进公平竞争、改善公共服务等方面都发挥着前所未有的作用，促进经济增长和就业，提升劳动者生产率都是数字技术的重要收益。中国在数字基础设施建设上的优势明显，以阿里巴巴、腾讯和百度为代表的中国互联网企业正在迅速拓展海外市场，中国互联网跨国公司的不断成长能够有力地推动“一带一路”在相关领域的合作和发展。基础设施和数字技术的创新性结合将大大拓展分工链条、提升分工效率，加快全球价值链的深化和广化。

第三节 从单极化向多极化转变：新结构

国家职能的退化是经济全球化过程中的一个显著现象，伴随而来的是跨国公司以及各种贸易协定在全球经济体系中地位的上升。与此相反，“一带一路”建设重视政策沟通以及发展战略的对接，而国家是发展战略制定和实施的主体。发展战略是一系列发展计划、发展目标和发展手段的匹配与组合，对一个国家而言通常是经过深思熟虑的重大决策，具有长远性和持续性，不以某一个企业、某一个项目或者某一个政策的变化而改变。因而，重视政策沟通和国家发展战略就是要充分发挥国家在全球价值链体系中的作用，逐步打破以跨国公司为核心的单极治理体系。

在全球价值链治理体系当中，以发达国家跨国公司为主的领袖企业是处于核心位置的治理主体，领袖企业在选择供应链伙伴（吸纳和排挤供应链参与者）、寻找生产活动的地理位置以及决定附加值创造的环节和多少等众多方面起着决定性作用。从治理角度来看，无论是买方驱动还是卖方驱动的全球价值链，跨国公司都拥有着绝对的主动权。反观发展中国家，由于起点较低，经济发展每迈出一步都伴随着新的需要和新的问题。

从缺少资金到缺少技术、从缺少市场到缺少规则，多数问题都必须借助于外部力量来解决，迫使发展中国家在融入全球价值链的过程中以跨国公司的意志为转移。尽管发展中国家在此过程中有所获益，但是获益成本是否高昂，环境污染是否严重，经济发展是否可持续，与东道国的长远利益是否冲突几乎不在考虑范围内。因而，提升发展中国家在全球价值链体系中的主体地位，推动全球价值链治理向多极化转变是发展中国家实施发展战略、实现其自身利益的重要保障。

习近平主席在2017年达沃斯论坛开幕式上的主旨演讲中指出，发展中国家要顺应大势、结合国情，正确选择融入经济全球化的路径和节奏。重视国家在全球价值链体系中的作用就是要把融入全球价值链的过程和国家的发展战略相结合，实现适时、主动、有目标地融入，统筹考虑东道国和跨国公司的需求。

长期以来，发展中国家融入全球价值链在很大程度上是一个被动的过程，为了满足各种贸易协定的规章制度和跨国公司的各种要求在政策、环境、劳动力等诸多方面不惜牺牲它们自身的利益。斯蒂格利茨和查尔顿在他们合著的《国际上的权衡交易——贸易如何促进发展》中，系统阐述了一些尚未做好准备的落后国家在加入 WTO 过程中所受到的种种不公平待遇，以及为了实现贸易自由化所产生的巨大政策调整成本。政府和国家在某种程度上被跨国公司和贸易协定绑架了，而无暇顾及参与全球价值链的成本和收益，最终导致缘木求鱼。

此外，在全球经济艰难前行的道路上仅仅依靠企业力量推动生产和贸易复苏已经难以为继，国家应当深度介入全球价值链，成为新时期推动全球价值链发展的重要力量。自金融危机以来，考虑到未来发展和经济复苏的不确定性以及金融体系可能存在的风险，企业跨国投资以及跨境银行放贷都出现了大幅萎缩，自 2007 年以来，跨境资本流动的总规模下降了 65%（MGI，2017）。中国在全球价值链重构的过程中必然要着力推动产业链、供应链升级，保证中国的产业安全（戴翔、张雨，2021）。

联合国在《2017 世界经济形势和展望》报告中指出，唯有高效、协调的政策努力才能刺激投资和生产，使全球经济重新回到强劲且均衡的增长态势。国家具备强大的政策调整力和执行力，可以有效避免企业决策的短期性和周期性，各国在制定对外经济政策和产业政策时，应当以其自身的国情为出发点，以推动全球价值链更深入更广泛发展为落脚点，实现经济增长、贸易复苏和共同获益。

当前，“一带一路”倡议已经或正在与多个国家的发展战略进行对接，包括俄罗斯的“欧亚经济联盟”、蒙古国的“发展之路”、哈萨克斯坦的“光明大道”、欧洲的“容克投资计划”以及越南的“两廊一圈”等。上述战略对接使“一带一路”在重构全球价值链的过程中获得了巨大的政策支持优势，同时突出了国家战略的重要性。

和发展中国家一样，发达国家在受益于全球价值链的同时也面临着很多重大问题，这些问题没有国家战略的支撑和配合难以解决。在发达国家，跨国公司、金融资本和高学历、高技能工人是全球价值链发展的主要获益方，但并不是所有人都能够从事知识和资本密集型的工作，从事中低技术的工人同样面临着工资下降和失业的风险。近年来，包括英美在内的发达国家持续地调整对外经济战略反映出其对当前全球价值链发展趋势的担忧。重构全球价值链的过程是一个凝聚共识的过程，特别是各个国家如何理解全球化，如何理解其自身战略和全球化的关系将直接影响全球价值链的重构过程。

全球价值链治理结构的转变符合全球价值链的发展规律。落后国家融入全球价值链的早期阶段是其议价能力最弱的阶段，为了吸引外资不惜动用一切自然资源和政策资源，无法对全球价值链治理体系形成挑战。第二个阶段，随着全球价值链在发展中国家的不断深入，东道国的产业结构日趋稳定，对跨国公司依赖程度越来越深，没有动力推动全球价值链体系的变革。第三个阶段，东道国逐渐开始考虑其自身的发展需要，明确其自身的发展目标，依赖跨国公司发展的成本和收益越来越不平衡，尽管依然处于劣势，但是议价能力开始提高，改变既有治理结构的能力和意愿都在上升。

当前的新兴发展中国家多数处于第三阶段，这个阶段为全球价值链重构提供了重要的时间窗口。以中国为例，现在正处在跨越中等收入陷阱的关键时期，推动形成一个符合中国发展利益的全球价值链治理体系将有助于中国完成发展的突破和质变，实现国家战略和全球价值链的有效融合，从贸易大国蜕变为贸易强国和制造强国，迈向高等收入国家。

第四节　分工的深化与广化：新动力

40 年来，全球价值链的主要推动力来自自由贸易协定的大规模签署以及跨国公司的全球化资源配置。自贸协定的作用机制在于通过降低关税水平、消除投资壁垒、改变一系列不利于贸易自由化的规则来促进经济增长，其核心在于降低交易成本，以此为基础建立起来的是交易型全球价值链。降低交易成本所带来的经济增长是对已有的生产空间和生产能力的释放，释放完毕之后各国贸易水平将维持在一个相对较高的位置，协议签订初期的经济迅速增长势头会逐渐消退，全球价值链的交易水平提高了，但是分工水平和价值链不同位置的增值能力难以获得质的提升。

近年来，自贸区谈判受到越来越多因素的制约。首先是受到本国对外开放水平和国内产业发展水平的限制。其次，包括中日韩自贸区谈判的久拖不决、TPP 的意外解散以及英国脱欧等在内的重大事件表明，自贸区建设越来越受到国内政治和地缘政治的侵蚀。经济合作从来都不是单一的经济问题，往往受到很多非经济因素的影响。最后，一些欠发达国家和发展中国家难以满足自贸区的高标准，在花费巨大精力和长时间谈判的同时，发展的机遇转瞬即逝。

中国提出的“一带一路”倡议则不同，它以沿线国家在基础设施建设、城镇化以及市场规模方面所拥有的巨大发展空间和市场需求为基础，首先通过基础设施建设带动社会发展和进步，为本国工业化和融入全球价值链创造良好的环境，然后通过产能合作和产业的阶梯化转移带动居民收入的提升，进一步扩大市场规模并创造新的市场需求，如此良性循环以实现持久的经济发展和分工深化。所以“一带一路”推动的是创造型的全球价值链，通过分工链条的延长使市场需求和市场规模螺旋式上升，最终实现全球价值链各个环节的持续增值。

“一带一路”遵循自愿和民主的原则，没有严格的准入条件、没有强制执行的贸易标准、没有对参与国内部发展条件的硬性规定、不要求参与国让渡其自身主权，真正在原则上和路径上鼓励共同发展。因此，“一带一路”所倡导的共同发展、绿色发展和持续发展的新发展观是面向未来的发展观，与传统的以自由贸易为基础的发展观大不相同，它们对全球价值链的推动机制也不相同，是“一带一路”最为重要的观念型国际公共产品（马涛和陈曦，2020）。从促进经济增长的方式来看，WTO、FTA 和 RTA 作为自由贸易的主要载体，解决的是建立在比较优势基础上的经济存量和生产能力的中短期释放问题，而“一带一路”解决的是以基础设施建设为基础的从区域到全球的经济长期发展问题，即通过区域性分工地位的跃升实现产业升级和中高端化（王恕立和吴楚豪，2018）。两者对于分工的促进机制有很大的区别，而分工水平的提升和分工链条的拓展是全球价值链发展的源动力。

在《推动共建丝绸之路经济带和 21 世纪海上丝绸之路的愿景与行动》中，中国政府明确指出，在投资贸易中突出生态文明理念，加强生态环境、生物多样性和应对气候变化合作，共建绿色丝绸之路。中国高瞻远瞩的环保理念和强大的科技实力是构建绿色、可持续全球价值链的重要保障。“一带一路”所倡导的绿色发展观背后是“命运共同体”的崭新世界观，即世界是一个大家庭，每个成员都有责任保护地球资源，每个成员都有权力共享地球资源，世界的未来掌握在每个成员手中，只有大家一道努力才能实现资源共享和经济发展的良性循环。绿色全球价值链的构建一方面是通过价值链条的延伸使经济增长的成果惠及生态保护等领域，另一方面则是利用新能源和清洁能源直接参与到价值增值的初始过程中去。

中国作为“一带一路”倡议的提出者在构建绿色、可持续全球价值链的过程中拥有独特的优势。首先，中国大力支持联合国共同实现 2030 年可持续发展目标，并承诺本国非化石能源占一次能源消费总量的比重将在 2020 年达到 15%，在 2030 年达到 20% 左右。在气候变化的《巴黎协定》签署过程中，中国积极主动，身先士卒，成为发展中国家利益的代表。可以说，中国在理念上、行动上和目标上都走在了全球生态保护的前沿。

其次，中国近年来在清洁能源的研发和建设方面取得了长足的进步。2020 年 12 月，《新时代的中国能源发展》白皮书发布。该白皮书指出，中国可再生能源开发利用规模快速扩大，水电、风电、光伏发电累计装机容量均居世界首位，中国是全球最大的可再生能源市场，也是全球最大的清洁能源设备制造国，可再生能源技术在中国市场上的广泛应用，促进了全世界范围内可再生能源成本的下降，加速了全球能源转型进程。

中国对生态文明的深刻理解来自以往经济发展的残酷教训。在改革开放后的相当长一个时期内，中国经济发展的巨大成就建立在破坏生态环境的基础之上，“高污染、高耗能、高排放”曾经是中国经济增长的主要特点，这种发展对人民生产生活和社会发展的负面效应已经接近极限。中国政府深刻地认识到，建设生态文明是关系人民福祉、关乎民族未来的大计，是实现中国梦的重要内容。

习近平主席在纳扎尔巴耶夫大学回答学生问题时指出：“我们既要绿水青山，也要金山银山。宁要绿水青山，不要金山银山，而且绿水青山就是金山银山。”如今，清洁能源的开发和建设将生态保护和经济发展有机统一起来，中国在清洁能源发展方面所具备的强大实力将对“一带一路”沿线国家利用新能源、发展新能源发挥巨大的示范作用。中国将和所有秉持绿色发展理念的国家一同构建绿色、可持续的新型全球价值链。

第五节 向发展中国家倾斜：新分配机制

“共商、共建、共享、共赢”是“一带一路”建设的重要原则，其中，共享和共赢是分享发展红利的基本原则。习近平主席在第一届“一带一路”国际合作高峰论坛上指出，发展需要更加普惠平衡。如果发展的红利在分配过程中极不平衡，那么就需要推动全球价值链分配机制向更加公平合理的方向发展。长期以来，不同发展水平的国家在全球化过程中的获利水平没有得到很好的研究，原因在于，金融危机之前经济全球化在技术进步和贸易便利化的推动下进入了一个黄金时代，各个国家都在不同程度上持续地分享全球化的红利，没有动力去分析全球价值链背后的利益分配机制。进入21世纪，金融危机和新冠疫情作为两大全球性危机对各国经济社会发展形成重大挑战，各个国家都为了维持其自身的发展各自为政，更是无暇顾及利益分配的问题。

如果说全球价值链关于增加值测算的研究，其意义在于从量的方面确定全球价值链价值增值的过程，那么既有的全球价值链价值增值背后的逻辑则更加值得关注，包括增值是如何发生的？不同国家的增值过程存在什么不同？这些增值过程之间的联系是什么？只有清楚了全球价值链的利益分配机制才能更加深刻地理解“一带一路”所提出的“共享”和“共赢”。在当前的全球价值链体系当中存在三种典型的利益分配机制。

一　发达国家之间的利益分配

在全球价值链体系中，美国等发达国家由于总体上从事报酬递增的经济活动，加上严格的技术贸易限制和专利保护，其所处的生产和制造环节难以被替代，具有较高的进入壁垒，从而能够获取丰厚的技术租金。发达国家之间的贸易更接近于理论上的“李嘉图贸易”，即它们各自均能利用其自身的比较优势在国际贸易中获取等量的收益。由于具有相似的报酬递增水平和技术创新能力，欧美日等国和地区之间进行的是“具有相同质量指数的经济活动之间的交易，即对称贸易”（赖纳特、贾根良，2007）。

事实上，大多数工业化国家之所以拥有成功的再分配机制，在一定程度上是因为技术进步所带来的高额租金能够在整个国家范围内共享。尽管新国际分工使得生产链条不断地分散，但大多数跨国公司的核心生产环节和供应链中心仍位于母国。在“归核化”（Refocusing）战略的指导下，发达国家不仅将附加值高的部件生产留在国内，而且通过外包（Outsourcing）和对外直接投资（FDI）降低了企业成本，直接增加了利润收入。

二 发展中国家与发达国家之间的利益分配

发展中国家与发达国家之间的分工和利益分配完全不同。一方面，发达国家在新国际分工中，利用发展中国家的“比较优势”，将落后的产业、非核心的生产环节转移到发展中国家，导致发展中国家在国际贸易中的地位和竞争力处在较低的起点。另一方面，受制于 WTO 严格的知识产权保护，发达国家不但能够通过频繁地申请新专利来维护它们在技术创新和技术标准上的垄断地位，还能够向发展中国家收取高昂的技术授权费用，而发展中国家只能从事劳动密集型的生产制造环节，在无法接触到核心技术以及技术标准被控制的前提下，技术创新能力受到极大的制约，利润空间更是受到严重挤压。

在发展潜力最大、技术迭代最快、利润增长最快的信息通信技术行业，这一特点尤为明显。以计算机芯片为例。目前能够进行大规模商用生产的跨国公司仅英特尔（Intel）和超微（AMD）两家，而这两家美国公司在世界芯片市场上的寡占行为已经持续了近 30 年，没有任何一个哪怕半外围国家能够进入这个领域，包括中国。华为海思的麒麟芯片在受到美国打压之前，也仅仅是在手机行业有一定的占有率，在受美国打压之后，市场占有率直接归零。因此，落后国家所能从事的只有组装和生产低附加值的产品附件，毫无利润可言。

在软件方面同样如此，Windows 操作系统总计的全球市场占有率长期在 80% 以上。信息通信技术的突飞猛进丝毫没有改变计算机操作系统的全球格局，微软对操作系统的持续垄断支撑其获得高额利润和授权费用。大者恒大，强者恒强。尽管加强知识产权保护有助于激励创新、保护知识创造者的权益，但从全球视角来看，知识产权保护越严格，具备技术和创新优势的美国等西方发达国家就越能从专利保护中获益，与此同时，发展中国家的发展成本则越来越高（见图 9－1）。

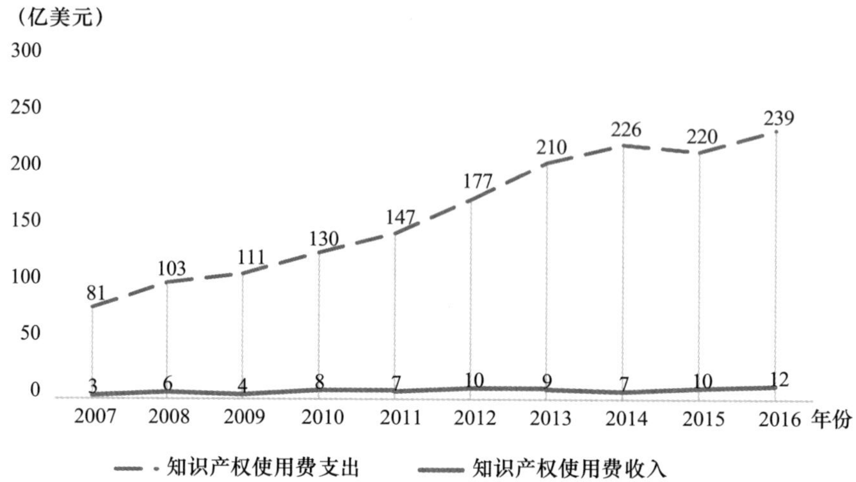

图 9-1　中国在知识产权使用费上的支出和收入对比（2007—2016）

资料来源：www. data. worldbank. org.

三　发展中国家之间的利益分配

由于多数发展中国家以组装、加工和低技术生产环节融入全球价值链，其产业发展的进入壁垒较低，易于模仿，竞争异常激烈（卡普林斯基，2008）。中小企业之间相互杀价的行为在使其自身陷入贫困化增长的同时却给主导全球价值链的跨国公司带来了竞争力，为发达国家消费者福利做出了贡献。发展中国家由于其自身的弱小，议价能力非常有限，为了获得外资或者订单而不惜破坏自然环境，减少工人的工资和劳动保障，牺牲本国国民的福利。一些国家为实现贸易自由化而进行的政策调整所产生的成本极大，这意味着其所获得的利润更小，甚至无法获益（斯蒂格利茨和查尔顿，2008）。欠发达国家和地区，特别是南美洲、非洲地区国家的产业基础非常薄弱，一旦跨国公司将产业链条转移到其他成本更低的国家，来自主导产业的失业工人将无法被其他产业所吸收，对本国经济的打击异常巨大。这种“走动的工业”对外围国家的经济社会发展形成一种潜在的威胁，增加其未来发展的不确定性。

综上所述，全球价值链体系长期以来展现出利益分配的两极化趋势，尽管经济全球化带动了包括发达国家、发展中国家在内的进步和发展，但是不同国家在全球价值链分配体系中的地位却完全不同。

“一带一路”对“共享、共赢”的强调主要表现在两个方面。首先，重视互联互通和基础设施建设就是为创造价值提供平等的发展环境并形成高水平的发展福利。基础设施所带来的经济发展和社会进步很难用金钱来衡量，但是没有良好的基础设施支撑，价值增值的过程就会变得异常困难。由于投资周期长、见效慢、收益低等特点，跨国公司极少向基础设施领域投资，基础设施在全球价值链中的比重很低。“一带一路”在提倡进行基础设施建设的同时设立了丝路基金和亚投行两个融资机构，通过为沿线国家提供针对性的金融支持以降低相关国家和地区的发展负担，使其早日改善发展环境，尽快进入全球价值链的增值过程。

此外，“一带一路”提倡产能合作，就是要从各个国家和地区的实际出发，以产业需求和产业优势为基础进行资源的优化配置和产业的优先发展，这不同于简单地利用比较优势进行发展，而是通过有意识有目标地提高发展的起点，从初始阶段规划全球价值链的增值路线，有助于避免发展中国家落入低端锁定的陷阱。“一带一路”沿线国家的发展能力千差万别，全球价值链的重构并不能实现完全平等的利益分配过程，但是“一带一路”通过改善发展条件和优化发展路径对提升发展中国家的增值能力和发展水平大有裨益。

第六节 全球价值链重构的中国角色

“一带一路”所推动的全球价值链重构是以互联互通建设和自贸区建设为支撑的双轮驱动过程，各个国家的发展战略和全球价值链重新对接，充分考虑发展中国家的发展权益，全球价值链治理体系从单极化向多极化转变，互联网+、云计算、大数据等为全球价值链实现数字化重构提供技术基础，通过改善沿线国家的发展条件和优化发展路径提升其在全球价值链增值中的地位。全球价值链的重构最大程度地体现了共商、共建、共享、共赢的价值观，践行了共同发展、绿色发展、持续发展的发展观。

全球价值链的重构建立在以中国为首的发展中国家所具备的巨大发展潜力以及高于世界平均水平的增长速度之上，亚太地区特别是东亚是全球价值链重构的发力点。因而，“一带一路”对全球价值链的重构必然是一个从区域到全球的过程，中国作为“一带一路”的发起国和倡议国将在其中发挥决定性的作用。

中国政府多次提到，“一带一路”是沿线国家的交响乐，不是中国的独奏，但是，“一带一路”重点面向亚非欧大陆，涵盖国家总计超过60个，如果各国没有共同的愿景和理念将难以形成发展的合力，中国应当充分利用其自身的发展经验在全球价值链重构的过程中发挥引领作用，做一个敢于负责任和勇于提供公共产品的国际大国，力争成为优秀的“交响乐指挥”，使“一带一路”这部交响乐奏出大国风范，奏出国际影响力。

对中国而言，推动一个以中国为核心的区域价值链体系是全球价值链重构的首要步骤，也是中国经济发展实现质变的重要手段。由于中国周边地区仍以发展中经济体为主，这些国家存在大量产业转移的空间和市场扩大的空间，它们在基础设施建设和资源开发领域对装备制造等资本品有着巨大的需求，这就为区域价值链的构建提供了机会。

相对周边发展中国家而言，中国企业在载人航天、大型飞机、卫星导航、超级计算机、高铁装备、大型发电设施以及深海石油钻探等方面具备明显的技术优势，在基础设施建设领域和高技术领域的研发和创新能力相对较高，通过有效地利用周边地区的需求和市场，可以推动中国优势企业走出去，优势标准走出去，优势品牌走出去，通过领先市场的培育首先在周边地区形成技术优势和品牌优势，进而引领区域价值链的发展。在与日韩等发达经济体的经济交往过程中，中国政府应当加强政策层面的研究和引导，在吸收投资的同时强调对先进技术的引进，保障知识溢出的机制，形成有利于发展我们自身创新能力的引资和引智体系。

以往，我们过度依赖外商直接投资，跨国公司为了维持其自身的核心竞争力总是最大程度地限制技术外溢效应，而我们只有引资的政策优惠却没有引智的制度保障，常常为了引资而引资，丧失了大量技术提升的机会，长期以来在价值链升级的道路上步履蹒跚（张为付、戴翔，2017）。

事实上，从升级到重构是全球价值链研究范式的重大转换，全球价值链升级意味着沿着原有的基础，遵循原有的路径，按照原有的方式提高。全球价值链重构则意味着基础、结构、动力和趋势的巨大变革，新的理论架构在指导政策制定方面具有完全不同的意义。本书第五章已经提到，模块化的全球价值链和 WTO 严格的知识产权保护制度使发展中国家沿着已有的全球价值链升级的空间大大压缩，以升级促发展日益展现出不可持续的态势。全球价值链的重构则是世界观和发展观的革新，不囿于原有的思考，从新的理念和高度出发。演化经济学中的“异地物种形成（分布区不重叠）”原理表明，在旧的（技术）竞争体系中，强者更强，弱者的后发劣势会随着时间推移越加明显，而在新的（技术）竞争体系下，弱者反而有更多的机会实现跨越（贾根良，2004）。

以 ICT 产业为例，作为中国嵌入全球价值链最深最早的产业，多年来，其升级的效果最不明显，换言之，以劳动密集型比较优势融入全球价值链的企业无法成长为知识密集型企业，代工工厂也永远无法成长为 Intel 这样的“领袖企业”，数十年技术储备的差距直接拆掉了后来者前进的阶梯。将 ICT 产业与中国近年来异军突起的产业进行对比，我们更能清楚地看到全球价值链升级与重构的不同结果。

高速铁路。中国高铁的发展从一开始就树立了技术引进和技术整合的目标，利用跨国公司的相互竞争实现最大程度的知识和技术外溢，在短短的几年内实现了自主知识产权的构建，奠定了中国高铁在全球价值链体系中的优势地位，海外订单纷至沓来。南车和北车合并之后，中国中车成为高铁全球价值链中当之无愧的领袖企业，不仅在高铁技术专利申请方面屡创新高，而且具备了全球采购和全球建设的超强能力。

移动支付。2022 年，中国超过 9 亿人正在使用移动支付，年交易规模达 527 万亿。中国在数字移动支付领域的发展突飞猛进，远远超过包括发达国家在内的大多数经济体。中国的微信和支付宝开创了全球移动支付的新市场，中国银联沿着卡片支付的路径迟迟无法在国际市场上有所作为，始终缺少足够的竞争力冲击全球支付巨头 VISA 和 MASTER。通过开创和发展手机支付这一新的支付模式，中国企业迅速成长为全球金融支付市场上的重要力量，中国标准正成为全球移动支付的“黄金标准”。

新能源汽车。从 2014 年开始，中国电动汽车产业进入了“大跃进”时期，2016 年中国在全球电动汽车销售市场上的份额首次超越美国，从 2015 年的 31% 增长到 43%。经过十年的发展，2023 年上半年，中国汽车整车出口 234.1 万辆，出口量居世界第一，其中新能源汽车做出了巨大贡献。

汽车行业是国民经济中巨大的产业之一，其自身能贡献可观的经济增长，创造大量就业；对工业体系也有极强的带动作用，能拉动整个基础工业系统的发展（李巍等，2023）。中国新能源汽车正在成为中国工业发展的新动能。动力电池作为电动汽车的关键部件之一，2023 年，宁德时代装机量有望超 260GWh，市占率将首破 40%，装机量遥遥领先，称霸全球动力电池市场。第二名的比亚迪装机量预计超 100GWh，夺得全球亚军。

与此同时，中国新能源汽车平均出口价格从 2019 年的 5000 美元/辆上涨至 2022 年的 2.2 万美元/辆。这说明中国新能源汽车并非依靠“廉价”获得市场份额。与此形成鲜明对比的是，中国传统车企早在 20 世纪 80 年代就已经引入了外资品牌，在政策导向上试图通过“市场换技术”来提升中国汽车产业的实力。在40年后的今天，通过合资建厂，中国的传统汽车企业在汽车最核心的部件——发动机的生产和研发上依然捉襟见肘，在市场销售方面，不断依靠“打骨折”增加销量。究其根本，就是过于依赖在原有的全球价值链上进行升级反而忽视了自主成长的道路。

40年和10年的成就对比说明，中国电动汽车的“大跃进”实际上是基于国家战略、政策支持、绿色发展和前沿技术而进行的汽车产业价值链的重构，其发展不再依附于以汽油发动机为核心部件的价值链体系，中国自主品牌企业得以直接介入新价值链中最为核心的电池生产和研发模块，完成了向全球价值链中领袖企业的过渡。

中国40年的产业发展路径表明，按照全球价值链的传统升级模式可以实现量的增长但却难以带来质的改变。“一带一路”对全球价值链的重构就是通过创新发展路径、创新增长模式再造新的价值链体系，帮助中国和其他发展中国家主动脱离不利于其自身的发展模式，有效摆脱“低端锁定”和低水平发展的陷阱，在全球化的进程中获取更多的红利。国家在此过程中必将发挥不可替代的作用。近年来，中国政府以前瞻性的视野出台了一系列面向未来的发展战略。《关于积极推进“互联网+”行动的指导意见》明确了中国社会未来向数字生产、数字消费和数字服务转变的发展路径；《中国制造2025规划》是全球制造业面临重大调整的时代背景下中国实施制造强国战略的第一个十年行动纲领，为中国制造业的推进树立了基本原则和战略目标；《国家集成电路产业发展推进纲要》的制定以及国家集成电路产业投资基金的成立，显示了中国突破发达国家集成电路技术封锁以及奠定我们自身数字经济时代技术基础的决心；《新一代人工智能发展规划》突出了人工智能在未来社会经济发展中的极端重要性，也明确了中国人工智能产业的重点任务和预期目标。上述国内发展战略和“一带一路”在很多方面相辅相成，在理念和思路上有着共同的基础。这些战略必将为“一带一路”重构全球价值链提供持续的内在动力。

最后，重构全球价值链也意味着重塑全球经济治理体系，国际经济规则的非中性特征决定了，如果不在规则确立的过程中体现自身的利益和价值，那么规则对自身发展的推动作用将大大降低（李向阳，2006）。面临百年未有之大变局，新兴市场国家和发展中国家的群体性崛起是当代国际关系中意义最为深远的变化，这种变化意味着发展中国家在国际社会地位上的提升。然而，发展中国家在国际舞台上不断增加的发言权并不足以对全球经济治理产生决定性的影响，发达国家仍然掌握着绝大多数国际发展议程的最终决定权。在国际经济形势更加不确定的今天，发展中国家比以往任何时候都需要推动符合其自身发展利益的国际经济制度建设，通过制度刺激和制度红利为当下的经济增长提供有利的外部环境。重构全球价值链就是要通过各个方面的变革实现全球价值链为发展中国家所用，更多地体现发展中国家的发展诉求。

第十章　结语

现代国际分工改变了发达国家与发展中国家之间单一的贸易结构，但是并没有改变以报酬递增—报酬递减为核心的两极分工模式，只是新的“中心—外围”结构由于产品内分工的出现而显得更加隐蔽了。在现代国际分工下，发达国家利用其自身强大的资本优势及其主导的国际经济组织影响发展中国家的经济决策，利用强大的学术资源和学术影响力宣扬比较优势、自由主义以及政府干预所带来的种种弊端，试图在资本和技术严重不平衡的前提下将发展中国家锁定于现有的分工体系，并将这种体系合理化、合法化、理论化。为了实现技术上的垄断并保证技术优势不丧失，发达国家严格限制专利的交易和使用，通过“长臂管辖”打压发展中国家的高技术企业，保证其自身在高质量生产活动上的垄断地位，将发展中国家限制在全球价值链的低端。在当前的国际经济环境下，中国的技术创新和经济发展面临着巨大的挑战。

本书在国际分工与全球价值链的研究方面主要做出了如下贡献：

首先，选取了全球价值链 40 年的发展脉络为研究对象，探索了全球价值链在理论发展和政策实践领域发生的巨大变化及其时代根源。在理论研究领域，从早期对纯经济因素和微观企业的重视到中期对价值链增值和全球价值链升级的关注，再到当前将国家与市场的关系，安全与经济的关系，技术与政治的关系纳入全球价值链的研究视野，对应的政策实践领域，国家、国际组织、国际制度从促进全球价值链发展的积极力量演变为不确定因素，发达国家从积极推动经济全球化到回归贸易保护主义，其政策演变的背后是发达国家对其自身优势分工地位的担忧，政策演变的根本逻辑是各国对全球价值链中国际收益的争夺日趋激烈。

其次，通过对模块化和高技术的研究，分析了中国加入全球价值链40年产业升级和企业创新缓慢的外在因素，模块化生产所特有的“信息包裹”特征以及技术标准的“专利包”特点阻碍了中国产业的价值链升级和价值链创新，具有高技术的核心部件与最终产品的生产在国家层次上发生分离导致了中国“高技术不高”现象的产生。通过比较分析中国高速铁路、新能源汽车、华为等企业创新和产业升级的成功案例，从理论上明确了“模块化操作”和并购研发对打破技术垄断和实现产业升级的推动作用。

最后，论述了在国家间利益分配的当代机制中，“制度霸权”和“学术霸权”共同促成了发达国家与发展中国家“报酬递增—报酬递减”的两极分工模式，固化了发达国家在技术创新领域的优势与落后国家的劣势，指出发展中国家必须打破“两个霸权”，在全球价值链的研究方面建立起符合发展中国家国情和发展阶段的政治经济学分析框架，通过新的政策实践打破国际分工领域的“中心—外围”结构。

对中国而言，应对挑战首先要深刻思考世界发生了什么样的变化、中国发生了什么样的变化，从而认清世界和中国的发展大势，从“百年未有之大变局”中窥见百年未有之大机遇（王俊生和秦升，2019）。必须承认，40年的经济高速增长为中国增强国力，提高就业水平，增加国民收入起到了至关重要的作用。然而，当前中美战略竞争也暴露出既有发展模式的弊端。认清中国在现代国际分工中的劣势，认清中国面临的制度、技术和话语权约束是我们把握未来发展方向的重要前提。中国正处于一个发展的关键时点，既要充分利用外部力量，变革外部制度，而不是忙于接轨；也要改变联结内外的机制，特别是调整产业政策和贸易政策向有利于创新和发展的路径转变，坚持经济发展的“双循环”战略，打破中国“技术—经济”范式的路径依赖（Schienstock，2007），打破“低级出口”“高级进口”的恶性循环，依靠技术创新能力的提升而非要素禀赋的优势参与全球价值链体系。

英国通过将近300年的重商主义成就了工业帝国，美国则通过长达百年的贸易保护主义完成了制造业的腾飞并开启了第二次技术革命，如今又借助贸易保护主义护持其高技术领域的技术霸权。不仅仅是英国和美国，每一个成功实现追赶的国家都把培育关键技术和关键产业置于国家发展战略的核心，完成了从报酬递减的经济活动向报酬递增的经济活动的转变。这些技术和产业所带来的历史性报酬递增通过系统协同效应惠及整个国家，体现了整体经济的竞争力。

每一轮科技革命都是一次“技术—经济”的范式革命（邵宇和陈达飞，2020）。无论在哪一个国家，“技术—经济”范式在其发展过程中的重要性都是不言而喻的。中国作为一个立志于实现“两个一百年目标”、在未来数十年里达到中等发达程度的发展中大国，对待发达国家要听其言观其行，制定符合中国实际的高科技发展战略，实现高技术产业从被动服从国际分工向主动影响国际分工转变，从仅仅依赖比较优势和外生租金向创造竞争优势和内生租金转变。基于以上认识，本书提出一些初步的结论。

第一，利用国家机器来保护国家利益并维持国民财富的不断增加始终是一个国家从不发达到发达的必经之路。英国的《谷物法》和《航海条例》作为经典法案打击了欧陆的竞争对手，实现了其自身的工业革命，多年之后主动废除关税保护的英国以它自己为榜样劝诱美国和其他欧陆国家不要用关税进行工业保护，目的也很明确：为英国工人提供廉价的粮食、为英国工业提供廉价的工业原材料并保证英国的工业优势。不了解发达国家的贸易政策史转变，就无法理解强有力的政府和政党在一个国家实现国富民强过程中的巨大力量。

改变中国高资源成本、低人力成本、高环境成本、高制度成本的传统发展路径必须依靠强制性的法律规制和政府干预才能实现。正如“绿水青山到金山银山”的转变不可能自动实现一样，中国必须将我们自己的产业发展政策和经济外交决策置于政府的战略规划之中，将

“双循环”战略落到实处，推动产业结构调整和技术变革朝着有利于国民福利增加的方向演化。

第二，对所谓的世界主义经济学一定要警惕，要从中国的国情出发，积极发展体现中国利益的政治经济学，加快建构中国自主的知识体系，对新自由主义经济学要批判性地学习和引入。不坚守马克思主义基本原则的经济学是没有“主心骨”的经济学，抛弃国家利益的经济学是“别有用心”的经济学，寄希望于普世价值，寄希望于 One Fits All 是无视中国国情和发展阶段的一种表现。缪尔达尔认为，经济学应该是规范的，而不是实证的。经济学家所研究的问题，所使用的方法，所得出的结论，都反映着价值判断问题。经济学所研究的社会经济过程在某种程度上是有目的的，而不是盲目运行的，因为参加社会经济活动的人是有目的和有理想的。“经济学家正在被科学家取而代之，如果经济学的重要性想要得以恢复，那么，它必须再一次变为政治经济学”（赫德森，2010）。

第三，高技术的发展既是国际分工的重要体现，更是国际关系的重要内容，只有统筹产业发展政策和经济外交决策才能持续深入地建设创新型国家。对外，应当利用中国自身的市场权力进行技术交易和技术谈判。在“模块化”生产越来越深化的今天，技术交易发挥着日益重要的作用。中国作为成长最快的发展中国家，世界上第二大经济体，拥有最大的基础设施采购市场，只有利用强大的买方地位，才能增加技术合作过程中的谈判筹码。以国家财政和国家政策为主导，通过统筹兼顾对基础科学进行大力投入，对应用科学进行大力支持，对科技成果进行大力扶持，利用领先市场完成科学技术的突破和更新换代。健全新型举国体制以提升创新能力，通过技术发展与技术革新以实现经济的转型升级和可持续发展，最终实现对现有国际分工结构和利益分配机制的突破。

第四，以“一带一路”为契机，利用国内市场和周边新兴经济体的巨大潜能加速推进区域经济一体化，争取利用区域价值链影响全球价值链，积极变革国际组织和国际规则的运行方式，使其朝着有利于中国的方向发展，为中国实现高质量发展提供国际制度保障。对于中国这样的大国而言，拥有庞大的国内市场，健全的工业体系，全球规模最大的中产阶级群体，我们有充分的条件实现完整的现代化，在经济和技术的发展路线上实现独立自主。只有摆脱“制度霸权”“技术霸权”和“学术霸权”对中国经济发展的不利影响，才能实现中国国际分工地位从报酬递减向报酬递增的跨越，扩大中国企业和产业在全球价值链体系中的增值空间，让人民群众持续享受经济发展所带来的硕果。

参考文献

经典著作

《马克思恩格斯选集》（第 4 卷），人民出版社 1972 年版，第 273、279 页。

《马克思恩格斯全集》（第 9 卷），人民出版社 1961 年版，第 146—147、168、173—175 页。

《马克思恩格斯全集》（第 46 卷 · 下），人民出版社 1980 年版，第 401—402 页。

《列宁选集》（第 2 卷），人民出版社 1972 年版，第 733、826 页。

《德意志意识形态（节选本）》，人民出版社 2018 年版，第 12 页。

《资本论》（第 1 卷），人民出版社 2018 年版，第 519—520 页。

中文专著

曹明福：《全球价值链分工的利益分配》，博士学位论文，西北大学，2007 年，第 102—104 页。

陈其人：《殖民地的经济分析史和当代殖民主义》，上海人民出版社 2019 年版，第 77 页。

戴翔、何启志、吴松强：《新国际分工下制造业服务化与价值链攀升——理论、经验及路径》，经济管理出版社 2019 年版，第 19 页。

董国辉：《劳尔 · 普雷维什经济思想研究》，南开大学出版社 2003 年版，第 64 页。
郭寿玉：《资本主义南北经济关系新论——马克思主义中心外围论》，首都师范大学出版社 1993 年版，第 92、379 页。
韩经纶：《国际贸易基础理论与实务》，南开大学出版社 2006 年版，第 233 页。
黄少军：《服务业与经济增长》，经济科学出版社 2000 年版。
黄绍湘：《美国通史简编》，人民出版社 1979 年版。
贾根良：《国内大循环：经济发展新战略与政策选择》，中国人民大学出版社 2020 年版。
贾根良：《劳动分工、制度变迁与经济发展》，南开大学出版社 1999 年版，第 20 页。
贾根良：《演化经济学：经济学革命的策源地》，山西人民出版社 2004 年版，第 57、230 页。
金碚：《中国企业竞争力报告（2007）：盈利能力与竞争力》，社会科学文献出版社 2007 年版。
李善同、高传胜等：《中国生产者服务业发展与制造业升级》，上海三联书店 2008 年版，第 29 页。
联合国贸易和发展会议：《世界投资报告 2022——国际税收改革和可持续投资》，纽约：联合国出版物，第 1 页。
刘辉群、卢进勇：《国际投资规则的演变与中国企业“走出去”战略》，厦门大学出版社 2016 年版，第 44—45 页。
梅俊杰：《自由贸易的神话：英美富强之道考辨》，上海三联书店 2008 年版，第 65、222 页。
童时中：《模块化原理设计方法及应用》，中国标准出版社 2000 年版。
冼国民：《跨国公司与当代国际分工——对企业内部国际分工的剖析》，南开大学出版社 1994 年版。
肖炼：《美国经济研究》，中国友谊出版公司 2007 年版，第 184、209、248 页。

姚开建、梁小民：《西方经济学名著导读》，中国经济出版社 2005 年版。
张二震等：《贸易投资一体化与中国的战略》，人民出版社 2004 年版。
张其仔等：《模块化、产业内分工与经济增长方式转变》，社会科学文献出版社 2008 年版，第 18、106、132、133 页。
张苏：《论新国际分工》，经济科学出版社 2008 年版。
张宇、孟捷、卢荻：《高级政治经济学：马克思主义经济学的最新发展》，经济科学出版社 2002 年版，第 472 页。

中文论文

白洁、苏庆义：《CPTPP 的规则、影响及中国对策：基于和 TPP 对比的分析》，《国际经济评论》2019 年第 1 期。
曹明福、李树民：《全球价值链分工的利益来源：比较优势、规模优势和价格倾斜优势》，《中国工业经济》2005 年第 10 期。
陈继勇：《论 NAFTA 投资条款与美加墨相互直接投资》，《世界经济》1996 年第 5 期。
陈柳钦：《全球价值链：一个关于文献的综述》，《兰州商学院学报》2009 年第 5 期。
程大中、郑乐凯、魏如青：《全球价值链视角下的中国服务贸易竞争力再评估》，《世界经济研究》2017 年第 5 期。
程大中：《中国经济正在趋向服务化吗？——基于服务业产出、就业、消费和贸易的统计分析》，《统计研究》2008 年第 9 期。
程大中：《中国生产性服务业的水平、结构及影响——基于投入—产出法的国际比较研究》，《经济研究》2008 年第 1 期。
池仁勇、邵小芬、吴宝：《全球价值链治理、驱动力和创新理论探析》，《外国经济与管理》2006 年第 3 期。
崔津渡、李诚邦：《中国对外贸易条件：1995—2005 年状况分析》，《国际经济合作》2006 年第 4 期。
戴翔、张雨：《全球价值链重构趋势下中国面临的挑战、机遇及对策》，

《中国经济学人》（英文版）2021 年第 5 期。

丁晔：《只有社会主义道路才能摆脱依附与危机——访埃及著名经济学家萨米尔·阿明》，《马克思主义研究》2016 年第 3 期。

董国辉：《经济全球化与“中心—外围”理论》，《拉丁美洲研究》2003 年第 2 期。

樊纲：《比较优势与后发优势》，《管理世界》2023 年第 2 期。

樊纲：《全球化、对外开放与经济发展》，《世界经济》2001 年第 2 期。

高程：《新帝国体系中的制度霸权与治理路径——兼析国际规则“非中性”视角下的美国对华战略》，《教学与研究》2012 年第 5 期。

高乐咏：《经济全球化的历史逻辑》，《南开经济研究》2000 年第 4 期。

谷重庆、邢莉云：《“中国发展模式必须从比较优势走向竞争优势”——专访美国杜克大学社会学教授高柏》，《21 世纪经济报道》2007 年 6 月 25 日第 29 版。

郭炳南、黄太洋：《比较优势演化、全球价值链分工与中国产业升级》，《技术经济与管理研究》2010 年第 6 期。

郭寿玉：《用马克思主义中心外围观试析当代国际贸易中的隐秘剥削》，《北京社会科学》1994 年第 3 期。

韩德强：《美国崛起之路对中国的启示——对美国历史上贸易保护和自由贸易之争的思考》，《经济纵横》1999 年第 8 期。

贺俊：《从效率到安全：疫情冲击下的全球供应链调整及应对》，《学习与探索》2020 年第 5 期。

贺新元：《西方援助第三世界的性质述评》，《学习论坛》2007 年第 5 期。

洪银兴：《从比较优势到竞争优势——兼论国际贸易的比较利益理论的缺陷》，《经济研究》1997 年第 6 期。

胡国良：《长江三角洲地区制造业国际分工定位及其发展困局分析》，《世界经济与政治论坛》2005 年第 5 期。

胡晓鹏：《模块化整合标准化：产业模块化研究》，《中国工业经济》

2005 年第 9 期。
霍建国、庞超然：《国际投资规则的发展与启示》，《国际经贸探索》2017 年第 8 期。
贾根良：《报酬递增经济学：回顾与展望（二）》，《南开经济研究》1999 年第 1 期。
贾根良：《创新体系与东亚模式的精髓》，《南开学报》2001 年第 5 期。
贾根良：《美国经济崛起之前排斥外国直接投资原因解析》，《广东商学院学报》2010 年第 3 期。
贾根良、秦升：《中国“高技术不高”悖论的成因与政策建议》，《当代经济研究》2009 年第 5 期。
贾根良、于占东：《自主创新与国家体系：对拉美教训的理论分析》，《天津社会科学》2006 年第 6 期。
贾根良：《政治经济学的美国学派与大国崛起的经济学逻辑》，《政治经济学评论》2010 年第 1 卷第 3 期。
江小娟、李辉：《服务业与中国经济：相关性和加快增长的潜力》，《经济研究》2004 年第 1 期。
荆林波：《关于外资进入中国流通业引发的三个问题》，《国际经济评论》2005 年第 3 期。
雷少华：《超越地缘政治——产业政策与大国竞争》，《世界经济与政治》2019 年第 5 期。
李滨、陈怡：《高科技产业竞争的国际政治经济学分析》，《世界经济与政治》2019 年第 3 期。
李慧中、黄平：《中国 FDI 净流入与贸易条件恶化：悖论及解释》，《国际经济评论》2006 年第 3 期。
李慧中：《为什么发达国家服务价格高于发展中国家？——兼论服务业的对外直接投资》，《国际经济评论》2002 年第 3 期。
李俊：《战略性贸易政策及其局限性》，《国际贸易问题》1999 年第 4 期。

李黎力、贾根良：《系统整合理论及对发展中国家企业赶超的启示》，《河北经贸大学学报》2011 年第 1 期。

李巍、邹玥、竺彩华：《电动汽车革命：大国产业竞争“新赛道”》，《国际经济评论》2023 年第 4 期。

李向阳：《国际经济规则的形成机制》，《世界经济与政治》2006 年第 9 期。

李义平：《论比较优势陷阱》，《光明日报》2009 年 6 月 30 日第 10 版。

李峥：《全球新一轮技术民族主义及其影响》，《现代国际关系》2021 年第 3 期。

廖凡：《从〈美墨加协定〉看美式单边主义及其应对》，《拉丁美洲研究》2019 年第 2 期。

林斐婷：《中美贸易不平衡争议的文献综述》，《国际贸易问题》2007 年第 5 期。

林桂军、张玉芹：《我国贸易条件恶化与贫困化增长》，《国际贸易问题》2007 年第 1 期。

林季红、孟静：《国际垂直专业化对中美贸易顺差的影响》，《世界经济研究》2012 年第 11 期。

林毅夫：《必须用“比较优势”发展经济》，《财经界》2007 年第 9 期。

林毅夫、蔡昉、李周：《比较优势与发展战略——对“东亚奇迹”的再解释》，《中国社会科学》1999 年第 5 期。

林毅夫、李永军：《比较优势、竞争优势与发展中国家的经济发展》，《管理世界》2003 年第 7 期。

刘兵权、王耀中：《分工、现代生产性服务业与高端制造业发展》，《山西财经大学学报》2010 年第 11 期。

刘刚：《后福特制与当代资本主义经济制度的演变》，《安徽师范大学学报》（人文社会科学版）2007 年第 5 期。

刘洪钟：《霸权护持与超越——高科技产业全球价值链竞争的政治经济学》，《世界经济与政治》2023 年第 2 期。

刘戒骄：《生产分割与制造业国际分工——以苹果、波音和英特尔为案例的分析》，《中国工业经济》2011 年第 4 期。

刘书瀚、贾根良、刘小军：《出口导向型经济：我国生产性服务业落后的根源与对策》，《经济社会体制比较》2011 年第 3 期。

刘书瀚、张瑞、刘立霞：《中国生产性服务业和制造业的产业关联分析》，《南开经济研究》2010 年第 6 期。

刘志彪、刘晓昶：《垂直专业化：经济全球化中的贸易和生产模式》，《经济理论与经济管理》2001 年第 10 期。

刘志彪：《论现代生产者服务业发展的基本规律》，《中国经济问题》2006 年第 1 期。

刘志彪：《中国贸易量增长与本土产业的升级——基于全球价值链的治理视角》，《学术月刊》2007 年第 2 期。

刘志东、高洪玮：《中国制造业出口对美国企业创新的影响》，《中国工业经济》2019 年第 8 期。

卢锋：《产品内分工》，《经济学（季刊）》2004 年第 4 期。

卢进勇：《从〈与贸易有关的投资措施协议〉到〈多边投资协议〉》，《世界经济》1997 年第 10 期。

马涛、陈曦：《“一带一路”包容性全球价值链的构建——公共产品供求关系的视角》，《世界经济与政治》2020 年第 4 期。

毛蕴诗、郑奇志：《论国际分工市场失效与重构全球价值链——新兴经济体的企业升级理论构建》，《中山大学学报》（社会科学版）2016 年第 2 期。

梅新育：《纵览中美经贸争端八十年》，《国际商报》2018 年 8 月 6 日第 4 版。

孟庆民、李国平、杨开忠：《新国际分工的动态：概念与机制》，《中国软科学》2000 年第 9 期。

倪红福：《中国出口技术含量动态变迁及国际比较》，《经济研究》2017 年第 1 期。

聂志红：《经济全球化下的不平等交换逻辑》，《社会科学研究》2008年第5期。

牛晋芳：《阿根廷：新自由主义的结构调整与社会脱节》（上），《国外理论动态》2001年第10期。

欧阳俊、邱琼：《〈美墨加协定〉的目标、原则和治理机制分析》，《拉丁美洲研究》2019年第1期。

庞珣、何晴倩：《全球价值链中的结构性权力与国际格局演变》，《中国社会科学》2021年第9期。

秦升：《TPP，“一带一路”与自贸区建设：关系与前景》，《中国社会科学报》2016年5月12日第4版。

秦升：《全球价值链治理理论：回顾与展望》，《国外理论动态》2014年第12期。

秦升：《生产性服务业的兴起对产业价值链全球整合的影响分析》，《当代经济研究》2012年第9期。

秦升：《新常态下的中国周边经济外交：背景、路径与目标》，《东北亚学刊》2016年第6期。

秦升：《“一带一路”：重构全球价值链的中国方案》，《国际经济合作》2017年第9期。

秦升：《中国企业创新和产业升级面临的新挑战：模块化全球价值链》，《中国流通经济》2011年第8期。

秦升：《中美贸易争端：特朗普的动机与中国的应对》，《中国发展观察》2018年第8期。

邵安菊：《全球价值链重构与我国产业跃迁》，《宏观经济管理》2016年第2期。

沈伟、胡耀辉：《美式小多边主义与美国重塑全球经贸体系》，《国际论坛》2022年第1期。

宋磊：《中国版模块化陷阱的起源、形态与企业能力的持续提升》，《学术月刊》2008年第2期。

覃翠柏：《英国工业革命为什么从棉纺织业开始》，《北大史学》1997年第4辑。
唐海燕、张会清：《中国在新型国际分工体系中的地位——基于价值链视角的分析》，《国际贸易问题》2009年第2期。
童时中：《模块化的概念与定义》，《电力标准化与计量》1995年第4期。
屠新泉：《“一带一路”建设、全球价值链重构与中国的应对》，《当代世界》2022年第6期。
王衡、柯杨：《〈服务贸易总协定〉国内规制实体规则缺陷及应对》，《法学》2012年第9期。
王俊生、秦升：《从“百年未有之大变局”中把握机遇》，《红旗文稿》2019年第7期。
王恕立、吴楚豪：《“一带一路”倡议下中国的国际分工地位——基于价值链视角的投入产出分析》，《财经研究》2018年第8期。
王水雄：《全球价值链及其格局改变下的不平等问题：以经济社会学为视角》，《世界政治研究》2021年第1期。
王学东：《从〈北美自由贸易协定〉到〈美墨加协定〉：缘起、发展、争论与替代》，《拉丁美洲研究》2019年第1期。
王直、魏尚进、祝坤福：《总贸易核算法：官方贸易统计与全球价值链的度量》，《中国社会科学》2015年第9期。
吴易风：《略论新自由主义及其影响》，《当代世界与社会主义》2004年第2期。
谢燮、杨开忠：《新经济地理学诞生的理论基石》，《当代经济科学》2004年第7期。
徐秀军：《制度非中性与金砖国家合作》，《世界经济与政治》2013年第6期。
徐洋：《萨米尔·阿明谈帝国主义全球化条件下的民主与发展问题》，《国外理论动态》2002年第12期。

许坚：《经济全球化条件下中国在国际分工中的定位》，《世界经济与政治论坛》2002 年第 2 期。

薛求知、罗来军：《技术引入和技术学习——外资企业与内资企业技术空间博弈》，《经济研究》2006 年第 9 期。

杨斌：《阿根廷的金融开放与银行危机》，《财贸研究》2003 年第 6 期。

杨丹辉、渠慎宁：《百年未有之大变局下全球价值链重构及国际生产体系调整方向》，《经济纵横》2021 年第 3 期。

杨小凯、张永生：《新贸易理论、比较利益理论及其经验研究的新成果：文献综述》，《经济学》（季刊）2001 年第 1 卷。

姚铸：《TPP 争端解决机制及启示》，《暨南学报》（哲学社会科学版）2017 年第 1 期。

［英］阿林·杨格、贾根良：《报酬递增与经济进步》，《经济社会体制比较》1996 年第 2 期。

［英］彼得·诺兰、张瑾、刘春航：《全球商业革命、瀑布效应以及中国企业面临的挑战》，《北京大学学报》（哲学社会科学版）2006 年第 2 期。

余南平：《全球价值链对国际权力的形塑及影响》，《中国社会科学》2022 年第 12 期。

昝廷全：《系统经济：新经济的本质——兼论模块化理论》，《中国工业经济》2003 年第 9 期。

张根能、徐丽秋、徐瑞平：《我国贸易条件变化的综合分析》，《经济与管理研究》2005 年第 8 期。

张辉：《全球价值链理论与我国产业发展研究》，《中国工业经济》2004 年第 5 期。

张建华、刘庆玉：《中国贸易条件影响因素的实证分析》，《国际贸易问题》2004 年第 6 期。

张雷声：《新自由主义经济理论与经济全球化》，《教学与研究》2003 年第 10 期。

张其仔：《比较优势的演化与中国产业升级路径的选择》，《中国工业经济》2008 年第 9 期。

张苏：《新国际分工理论述评》，《教学与研究》2007 年第 1 期。

张为付、戴翔：《中国全球价值链分工地位改善了吗？——基于改进后出口上游度的再评估》，《中南财经政法大学学报》2017 年第 4 期。

张宇：《马克思主义的全球化理论及其从经典到现代的发展》，《政治经济学评论》2004 年第 3 辑。

张宇燕等：《笔谈：金融危机十年来的世界政治变迁》，《世界政治研究》2019 年第一辑。

张宇燕、冯维江：《从“接触”到“规锁”：美国对华战略意图及中美博弈的四种前景》，《清华金融评论》2018 年第 7 期。

周会斌：《在比较优势基础上培育竞争优势——中国贸易发展战略的理性基础与战略选择》，《经济与管理》2004 年第 2 期。

周世俭、王丽军：《中美经贸关系在摩擦中迅速前进》，《国际问题研究》2006 年第 1 期。

朱奎：《国际贸易中的不平等交换问题研究》，《安徽大学学报》2006 年第 4 期。

朱瑞博：《价值模块的虚拟再整合：以 IC 产业为例》，《中国工业经济》2004 年第 1 期。

朱燕：《马克思主义分工理论视角下两种经济全球化模式比较研究》，《马克思主义研究》2017 年第 10 期。

朱燕：《马克思主义“中心外围论”视角下的国际产品内分工研究》，《重庆理工大学学报》（社会科学）2018 年第 3 期。

译著

[阿根廷] 劳尔·普雷维什：《外围资本主义：危机与改造》，苏振兴、袁兴昌译，商务印书馆 1990 年版，第 10、31 页。

[埃及] 萨米尔·阿明：《世界规模的积累——欠发达理论批判》，杨明柱、杨光、李宝源译，社会科学文献出版社 2016 年版，第 3、47、89、96 页。

[澳大利亚] 杨小凯：《发展经济学：超边际与边际分析》，张定胜、张永生译，社会科学文献出版社 2003 年版。

[德] 弗里德里希·李斯特：《政治经济学的国民体系》，陈万煦译，商务印书馆 1961 年版。

[加] 娜奥米·克莱恩：《休克主义：灾难资本主义的兴起》，吴国卿、王柏鸿译，广西师范大学出版社 2010 年版。

[美] 保罗·克鲁格曼：《地理与贸易》，刘国晖译，中国人民大学出版社 2017 年版。

[美] 查尔斯·希尔：《当代全球商务》（第三版），曹海陵、刘萍译，机械工业出版社 2004 年版，第 105 页。

[美] 查默斯·约翰逊：《通产省与日本奇迹》，李雯雯、于杰译，四川人民出版社 2022 年版。

[美] 戴维·S. 兰德斯：《国富国穷》，门洪华等译，新华出版社 2007 年版，第 199 页。

[美] 高柏：《经济意识形态与日本产业政策——1931—1965 年的发展主义》，安佳译，上海人民出版社 2008 年版，第 15 页。

[美] W. W. 罗斯托：《这一切是怎么开始的：现代经济的起源》，黄其祥、纪坚博译，商务印书馆 1997 年版，第 55、106 页。

[美] 杰拉尔德·冈德森：《美国经济史新编》，杨宇光等译，商务印书馆 1994 年版，第 213 页。

[美] 罗伯特·吉尔平：《跨国公司与美国霸权》，钟飞腾译，东方出版社 2011 年版，第 95 页。

[美] 迈克尔·波特：《国家竞争优势》，李明轩、邱如美译，中信出版社 2007 年版，第 3—5 页。

[美] 迈克尔·赫德森：《保护主义：美国经济崛起的秘诀（1815—

1914)》，贾根良等译，中国人民大学出版社 2010 年版，第 7、9、21、24、89 页。

［美］迈克尔·赫德森：《全球分裂——美国统治世界的经济战略》，杨成果等译，中央编译出版社 2010 年版，第 151、216 页。

［美］约瑟夫·E. 斯蒂格利茨、安德鲁·查尔顿：《国际间的权衡交易：贸易如何促进发展》，沈小寅译，中国人民大学出版社 2008 年版，第 54 页。

［美］斯文·贝克特：《棉花帝国》，徐轶杰、杨燕译，民主与建设出版社 2019 年版，第 224 页。

［美］西奥多·W. 舒尔茨：《报酬递增的源泉》，姚志勇、刘群艺译，北京大学出版社 2001 年版，第 9 页。

［美］约瑟夫·熊彼特：《经济分析史》（第一卷），朱泱等译，商务印书馆 1991 年版。

［挪威］埃里克·S. 赖纳特、［中国］贾根良：《穷国的国富论》（上卷），贾根良等译，高等教育出版社 2007 年版，第 5、43、114 页。

［挪威］埃里克·S. 赖纳特、［中国］贾根良：《穷国的国富论》（下卷），贾根良等译，高等教育出版社 2007 年版，第 11—85 页。

［日］青木昌彦、安藤晴彦：《模块时代：新产业结构的本质》，周国荣译，上海远东出版社 2003 年版，第 15、39、64 页。

［日］青木昌彦：《比较制度分析》，周黎安译，上海远东出版社 2001 年版，第 101—119 页。

［瑞典］冈纳·缪尔达尔：《世界贫困的挑战》，顾朝阳等译，北京经济学院出版社 1991 年版，第 301 页。

［美］伊曼纽尔·沃勒斯坦：《现代世界体系》（第一卷），郭方、刘新成、张文刚译，社会科学文献出版社 2013 年版，第 424 页。

［英］艾瑞克·霍布斯鲍姆：《革命的年代：1789—1848》，王章辉等译，江苏人民出版社 1999 年版，第 43 页。

［英］杰弗里·M. 霍奇逊：《经济学是如何忘记历史的》，高伟等译，

中国人民大学出版社 2008 年版，第 289 页。

［英］拉法尔·卡普林斯基：《夹缝中的全球化——贫困和不平等中的生存与发展》，顾秀林译，知识产权出版社 2008 年版，第 15、83、126 页。

［英］克里斯·弗里曼、［葡萄牙］弗朗西斯科·卢桑：《光阴似箭：从工业革命到信息革命》，沈宏亮译，中国人民大学出版社 2007 年版，第 157 页。

［英］约翰·希克斯：《经济史理论》，厉以平译，商务印书馆 1987 年版，第 149 页。

［英］张夏准：《富国的伪善：自由贸易的迷思与资本主义秘史》，严荣译，社会科学文献出版社 2009 年版，第 62、80、86、116 页。

外文专著

Andreas Hasenclever, Peter Maye and Volker Rittberger, *Theories of International Regimes*, Cambridge: Cambridge University Press, 1997.

Andrew Phillips and Jason Sharman, *Outsourcing Empire*: *How Company-States Made the Modern World*, Princeton: Princeton University Press, 2022.

Arthur W. Brian, *Increasing Returns and Path Dependence in the Economy*, Ann Arbor: University of Michigan Press, 1994.

Carliss Y. Baldwin and Kim B. Clark, *Design Rules*: *The Power of Modularity*, Cambridge: MIT Press, 2000.

David Held and Anthony McGrew, with David Goldblatt and Jonathan Perraton, *Global Transformations*: *Politics*, *Economics and Culture*, Stanford: Stanford University Press, 1999, p. 19.

Derek H. Aldcroft and Ross E. Catterall, *Rich Nations—Poor Nations*: *The Long-Run Perspective*, Cheltenham: Edward Elgar, 1996, pp. 161 – 188.

Donald Beane, *The United States and GATT*: *A Relational Study*, Oxford:

Pergamon Press, 2000, p. 233.

Edquist Charles, Leif Hommen and Lena Tsipouri, *Public Technology Procurement and Innovation*, New York: Springer, 2000.

Elhanan Helpman and Palu Krugman, *Market Structure and Foreign Trade : Increasing Returns, Imperfect Competition , And the International Economy*, MIT Press, 1985.

Eric Hobsbawm, *The Age of Revolution: Europe 1789 – 1848* (First Vintage Books Edition), New York: Vintage Books, 1996, p. 302.

Frederick T. Knickerbocker, *Oligopolistic Reaction and Multinational Enterprise*, Harvard University Press, 1973.

Gary Gereffi and Miguel Korzeniewicz, *Commodity Chains and Global Capitalism*, London: Praeger, 1994, pp. 94 –98.

Gary M. Walton and Hugh Rockoff, *History of the American Economy: Eleventh Edition*, Chula Vista: South-Western College Pub, 2009, p. 14.

Gunnar Myrdal, *Economic Theory and Underdeveloped Regions*, London: Gerald Duckworth, 1957.

Gunnar Myrdal, *The Challenge of World Poverty: A World Anti-Poverty Program in Outline*, New York: Vintage Books, 1970.

Harry Greenfield, *Manpower and the Growth of Producer Services*, New York: Columbia University Press, 1966.

Herbert G. Grubel and Michael Walker, *Service Industry Growth: Causes and Effects*, Toronto: Fraser Institute, 1989.

Herbert G. Grubel and Peter J. Lloyd, *Intra-Industry Trade: The Theory and Measurement of International Trade in Differentiated Products*, New York: John Wiley & Sons, 1975.

Jacob Viner, *Studies in the Theory of International Trade*, New York: Harper and Brothers Publishers, 1937.

Jeremy Atack and Peter Passell, *A New Economic View of American History*:

from Colonial Times to 1940 (Second Edition), New York: W. W. Norton & Company, 1994, p. 457.

John A. Mathewsand Dong-Sung Cho, *Tiger Technology: The Creation of Semiconductor Industry in East Asia*, Cambridge: Cambridge University Press, 2000, p. 389.

Lars Magnusson, *Mercantilism: The Shaping of an Economic Language*, London and New York: Routledge, 1994.

Michael Porter, *Competitive Advantage: Creating and Sustaining Superior Performance*, New York: Free Press, 1985, pp. 33 – 61.

Nick Robins, *The Corporation that Changed the World: How the East India Company Shaped the Modern Multi*, London: Pluto Press, 2006, pp. 7, 90.

Peter W. Daniels, *Service Industries: A Geographical Appraisal*, London: Routledge, 1985.

Phyllis Deane and W. A. Cole, *British Economic Growth*: 1688 – 1959, New York: Cambridge University Press, 1962.

Raphael Kaplinsky and Mike Morris, *A Handbook for Value Chain Research*, Ottawa: IDRC, 2000, pp. 66 – 74.

Robert A. Pollard, *Economic Security and the Origins of the Cold War*: 1945 – 1950, New York: Columbia University Press, 1985, p. 2.

Robert B. Reich, *The Resurgent Liberal: And Other Unfashionable Prophecies*, London: Vintage Books, 1991.

Robert Gilpin, *Global Political Economy: Understanding the International Economic Order*, Princeton: Princeton University Press, 2001.

Russell D. Roberts, *The Choice: A Fable of Free Trade and Protectionism*, Upper Saddle River, N. J.: Pearson Prentice Hall, 2007.

Samir Amin, *Neo-Colonialisom in West Africa*, New York: Monthly Review Press, 1973.

Seoghun Woo, "The Transformation of Industrial Relations in Korea: A Case

Study of the Automobile Manufacturing Company, KIA Motors 1980 – 1992", Master's Thesis, University of Sydney, 1994.

Terence Hopkins and Immanuel Wallerstein, *The Age of Transition: Trajectory of the World-System, 1945 – 2025*, Atlantic Highlands, N. J.: Zed Books, 1996.

Terence Hutchison, *Before Adam Sdmith: The Emergence of Political Economy* 1662 – 1776, Oxford: Basil Blackwell, 1988.

Thierry J. Noyelle and Thomas M. Stanback, *The Economic Transformation of American Cities*, Totowa, N. J.: Rowman & Allanheld, 1983.

Ugo Rabbeno, *The American Commercial Policy: Three Historical Essays*, 2nd ed., London: Biblio Bazaar, 2009.

United Nations Conference on Trade and Development (UNCTAD), *World Investment Report* 2019: *Special Economic Zones*, Geneva: United Nations Publication, 2019.

United Nations Conference on Trade and Development (UNCTAD), *World Investment Report* 2022: *International Tax Reforms and Sustainable Investment*, Geneva: United Nations Publication, 2022.

United Nations Department of Economic Affairs, *Economic Commission for Latin America*, *The Economic Development of Latin America and Its Principal Problems*, New York: United Nations Publication, 1950, p. 1.

United Nations Industrial Development Organization (UNIDO), *Competing through Innovation and Learning the Focus of UNIDO's Industrial Development* 2002/2003, Vienna, 2002, pp. 107 – 116.

Werner Heisenberg and Arnold J. Pomerans, *Physics and Beyond: Encounters and Conversations*, New York: Harper & Row, 1971, p. 31.

外文论文

Arthur W. Brian, "Increasing Returns and the New World of Business", *SFI*

Working Papers, May 28, 1996.

Arthur W. Brian, "Positive Feedbacks in the Economy", *Scientific American*, February 1990, Vol. 262, No. 2, pp. 92 – 99.

Avinash K. Dixit and Joseph E. Stiglitz, "Monopolistic Competition and Optimum Product Diversity", *The American Economic Review*, Vol. 67, No. 3, 1977, pp. 297 – 308.

Boy Luthje, "Electronics Contract Manufacturing: Global Production and the International Division of Labor in the Age of the Internet", *Industry and Innovation*, Vol. 9, No. 3, 2002, pp. 227 – 247.

Bruce Kogut, "Designing Global Strategies: Comparative and Competitive Value-Added Chains", *MIT Sloan Management Review*, Vol. 26, No. 4, July 1985, pp. 15 – 28.

Carliss Y. Baldwin and Kim B. Clark, "Managing in an Age of Modularity", *Harvard Business Review*, 1997, Vol. 75, No. 5, pp. 84 – 93.

Carlota Perez and Luc Soete, *Catching up in Technology: Entry Barriers and Windows of Opportunity*, in Giovanni Dosi, Christopher Freeman, Richard R. Nelson and Luc Soete, eds., *Technical Change and Economic Theory*, London and New York: Pinter Publishers, 1988, pp. 458 – 479.

Christopher M. Meissner, "New Perspectives on the First Wave of Globalization", *NBER Reporter No. 1*, https://www.nber.org/reporter/2015number1/new-perspectives-first-wave-globalization, March 2015.

Diane Perrons, "The Role of Ireland in the New International Division of Labour: A Proposed Framework for Regional Analysis", *Regional Studies*, Vol. 15, No. 2, 1981, pp. 81 – 100.

Do Duc Dinh, "Complementarily—A New Trend in the International Division of Labour", *UNESCO*, 1993, p. 95.

Dominick Salvatore, "Trump Economics: Overview of Effects on the United States and the World", *Journal of Policy Modeling*, Vol. 40, No. 3, 2018, pp. 480 – 488.

Erik S. Reinert and Arno M. Daastol, "The Other Canon: The History of Renaissance Economics", In Erik S. Reinert ed., *Globalization, Economic Development and Inequality: An Alternative Perspective*, Cheltenham: Edward Elgar, 2004.

Erik S. Reinert, "The Role of State in Economic Growth", *Journal of Economic Studies*, 1999, Vol. 26, No. 4/5, pp. 268 – 326.

Fisher F. Jack, "Commercial Trends and Policy in Sixteenth-Century England", *The Economic History Review*, Vol. 10, No. 2, November 1940, p. 97.

Folker Fröbel, Jürgen Heinrichs and Otto Kreye, "The New International Division of Labour", *Social Science Information*, Vol. 17, No. 1, 1978, p. 17.

Francis Hutchinson, "Globalisation and the 'Newer' International Division of Labour", *Labour and Management in Development Journal*, Vol. 4, No. 6, 2004.

Fukunari Kimura and Mitsuyo Ando, "Fragmentation and Agglomeration Matter: Japanese Multinationals in Latin America and East Asia", *The North American Journal of Economics and Finance*, Vol. 14, No. 3, 2003, pp. 287 – 317.

Gary Gereffi, "A Commodity Chains Framework for Analyzing Global Industries", *Duke University Working Paper*, August 1999.

Gary Gereffi, "Global Value Chains in a Post-Washington Consensus World", *Review of International Political Economy*, Vol. 21, No. 1, 2014, pp. 9 – 37.

Gary Gereffi, John Humphrey and Timothy J. Sturgeon, "The Governance of Global Value Chains", *Review of International Political Economy*, Vol. 12, No. 1, 2005, pp. 78 – 104.

Gary Gereffi, "The Organization of Buyer-Driven Global Commodity Chains: How U. S. Retailers Shape Overseas Production Networks", in Gary Gereffi and Miguel Korzeniewicz, eds., *Commodity Chains and Global Capitalism*, Westport CT: Praeger, 1994, pp. 95 – 122.

Gene M. Grossman and Elhanan Helpman, "Outsourcing in a Global Economy", *Review of Economics Studies*, Vol. 72, No. 1, 2005, p. 135.

Gene M. Grossman and Elhanan Helpman, "Product Development and International Trade", *The Journal of Political Economy*, Vol. 97, No. 6, Dec 1989, pp. 1261 – 1283.

Gene M. Grossman and Elhanan Helpman, "Quality Ladders in the Theory of Growth", *The Review of Economic Studies*, Vol. 58, No. 1, Jan. 1991, pp. 43 – 61.

Gerald K. Helleiner, "Manufactured Exports from Less-Developed Countries and Multinational Firms", *The Economic Journal*, Vol. 83, No. 329, Mar 1973, pp. 21 – 47.

Gerd Schienstock and others, "From Path Dependency to Path Creation: Finland on its Way to the Knowledge-Based Economy", *Current Sociology*, Vol. 55, No. 1, Jan. 2007, pp. 92 – 109.

Guillaume Gaulier. Françoise Lemoine and Deniz Ünal-Kesenci, "China's Integration in East Asia: Production Sharing, FDI & High – Tech Trade", *CEP II Working Paper*, No. 5, June 2005.

Hans Westlund, "Gunnar Myrdal (1898 – 1987): Cumulative Causation Theory Applied to Regions", in Peter Batey and David Plane, eds., *Great Minds in Regional Science Footprints of Regional Science* (Vol. 1), Springer Cham, 2020, pp. 121 – 134.

Henrik S. Marcussen, "Changes in the International Division of Labour: Theoretical Implications", *Acta Sociologica*, Vol. 25, No. 1, 1982, pp. 67 – 78.

Henry W. Chesbrough and Ken Kusunoki, "The Modularity Trap: Innovation, Technology Phase-Shifts and the Resulting Limits of Virtual Organizations", in David Teece, ed., *In Managing Industrial Knowledge*, New York: Russell Sage Press, 2001.

Henry W. Chesbrough, "Towards a Dynamics of Modularity: A Cyclical Model of Technical Advance", in Prencipe A., Davies A. and Hobday M., eds., *The Bussiness of Systems Integration*, Oxford: Oxford University Press, 2003.

Ian Fergusson and Brock Williams, "TPP Countries Sign New CPTPP Agreement without U. S. Participation", *CRS Reports*, https://fas.org/sgp/crs/row/IN10822.pdf, March 9, 2018.

Jagdish N. Bhagwat, "Directly Unproductive, Profit-Seeking (DUP) Activities", *The Journal of Political Economy*, Vol. 90, No. 5, October 1982, pp. 988 - 1002.

Joachim Singelmann and Harley L. Browning, "Industrial Transformation and Occupational Change in the U. S., 1960 - 70", *Social Forces*, Vol. 59, No. 1, Sep. 1980, pp. 246 - 264.

John Coyle, "The Treaty of Friendship, Commerce and Navigation in the Modern Era", *Columbia Journal of Transnational Law*, Vol. 51, No. 2, 2013, p. 307.

John G. Murphy, "Why Tariffs on Imports Have Been Bad for Exports", *US Chamber of Commerce*, https://www.uschamber.com/international/why-tariffs-imports-have-been-bad-exports, August 23, 2019.

John Humphrey and Hubert Schmitz, "Governance and Upgrading: Linking Industrial Cluster and Global Value Chain Research", IDS Working Paper, Vol. 120, 2000.

John R. Bryson and Peter W. Daniels, "Manufacturing Services and Servicing Manufacturing: Knowledge-based Cities and Changing Forms of Production", *Urban Studies*, Vol. 39, No. 5 - 6, 2002, pp. 977 - 991.

John Weeks, "The Expansion of Capital and Uneven Development on a World Scale", *Capital & Class*, Vol. 25, Summer 2001, pp. 9 –30.

John Wilkinson, "A New Paradigm for Economic Analysis? Recent Convergences in French Social Science and An Exploration of the Convention Theory Approach with A Consideration of Its Application to the Analysis of the Agrofood System", *International Journal of Human Resource Management*, Vol. 26, No. 3, 1997, pp. 335 –339.

Jürgen Kurtz, "A General Investment Agreement in the WTO? Lessons from Chapter 11 of NAFTA and the OECD Multilateral Agreement on Investment", *University of Pennsylvania Journal of International Law*, Vol. 23, No. 4, 2003, pp. 711 –789.

Julia Zinkina and David Christian, "The First Golden Age of Globalization (1870 –1914)", in Julia Zinkina , David Christian, Leonid Grinin, Ilya Ilyin, Alexey Andreev, Ivan Aleshkovski, Sergey Shulgin and Andrey Korotayev, eds. , *A Big History of Globalization: The Emergence of a Global World System*, Srpinger Cham, 2019, pp. 195 –224.

Julie Cidell, "Building Quality, Building Green: Conventions Theory and Industry Transformation", *Urbani Izziv*, Vol. 23, No. 2, 2012, pp. 186 –194.

Karl Max, "The East India Company: Its History and Results", *New-York Daily Tribune*, Vol. 12, July 11, 1853.

Kelvin Lancaster, "Intra-Industry Trade under Perfect Monopolistic Competition", *Journal of International Economics*, Vol. 10, No. 2, 1980, pp. 151 –175.

Kenneth J. Vandevelde, "A Brief History of International Investment Agreements", *U. C. Davis Journal of International Law & Policy*, Vol. 12, No. 1, 2005, p. 158.

Martin Srholec, "Global Production Systems and Technological Catching Up: Thinking Twice about High-tech Industries in Emerging Countries", in

Piech and Radosevics, eds. , *The Knowledge-Based Economy in Central and East European Countries: Countries and Industries in a Process of Change*, New York: Palgrave Macmillan, 2006, pp. 57 –76.

Michael Clancy, "Commodity Chains, Services and Development: Theory and Preliminary Evidence from the Tourism Industry", *Review of International Political Economy*, Vol. 5, No. 1, 1998, pp. 122 –148.

Michael H. Best, "The Geography of Systems Integration", In Andrea Prencipe, Andrew Davies and Michael Hobday, eds. , *The Business of Systems Integration*, Oxford: Oxford University Press, 2003, pp. 201 –228.

Michael J. Finger, "Tariff Provisions for Offshore Assembly and the Exports of Developing Countries", *The Economic Journal*, Vol. 85, No. 338, June 1975, pp. 365 –371.

Michel Chossudovsky, "Under the Tutelage of IMF: The Case of Peru", *Economic and Political Weekly*, Vol. 27, No. 7, Feb 15, 1992, pp. 340 –345.

Momoko Kawakami, "Inter-firm Dynamics of Notebook PC Value Chains and the Rise of Taiwanese Original Design Manufacturing Firms", in Momoko Kawakami and Timothy J. Sturgeon, eds. , *The Dynamics of Local Learning in Global Value Chains: Experiences from East Asia*, Basingstoke, UK: Palgrave Macmillan, 2011, pp. 16 –42.

Myung-Oc Woo, "Export Promotion in the New Global Division of Labor: The Case of the South Korean Automobile Industry", *Sociological Perspectives*, Vol. 36, No. 4, Dec 1993, pp. 335 –357.

Niels Fold, "Lead Firms and Competition in 'Bi-polar' Commodity Chains: Grinders and Branders in the Global Cocoa-Chocolate Industry", *Journal of Agrarian Change*, Vol. 2, No. 2, 2002, pp. 228 –247.

Niles Hansen, "Do Producer Services Induce Regional Economic Development?" *Journal of Regional Science*, Vol. 30, No. 4, 1990, pp. 465 –476.

Paolo Guerrieri and Valentina Meliciani, *International Competitiveness in Producer Services*, Paper presented at the SETI Meeting in Rome, May 2003.

Paul Krugman, "Increasing Returns, Monopolist Competition and International Trade", *Journal of International Economics*, 1979, Vol. 9, No. 4, pp. 469 – 479.

Paul Krugman, "Scale Economies, Product Differentiation and the Pattern of Trade", *The American Economic Review*, 1980, Vol. 70, No. 5, pp. 950 – 959.

Paul Krugman, "The Final Frontier?" *The Journal of Economic Perspectives*, Vol. 12, No. 2, 1998, pp. 161 – 174.

Peter Gibbon, Jennifer Bair and Stefano Ponte, "Governing Global Value Chains: An Introduction", *Economy and Society*, Vol. 37, No. 3, 2008, pp. 315 – 338.

Peter Gibbon, "Upgrading Primary Production: A Global Commodity Chain Approach", *World Development*, Vol. 29, No. 2, 2001, pp. 345 – 363.

Raphael Kaplinsky and Masuma Farooki, "Global Value Chains, the Crisis, and the Shift of Markets from North to South," in Olivier Cattaneo, Gary Gereffi and Cornelia Staritz, eds., *Global Value Chains in a Postcrisis World; A Development Perspective*, Washington D. C.: The World Bank, 2010, pp. 125 – 154.

Raul Prebisch, "Commercial Policy in the Underdeveloped Countries", *American Economic Review*, Vol. 49, No. 2, May 1959, p. 251.

Raymond Vernon, "International Investment and International Trade in the Product Cycle", *The Quarterly Journal of Economics*, Vol. 80, No. 2, 1966, pp. 190 – 207.

Richard Nelson, Christopher Freeman, Bengt-Åke Lundvall and Pavel Pelikan, "National Systems of Innovation", in Giovanni Dosi, Christopher Freeman, Richard R. Nelson and Luc Soete, eds., *Technical Change and Economic Theory*, London and New York: Pinter Publishers, 1988, pp. 309 – 398.

Richard N. Langlois, "Modularity in Technology, Organization, and Society", *Journal of Economic Behavior and Organization*, Vol. 49, No. 1, 2002, pp. 19 – 37.

Robert C. Feenstra, "Integration of Trade and Disintegration of Production in the Global Economy", *The Journal of Economic Perspectives*, Vol. 12, No. 4, 1998, pp. 31 – 50.

Rodney E. Falvey, "Commercial Policy and Intra-industry Trade", *Journal of International Economics*, Vol. 11, No. 4, 1981, pp. 495 – 511.

Ronald W. Jones and Henryk Kierzkowski, "The Role of Services in Production and International Trade: A Theoretical Framework", in Ronald W. Jones and Anne O. Krueger, eds., *The Political Economy of International Trade: Essays in Honor of Robert E. Baldwin*, Oxford: Basil Blackwell, 1990.

Ron Martin and Peter Sunley, "Paul Krugman's Geographical Economics and Its Implications for Regional Development Theory: A Critical Assessment", *Economic Geography*, 1996, Vol. 72, No. 3, pp. 259 – 292.

Samir Amin, "Trans-Saharan Exchange and the Black Slave Trade", *Diogenes*, Vol. 45, No. 179, Autumn 1997, p. 31.

Sanford J. Grossmanand, Oliver D. Hart, "The Costs and Benefits of Ownership: A Theory of Vertical and Lateral Integration", *The Journal of Political Economy*, Vol. 94, No. 4, Aug 1986, pp. 691 – 719.

Seoghun Woo, "The Transformation of Industrial Relations in Korea: A Case Study of the Automobile Manufacturing Company, KIA Motors 1980 – 1992", Master's Thesis, University of Sydney, 1994.

Sheng Qin, "Sino-US Trade War: Conservative Trade Policy in the Grand Economic Strategy of the United States", *Management and Economics Research Journal*, Vol. 5, No. 4, 2019, p. 10.

Sherman Robinson and Karen Thierfelder, "NAFTA Collapse, Trade War and North American Disengagement", *Journal of Policy Modeling*, Vol. 40, No. 3, 2018, pp. 614 – 635.

Shugan M. Steven, "Explanations for the Growth of Services", in Rust T. Roland and Oliver L. Richard, eds., *Service Quality: New Directions in Theory and Practice*, Thousand Oak, CA: Sage Publications, 1994, pp. 72 – 94.

Stefano Ponte and Peter Gibbon, "Quality Standards, Conventions and the Governance of Global Value Chains", *Economy and Society*, Vol. 34, No. 1, 2005, pp. 1 – 31.

Stefano Ponte and Timothy J. Sturgeon, "Explaining Governance in Global Value Chains: A Modular Theory-building Effort", *Review of International Political Economy*, Vol. 21, No. 1, 2014, pp. 195 – 223.

Stefano Ponte, "Governing through Quality: Conventions and Supply Relations in the Value Chain for South African Wine", *Sociologia Ruralis*, Vol. 49, No. 3, 2009, pp. 236 – 257.

Stefano Ponte, "The Evolutionary Dynamics of Biofuel Value Chains: From Unipolar and Government-driven to Multipolar Governance", *Environment and Planning A: Economy and Space*, Vol. 46, No. 2, 2014, pp. 353 – 372.

Sven W. Arndt, "Globalization and the Open Economy", *The North American Journal of Economics and Finance*, Vol. 8, No. 1, 1997, pp. 71 – 79.

Timothy J. Sturgeonand Ji-ren Lee, "Industry Co-Evolution and the Rise of A Shared Supply Base for Electronics Manufacturing", *MIT Working Paper Series*, May/June 2001.

Timothy J. Sturgeon, "Modular Production Networks: A New American Model of Industrial Organization", *Industrial and Corporate Change*, Vol. 11, No. 3, 2002, pp. 451 – 496.

Timothy J. Sturgeon, "Turn-key Production Networks: A New American Model of Industrial Organization?" Working Paper 92A, August 1997.

Tudor A. Onea, "Between Dominance and Decline: Status Anxiety and Great Power Rivalry," *Review of International Studies*, Vol. 40, No. 1, 2014, pp. 125 – 152.

USTR, "USTR Lighthizer Commends Passage of Historic Labor Reforms in Mexico", https://ustr.gov/about-us/policy-offices/press-office/press-releases/2019/april/ustr-lighthizer-commends-passage, April 29, 2019.

USTR, "USTR Robert Lighthizer's Statement on the State of the Union Address", https://ustr.gov/about-us/policy-offices/press-office/press-releases/2019/february/ustr-robert-lighthizer's-statement, February 5, 2019.

Vinod K. Aggarwal and Andrew W. Reddie, "New Economic Statecraft: Industrial Policy in an Era of Strategic Competition", *Issues & Studies*, Vol. 56, No. 2, 2020, pp. 1 – 29.

Wen Li Cheng, Jeff Sachs and Xiaokai Yang, "An Inframarginal Analysis of Ricardian Model", *Review of International Economics*, Vol. 8, No. 2, 2000, pp. 208 – 220.

Wilfred J. Ethier, "National and International Returns to Scale in the Modern Theory of International Trade", *The American Economic Review*, Vol. 72, No. 3, Jun 1982, pp. 389 – 405.

Xiaokai Yang and Dingsheng Zhang, "Endogenous Structure of Division of Labor, Endogenous Policy Regime, and a Dual Structure in Economic Development", *Annals of Economics and Finance*, Vol. 1, No. 1, 2000, pp. 211 – 230.